DESOBEDEÇA

CARO LEITOR,

Queremos saber sua opinião sobre nossos livros.
Após a leitura, curta-nos no **facebook.com/editoragentebr**,
siga-nos no Twitter **@EditoraGente** e
no Instagram **@editoragente** e visite-nos
no site www.editoragente.com.br.
Cadastre-se e contribua com sugestões, críticas ou elogios.

Boa leitura!

MAURICIO BENVENUTTI

DESOBEDEÇA

A SUA CARREIRA PEDE MAIS

Gente
editora

Diretora
Rosely Boschini

Gerente Editorial
Rosângela Barbosa

Assistentes Editoriais
Giulia Molina
Alanne Maria

Controle de Produção
Fábio Esteves

Preparação
Carolina Forin

Imagem de capa
Rafael Peixoto

Capa
UpSampa, Gabriel Veiga Jardim e
Pedro Covolam Brandão

Foto de Capa
Rafael Moura Peixoto

Projeto Gráfico e Diagramação
Vivian Oliveira

Revisão
Elisa Casotti

Impressão
Assahi

Copyright © 2021 by Maurício Benvenutti
Todos os direitos desta edição
são reservados à Editora Gente.
Rua Original, 141/143 – Sumarezinho
São Paulo, SP – CEP 05435-050
Telefone: (11) 3670-2500
Site: www.editoragente.com.br
E-mail: gente@editoragente.com.br

Dados Internacionais de Catalogação na Publicação (CIP)
Angélica Ilacqua CRB-8/7057

Benvenutti, Mauricio
    Desobedeça: a sua carreira pede mais / Mauricio Benvenutti. – São Paulo:
Editora Gente, 2021.
    272 p.

Bibliografia
ISBN 978-65-5544-069-0

1. Desenvolvimento profissional 2. Carreira 3. Sucesso I. Título

21-1302   CDD 650.14

Índice para catálogo sistemático
1. Desenvolvimento profissional

NOTA DA PUBLISHER

Os tempos mudaram, consequentemente as regras que definiam o sucesso na carreira também não são mais as mesmas. Hoje, só existe uma pessoa capaz de definir se você vai fracassar ou se vai chegar ao topo: você mesmo!

Nesse novo mundo de possibilidades, é com um prazer imenso, caro leitor, que apresento *Desobedeça*, terceiro livro de Mauricio Benvenutti, autor best-seller da casa. Inspirador como sempre, ele nos convida a aprender a criar os alicerces necessários para uma carreira sólida e infinita por meio do método 10 Ps, na qual o diferencial competitivo está em tomar as rédeas do próprio destino, sair do óbvio e ser nós mesmos. Chegou a hora de deixarmos a estagnação de lado e fugirmos do mais do mesmo – agora é o momento de desobedecer e conquistar o mundo.

E digo com propriedade: Mauricio Benvenutti é a pessoa certa para nos guiar nessa nova realidade! Tenho certeza de que, se *Incansáveis* e *Audaz* transformaram vidas profissionais e os ambientes de trabalho e de inovação, *Desobedeça* revolucionará sua carreira!

Rosely Boschini
CEO e publisher da Editora Gente

UM AGRADECIMENTO DO ♥ ÀS EMPRESAS QUE COLABORARAM COM O LANÇAMENTO DESTE LIVRO

 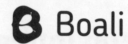 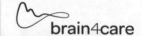

Dedico à minha esposa Nathália e à minha filha Antonella...
Se não fosse o dia em que eu a vi engatinhar
pela primeira vez, o dia em que ela deu o primeiro passo,
o dia em que a escutei me chamar de "papai"...
Se não fossem as centenas de vezes em que a coloquei para dormir,
em que lhe ensinei o alfabeto, em que ela me falou "I love you"...
Se não fossem as nossas danças, brincadeiras
e todos os momentos inesquecíveis que passamos juntos,
este livro teria sido concluído na metade do tempo. :-)

SUMÁRIO

INTRODUÇÃO	**13**
1. NOME E SOBRENOME	**15**
O DIA EM QUE VIREI "MAURICIO BENVENUTTI"	17
SATISFAÇÃO, COMPETÊNCIAS E REMUNERAÇÃO	24
1/10 Ps – PROBLEMA	29
2. A ERA DA DESOBEDIÊNCIA	**37**
TROUBLEMAKERS	39
TECNOLOGIA HUMANA	45
2/10 Ps – PERSPECTIVA	51
3. APOSTE EM SUAS FORÇAS	**61**
INVISTA NO QUE VOCÊ FAZ BEM	63
ESQUEÇA O JULGAMENTO DOS OUTROS	69
3/10 Ps – PESQUISA	75
4. SUA CABEÇA, SEUS LIMITES	**85**
INDIAROBA	87
ADVERSIDADES ACONTECEM	94
4/10 Ps – PRIORIZAÇÃO	106
5. AUTODIDATA IMPLACÁVEL	**115**
APRENDER POR CONTA PRÓPRIA	117
SE APROXIME DE QUEM VOCÊ ADMIRA	123
5/10 Ps – PREPARAÇÃO	130

6. CONSTRUIR AUTORIDADE 139

MARCA 141
OBSESSÃO EM COMPARTILHAR 147
6/10 Ps – PERSONAL BRANDING 154

7. MONETIZAÇÃO 165

VENDER SIGNIFICA AJUDAR 167
SE COLOQUE NO LUGAR DOS OUTROS 173
7/10 Ps – PRODUTO 179

8. EXECUÇÃO CONSISTENTE 191

PLANEJAR-SE EXECUTANDO 193
BAINHA DE MIELINA 200
8/10 Ps – PRÁTICA 206

9. RENUNCIAR FAZ PARTE 215

A PESSOA DO "SIM" 217
SATISFAÇÃO PELO PROCESSO 223
9/10 Ps – PACTO 229

10. DÊ TEMPO AO TEMPO 239

NÃO HÁ IDADE 241
DIA NACIONAL DO FRACASSO 247
10/10 Ps – PACIÊNCIA 253

REFERÊNCIAS 261

INTRODUÇÃO

Não seja o que a sociedade espera de você.

ABNER JOSÉ DOS SANTOS DE MENEZES ABRAÃO GABRIEL SANTOS BATISTA ADALGISA BARBOSA VIEIRA MONDINI ADAO LUCIO GEHM MOURA ADAUTO JOSÉ DE OLIVEIRA ADELENE DIAS RIBEIRO ADEMIR MACHADO ADEMIR MILTON PICCOLI ADEMIR NUNES JR ADRIA RODRIGUES DE CARVALHO ADRIANA ALVES DE MENESES DELEVEDOVE ADRIANA ALVES DE OLIVEIRA ADRIANA BERNARDES ADRIANA DIAS ADRIANA OKAYAMA ADRIANA PELLEGRINO ADRIANA RACHEL LORENZI DA SILVA NAGEL ADRIANA ROMUALDO ADRIANA SCHNEIDER ADRIANA SILVA XAVIER ADRIANA YAMASAKI ADRIANE DUARTE ADRIANE MEDEIROS MELO ADRIANNO ESNARRIAGA SERENO ADRIANO BORGES PIRES ADRIANO BORGES VILLARIM ADRIANO FAVERO OLIVEIRA ADRIANO FONSECA PEREIRA ADRIANO LODI DELLA NINA ADRIANO LUIZ KIST ADRIANO RODRIGUES BORGES ADRIANO SILVEIRA DA SILVA ADRIANO SOLI RODRIGUES DA ROZA AFONSO PINHO AGÁPITO PEREIRA TÔRRES NETO AGENOR RODRIGUES CHAVES NETO AGLAILTON SOARES AGNALDO ROCKENBACH AIRTON MELO AIRTON WILLIAM MOTA DA SILVA ALAIN RÊGO MOREIRA ALAN CARLOS GIULIANI ALAN CARLOS SANTOS DE AZEVEDO ALAN CONTI ALAN DAVID KOVAS ALBERTO DOMINGOS GALLON DA SILVA ALBERTO JOSÉ GROSSI BRINGHENTI ALBERTO NEIVA JUNIOR ALBERTO SILVA ALBERTO SIRE HORTA ALCENIR VERGILIO NEGRI ALDENIZE ALMEIDA DE OLIVEIRA ALDINA RAMOS VIKBERG ALEF RAYAN SOUZA VALENTINA ALEJANDRO GUIMARÃES DA SILVA MACIEL ALESSANDRA BATISTA SANTIAGO ALESSANDRA DUTRA ALESSANDRA FIORENTINO ALESSANDRA MARADEI ALESSANDRA MARTINS PORTO ALESSANDRA MORELLE ALESSANDRA SILVA ALESSANDRA TAIS PEREIRA DE QUADROS ALESSANDRO CATARINO MENDONÇA MACHADO ALESSANDRO CONRADO DE OLIVEIRA SILVEIRA ALESSANDRO LUÍS BOSCOLO PACHECO ALEX GUSTAVO VIEIRA DO NASCIMENTO ALEX JUNIOR MORIMOTO ALEX LEITE DINIZ ALEX ROVEDA ALEX SOARES ALEX VINHA ALEXANDRA CORREIA DOS SANTOS ALEXANDRA LARA BANDEIRA CALGARO ALEXANDRA LEMOS FERRAZ ALEXANDRA LIMA NEVES ALEXANDRE AKIHIRO KUMASAKA ALEXANDRE ALOYS MATTE JUNIOR ALEXANDRE ANTONIO MARQUES ROSA ALEXANDRE DA COSTA RAPOSO ALEXANDRE DE OLIVEIRA PETERSEN ALEXANDRE FELIPE CAPITANI ALEXANDRE FRUSHIO DE SOUZA ALEXANDRE GONZAGA PEREIRA ALEXANDRE GRANERO BAILÃO ALEXANDRE HENRIQUE CAETANO DE PARMA ALEXANDRE HONORATO FONTES ALEXANDRE MAGNO ALMEIDA LANDIM BATISTA ALEXANDRE MARCIO DE SOUZA ALEXANDRE MORAES DE ALMEIDA ALEXANDRE NICOLAU ALEXANDRE NICOLETTI ALEXANDRE OSORIO VIEIRA ALEXANDRE PAGGI ALEXANDRE PASTRE ALEXANDRE PINHEIRO ALEXANDRE PINHEIRO MACHADO ALEXANDRE ROBERTO VOLPATO ALEXANDRE ROZENTRAUB ALEXANDRE RUSCHEL ALEXANDRE SANTOS ALEXANDRE SANTOS GUIMARÃES ALEXANDRE SOUZA DA CONCEIÇÃO ALEXANDRE SPRICIGO DE SOUSA ALEXANDRE SUGUIMOTO ALEXANDRE VERONEZI ALEXANDRE VOLTAN ZANIN DE ANDRADE ALEXANDRE WANDERER ALEXSANDRO MANOEL DO NASCIMENTO ALICE ESTER SANDRINI BOTEGA ALICE LUSTOSA DE SOUZA ALINE BORGES ALINE CALAÇA DE MELO ALINE CRISTINA CLEMEMTINO DA SILVA ALINE CRYSTINA GATINHO DE SOUSA LIMA ALINE DA SILVA RIBEIRO ALINE DAIANE FREITAS ALINE DE JESUS MARTINS ALINE DIAS LIRA ALINE ELOÁ BUENO FIGUEIREDO DE MORAES ALINE LÉLIS ALINE LIMA SOUZA ALINE MARIA ANTONINI ALINE MORANDI ALINE MORO XARÃO ALINE NÉGLIA ALINE PAZ VELOSO DE SOUZA ALINE SANTIN ALINE SILVA ALINY ANSELMO ALIPIO JOSÉ SOUZA SILVA ALISSON DE CASTRO ALISSON ROGÉRIO CORRÊA DOS SANTOS ALISSON SÁVIO SILVA SIQUEIRA ALLAN CUXINIER ALLAN RODRIGUES DE LABRIOLA ALLEX PAGLIARI MARRÃO ALLINE LIBERATO ALLISON MATHEUS COSTA MACHIAVELLI ALMIR FREIRE ALTAIR FERREIRA JUNIOR ALTAMIRO PEREIRA AMARAL JUNIOR ALUISIO MAYKOT SERAFIM ALVANIR MAGALHÃES FERREIRA ALVIN GUSTAVO FASOLIN TOMM ALZIRA ESTEVES DE ALMEIDA AMANDA ALVES MARQUES AMANDA ARENHART AMANDA COSTA CORRÊA AMANDA CRISTINA FORSTER AMANDA GALOFARO DA SILVA AMANDA GOES DOS SANTOS AMANDA MAZZOCHI AMANDA POLIZINANI AMANDA SA FORTES VIANNA AMAURY ALYSON TEODORO DE SOUZA

AMIT EISLER ANA AMÉLIA PIUCO ANA CARLA DE ALCANTARA ANA CAROLINA FRESCURATO DA SILVA ANA CAROLINA GRINGS ANA CAROLINA SANCHES ZEFERINO ANA CAROLINA SOUZA DE SOUZA ANA CAROLINA TORCHIA DE MORAES ANA CAROLINE VICENZI GONÇALVES ANA CARULINY NUNES BARBOSA DE BRITO ANA CECÍLIA PETERSEN ANA CLÁUDIA PAULINO MUÇOUÇAH ANA CRISTINA OSHIRA ANA CRISTINA PINHEIRO ROSA ANA DEIZE DOS SANTOS FRAZÃO ANA FLÁVIA LIMA ANA FLAVIA PORTEZAN ANA FLAVIA RODRIGUES SANTOS DE FARIA ANA JESUS ANA JÚLIA MARTINELLI JÄGER ANA LÚCIA KOFF MILAN ANA LUIZA GOMES GANDRA COUTINHO ANA LUIZA GRANJA ANA LUIZA SILVA CABRAL ANA MARLIZE SCHREINER ANA OSHIRA ANA PAULA CARDOSO GOMIDE ANA PAULA DE OLIVEIRA TEMPONI MIQUELINI ANA PAULA DEL PADRE ANA PAULA FEIX ANA PAULA FERRAZ ANA PAULA FRANZOTI ANA PAULA GRIMALDI ROSO ANA PAULA GUIMARÃES ROSA ALVARES ANA PAULA MARCOLAN ANA PAULA MARTINY ANA PAULA VIANNA DE OLIVEIRA DA ROCHA ANA PROFETA ANA ROSA TORRES BARCELOS ANA TELMA FERRAZ ANAMARIA ASSAF DE OLIVEIRA ANANDA LIA SANTANA NUNESMAIA CAVALCANTI ANDERSON CARNEIRO SCHMITT ANDERSON CRUZ FRUTUOSO ANDERSON DE CASTRO LIMA ANDERSON DOS SANTOS DIAS JUNIOR ANDERSON GUANAIS STRINGHETTA ANDERSON JÄGER ANDERSON LISBOA NUNES ANDERSON LUCAS PEREIRA DE OLIVEIRA TERUEL ANDERSON LUIS WALKER AMORIN ANDERSON MIRANDA SANTOS ANDERSON RAIÇA SILVA ANDERSON RÖHERS ANDERSON SOARES PIVOTTO ANDIARA NORONHA ANDIE ANDRADE ANDRÉ ALVES DE ABREU ANDRÉ BICALHO ANDRÉ BÔA ALMEIDA ANDRÉ BRASILIANO DA SILVA ANDRÉ FIUZA SANTOS ANDRÉ FONSECA DA CUNHA ANDRÉ GANDOLFI MOTA ANDRÉ GOMES DE OLIVEIRA ANDRÉ GUSTAVO ZUNTINI DE CARVALHO MARCOS ANDRÉ JORGE ANDRÉ JOZEFOVICZ ANDRÉ LOPES CARUSO ANDRÉ LUBIANA ANDRÉ LUIS BECK DE VASCONCELLOS ANDRÉ LUÍS FORNARI ANDRÉ LUIS MARTINS RIBEIRO ANDRÉ LUIS MICHEL JUNIOR ANDRÉ LUÍS PINTO ANDRÉ LUIZ DAL MAGRO ANDRÉ LUIZ FIOROT DA SILVA ANDRÉ LUIZ MAGGI PISSOLLO ANDRE LUIZ MARQUES RODRIGUES ANDRÉ LUIZ REIS ANDRE MARTINS DE LIMA ZAMBRANO ANDRÉ MENEZES DE SOUZA ANDRÉ PRADIER ANDRÉ RODRIGUES DE CAMARGO ANDRÉ SANCHES ANDRÉ SOARES ANDRÉ STREPPEL ANDRÉ ZICHTL ANDREA ALEXANDRE DOS SANTOS ANDREA ATHAYDE COUTINHO ANDREA CAPSSA ANDREA CARNEIRO MONTEIRO DUMONCEL ANDRÉA DIAS RODRIGUES ÁLVES ANDRÉA FONSECA FERREIRA ANDREA GEBIN ANDRÉA MALENA MEDICI ANDREA REGINA SABO ROBERTAGNOLI ANDRÉA SILVESTRE ANDRÉA SILVESTRE ANDRÉA STEPHANIE MOURA MARTINHO ANDREI BRANÇALIONE ANDRÉIA ASSIS LOURES-VALE ANDREIA DE SOUZA COSTA ANDREIA MARTINS VIANA ANDRÉIA MORAES ANDRESSA PEREIRA CAVALARO ANDRESSA DA LUZ DA SILVA ANDRESSA FERNANDA DOPPNER ANDRESSA GAIOVICZ RICHARDT ANDRESSA PEREIRA DA SILVA ANDRESSA PICCIN ANDRESSA RAMOS DOS SANTOS ANDRESSA REBEQUI ANDRESSA RENATA PALIO ANDRESSA ROSA DE SOUSA ANDREY SILVA DA SILVA ANDREZA APARECIDA DA SILVA ANDREZA LOPES RIBEIRO ANDREZA VARGAS ANDRIAS MATHEUS ANDRIUS ANTUNES JAQUES ANELIZA ROCHA SOARES ANETE MARIA CATARINA ABREU PENEIRA ÂNGELA SCOLLETTA ÂNGELO MORI MACHADO ANGENES RIBEIRO DOS SANTOS NUNES COSTA ANNA CAROLINA LOPES CAMPOS ANNA RAQUEL SALLES TRINDADE ANNA ZACCHI ANTONELLA MEDICI BENVENUTTI ANTÔNIA DE FATIMA LIMA SIMOES ANTONIO ALDEIR MANGUEIRA FILHO ANTONIO ANDRÉ ANDRADE RODRIGUES ANTONIO ARAGONÊZ DE ARAÚJO REBOUÇAS ANTONIO ARCANJO ANTÔNIO CARLOS LANDIM ANTONIO CARLOS PONTES FALCÃO FILHO ANTÔNIO CARLOS TONN DA SILVA ANTÔNIO CASTRO ANTONIO ERASMO QUEIROZ CHAVEIRO ANTÔNIO FERNANDO VIEIRA RAMOS ANTONIO GONÇALVES ANTONIO JESIVAN DA COSTA ANTÔNIO JOVANE RODRIGUES SOUSA ANTONIO JÚNIOR MOREIRA BRANDÃO ANTONIO LACRETA MARTINI ANTONIO MARCOS MARTINS DE ANTONI ANTONIO MARCOS PEREIRA ALMEIDA ANTONIO MARIO THURLER JUNIOR ANTONIO MUNIZ ANTONIO NETTO ANTONIO PIZARRO ANTONIO RODRIGO SANT'ANA ANTONIO SILVA MORAIS JÚNIOR ANTONIO WELLINGTON

1. NOME E SOBRENOME

NOME E SOBRENOME

O DIA EM QUE VIREI "MAURICIO BENVENUTTI"

No começo de 2015, me mudei para São Francisco. Fui morar no Vale do Silício, uma das regiões mais inovadoras do planeta. Depois de ter trabalhado com profissionais incríveis nos anos anteriores para construir a XP Investimentos, uma das maiores instituições financeiras do Brasil, queria confrontar verdades, questionar paradigmas e ampliar o que havia aprendido até então. Resolvi, para isso, trocar de endereço e respirar novos ares.

Em pouco tempo, conheci um mundo diferente. Uma realidade inédita para mim. Quanto mais aprendia, mais queria aprender. Recebia avalanches de informação todas as manhãs, tardes e noites. Parecia que eu estava reiniciando minha vida do zero. Era tanta, mas tanta experiência vivida em vinte e quatro horas que meus dias, na verdade, pareciam semanas. Encontrei pessoas incríveis, conheci empresas fantásticas, decodifiquei o DNA da região. De fato, mergulhei de corpo e alma no dia a dia do lugar. Fiz um verdadeiro MBA a céu aberto que nenhuma universidade seria capaz de oferecer.

Assim, tanto pelo know-how adquirido no Brasil quanto pela bagagem ímpar que eu estava absorvendo no Vale, comecei a sentir uma vontade enorme de compartilhar isso tudo. Passar adiante as experiências que haviam me tornado um indivíduo melhor e mais preparado para enfrentar os desafios da realidade moderna. Transferir esse aprendizado único a pessoas como você, que batalham diariamente para construir carreiras diferenciadas e negócios de sucesso. Definitivamente, minha cabeça não pensava em outra coisa.

Certo dia, enquanto caminhava pela Market Street, a principal rua de São Francisco, esse desejo virou ação. Na verdade, aquilo não foi só uma caminhada. Foi um momento que mudou inteiramente o curso da minha trajetória. Estava com 33 anos na época. Voltava para casa depois de participar de um evento. Tomado de ideias, entre um passo e outro, me dei conta do seguinte: "Mauricio, suas ações não refletem suas ambições. Seu comportamento precisa se conectar com suas palavras". Realmente, nada me levava para o caminho que eu imaginava. Algo precisava mudar.

Ao mesmo tempo, vivia um vazio interior. Na XP, sempre fui o "Mauricio da XP". E sendo um dos sócios, o "Mauricio da XP" tinha um valor relevante. Meu telefone tocava sem parar, pessoas me procuravam diariamente, convites para entrevistas e palestras surgiam a todo instante. Porém, quando saí da empresa e o "XP" deixou de acompanhar meu nome, as ligações pararam, ninguém mais me procurava e os convites sumiram. Sabe aquela sensação de inutilidade? De que você não é importante para ninguém? Da noite para o dia, passei a sentir isso.

Durante um período maravilhoso da minha vida, desenvolvi minha marca profissional vinculada à placa da organização em que eu trabalhava. Meu sobrenome não era Benvenutti. Meu sobrenome era XP. Claro que não há problema em conduzir o desenvolvimento da sua carreira dessa forma. Entretanto, empregos vêm e vão. E se o seu valor para o mercado só existe associado à empresa em que você atua, sua dificuldade de reposicionamento será enorme quando essa empresa deixar de fazer parte da sua vida.

Toda essa mistura de intenções e sentimentos, portanto, me acompanhava naquele dia pelas ruas de São Francisco. Tinha uma vontade imensa de fazer a diferença na vida dos outros. Porém, faltava ação. Em paralelo, me sentia angustiado, pois havia perdido minha "identidade". Não possuía mais a referência profissional do passado. Sem ser autoridade em algo, é muito difícil conseguir uma fatia da atenção das pessoas nos dias de hoje. Não

SUAS AÇÕES DEVEM REFLETIR SUAS AMBIÇÕES.

consumimos produtos e serviços de quem mais aparece, consumimos de quem mais confiamos. Isso vale para um médico que busca pacientes, um professor que busca alunos ou qualquer outro indivíduo que busca clientes. Ao estabelecer uma relação de autoridade e confiança primeiro, você é capaz de oferecer praticamente qualquer coisa depois.

Naquele momento, quando comecei a refletir sobre isso, parei. Simplesmente parei. Estava na esquina da Market Street com a New Montgomery Street. Olhei para a direita e vi a loja da Ghirardelli, uma tradicional chocolataria da cidade. Resolvi entrar e tomar um café. Não podia deixar passar a oportunidade de fazer alguma coisa com aquela explosão de pensamentos que eu estava tendo. Na prática, para que a minha lista de desejos se tornasse real, meu plano de carreira devia mudar. E mudar bastante. Eu precisava de uma estratégia profissional diferente, que em vez de construir autoridade usando o sobrenome dos outros, construísse usando o meu. Não dava mais para ser o "Mauricio da XP". Nem o "Mauricio do Boticário", "do Facebook" ou de qualquer outra empresa. Foi nesse dia, então, que decidi virar "Mauricio Benvenutti".

É doido, porque esse é o meu nome. Esse sou eu. No entanto, jamais havia projetado uma carreira sob essa perspectiva. Aquele momento, de verdade, foi um divisor de águas na minha vida. E foi algo tão forte que coloquei em prática rapidamente. Semanas depois, comecei a produzir conteúdo on-line. Fazia vídeos sobre o que eu aprendia. Falava o que eu dominava. Abordava temas de inovação, empreendedorismo e carreira. Mesmo tendo só vinte ou trinta visualizações, aumentei o ritmo. Passei a compartilhar textos e artigos. Também me ofereci para palestrar de graça em empresas. Pouco a pouco, aquela simples vontade de fazer algo às pessoas foi virando prática.

Depois de um tempo, em vez de me oferecer, comecei a ser procurado. Profissionais e organizações me achavam por meio dos materiais que eu produzia. Assim, passei a me conectar com indivíduos incríveis. Entre eles, João Evaristo e Junior Borneli, fundadores da StartSe, uma escola de negócios que ensina o conhecimento do "agora". Na época, ela era pequenininha.

NOME E SOBRENOME

Depois, cresceria ao ponto de ser reconhecida pelo Instituto Ayrton Senna como uma das empresas de educação mais inovadoras do Brasil em 2018[1] e pelo LinkedIn como uma das startups mais desejadas para se trabalhar em 2019.[2] Fui convidado para virar sócio do negócio e aceitei. Continuava elaborando textos, gravando vídeos, dando palestras. Quanto mais pessoas interagiam comigo, maiores eram as chances de mostrar meu potencial. Por isso, escrevi um livro: *Incansáveis*, lançado pela Editora Gente em 2016. Depois, outro: *Audaz*, lançado pela mesma editora em 2018. Ambos viraram *best-sellers*. Na época desses dois lançamentos, fui para o corpo a corpo. Rodei o Brasil realizando eventos. Ao conversar com os participantes, notei como eu havia me tornado referência para muitos deles. Senti na pele o tamanho da minha responsabilidade e me comprometi ainda mais com o que estava fazendo.

Não sonhava com um fato milagroso que poderia mudar a minha carreira. Eu simplesmente trabalhava. Não ia atrás de atalhos e caminhos fáceis. Seguia a minha estratégia, mirava o longo prazo e exercia a paciência. De gota em gota, o balde enchia. Comecei a ser procurado por empresas como Claro, Accor, Banco do Brasil, LATAM, Disney, Itaú e outras. Seus líderes e colaboradores queriam me ouvir. Fui chamado pelo poder público para falar com governadores e secretários.[3] Recebi pedidos de universidades para inspirar a juventude. Sem eu perceber, minhas ações estavam transformando a vida de organizações, funcionários e clientes. Governos, estados e municípios. Faculdades, professores e alunos.

Você só consegue atingir o seu melhor trabalho ao voltar para casa com as mãos cheirando a peixe. É assim que se conquista excelência, admiração e respeito. Nesse meio-tempo, entre 2015 e 2019, recebi o título de Cidadão Emérito de Vacaria, minha terra natal.[4] Fui reconhecido no Congresso Nacional como Personalidade do Empreendedorismo Brasileiro.[5] Aceitei o convite do *Estadão* para ser colunista de inovação.[6] Virei palestrante do TEDx.[7] Tive propostas para ser conselheiro de empresas, mentor de empreendedores e por aí vai. Completei 39 anos e sinto como se estivesse só no começo. Não importa quem você é, de onde veio e o que faz agora. Cada

DESOBEDEÇA: A SUA CARREIRA PEDE MAIS

dia é uma oportunidade de colocar a sua energia naquilo que deseja e transformar suas vontades em ações.

Bem, e qual é o ponto que trago aqui? Cinco anos atrás, ninguém falava comigo sobre inovação, empreendedorismo e novos negócios. Sobre construir carreiras e marcas pessoais. Sobre o impacto dos avanços tecnológicos em nossas vidas. Não havia indivíduo algum que me perguntasse qualquer coisa sobre isso. Há cinco anos, eu estava no mercado financeiro. Falava sobre juros, dividendos e bolsa de valores. Opinava sobre renda fixa e Tesouro Direto. Palestrava sobre investimentos. Em meia década, transformei o "Mauricio da XP" em "Mauricio Benvenutti". Mudei de área e de indústria. Escrevi uma história nova e diferente. Mesmo tendo muita experiência em finanças e nenhuma no setor em que atuo hoje, fui capaz de desenvolver uma carreira nesse novo setor e prosperar dentro dele. Para isso, usei uma estratégia diferente, que valoriza meu nome e sobrenome, que me permite ter múltiplas fontes de renda e que me dá tranquilidade para atravessar eventuais períodos de crise. Possivelmente, seus pais nunca lhe falaram sobre ela. Muito menos a escola. É essa estratégia que compartilho com você neste livro.

Não vim de família rica, não estudei em colégios de ponta – a minha escola nem existe mais – e não tenho milhões de seguidores. Dá para ser uma pessoa bem-sucedida sendo comum, tanto com um negócio próprio quanto trabalhando para alguém. É possível entregar o melhor de si a uma empresa sem rasgar o seu RG. Fortalecer a marca dessa organização enquanto você também fortalece a sua.

Como empregado, conecto o que faço com quem paga meu salário. Além de sócio, sou executivo da StartSe. É lá onde trabalho na maior parte do tempo. Em paralelo, minhas palestras, artigos e livros têm vínculos que geram clientes para o negócio. Muita gente, por exemplo, conhece a StartSe por meio do "Mauricio Benvenutti". Já como empregador, sei que pessoas se conectam primeiro com pessoas e depois com empresas; 83% delas confiam em recomendações de conhecidos antes de qualquer outra forma de publicidade.[8] Na média, suas redes sociais possuem dez

NOME E SOBRENOME

vezes mais seguidores que as das companhias em que trabalham e seus conteúdos alcançam o dobro de cliques que os das suas organizações.[9] Por isso, ajudo e incentivo cada colaborador – inclusive os da StartSe – a virar autoridade máxima no que faz. Busco que eles construam a própria marca pessoal e me esforço para que o seu reconhecimento ultrapasse as paredes da corporação. Além de estabelecer relações de confiança com o seu público muito mais fortes do que as estabelecidas por mim enquanto instituição, eles estendem essa credibilidade ao meu empreendimento sempre que mencionam o lugar onde trabalham.

Atualmente, cada ser humano é uma mídia. Muitas lideranças não entendem que transformar seus funcionários em azes respeitadíssimos pelo mercado fortalece a reputação geral de uma companhia, além de atrair gente boa. Talentos não trabalham para as empresas. Primeiro, esses indivíduos trabalham para si. Depois, para as instituições. Dessa forma, é preciso oferecer um aeroporto para decolarem, um trampolim para irem mais alto. Afinal, assim como eles, você evoluirá ao longo do tempo. Aprenderá coisas novas, criará outros negócios, terá diferentes empregos. Quando isso acontecer, por que deixar para trás o legado que construiu? Os projetos que idealizou? A audiência que conquistou? Ao desenvolver uma carreira que escolta o seu nome e sobrenome, que faz a sua identidade acompanhar a sua evolução, todas as suas conquistas poderão se manter vinculadas a você.

Este livro, então, apresenta um caminho para isso. Um caminho diferente – é verdade – que vai gerar reflexões e empoderar suas escolhas, seja para começar um negócio, trocar de emprego ou crescer onde está. O que você lerá ao longo dos próximos capítulos é a estratégia que usei nos últimos cinco anos. Não tenho pretensão de achar que é a melhor, de forma alguma. O sucesso pode vir de várias maneiras. Só tenho paixão e entusiasmo em compartilhá-la por causa da felicidade que ela me trouxe e das milhares de vidas que ela impactou.

SATISFAÇÃO, COMPETÊNCIAS E REMUNERAÇÃO

Houve uma época em que você estudava, aprendia certas habilidades, se especializava em determinados assuntos e fazia disso uma carreira para sempre. À medida que ganhava experiência, ocupava melhores cargos, recebia aumentos e passava a gerenciar equipes. Eventualmente, trocava de emprego por algum motivo e seguia a mesma caminhada em outro lugar. Depois de várias décadas, você pegava as economias guardadas durante os anos e pedia a sua aposentadoria. Até pouco tempo atrás, esse era o modelo clássico de evolução profissional. A probabilidade de você olhar para uma pessoa e adivinhar o que ela faria até envelhecer era bem grande.

À medida que as inovações avançam, esse formato de vida se redesenha. Hoje, carreiras não são mais definidas simplesmente por cargos e competências, mas por ciclos constantes de experiências e aprendizagens que oferecem às pessoas oportunidades de adquirir novas habilidades, perspectivas e julgamentos. A trajetória dos trabalhadores do século XXI até pode seguir um caminho ascendente, com promoções em vários momentos, mas é bem diferente do plano linear de cargos e salários das gerações anteriores. As contínuas transformações sociais exigem renovadas abordagens para o desenvolvimento pessoal e profissional.

Quando escuto a palavra "carreira", levo em consideração três aspectos:

1) SATISFAÇÃO

Quanto você gosta do que faz? Suas atividades lhe divertem ao ponto de desfrutá-las toda semana por pelo menos quarenta horas? Se precisasse, você as faria de graça? As respostas a essas perguntas são importantíssimas, pois, se você trabalha somente para usufruir os sábados e domingos, seu modelo de vida é uma catástrofe.

NOME E SOBRENOME

Muita gente afirma que, ao seguir a sua paixão, cedo ou tarde as coisas acontecem. Vários livros de autoajuda reivindicam essa teoria. No entanto, tenho amigos que passaram a vida inteira trabalhando com o que amam e hoje enfrentam dificuldades. Tenho certeza de que você também conhece pessoas assim. A paixão, obviamente, é um ingrediente fundamental do sucesso. Entretanto, é preciso tentar outros ângulos quando algo não vai bem por muito tempo. Por isso, uso a palavra "satisfação" em vez de "paixão".

Encontre algo que lhe satisfaça e dê prazer. Domine habilidades que certos indivíduos valorizam e trabalhe para ser espetacular no exercício das mesmas. Ao virar referência para essas pessoas, outras oportunidades vão surgir. Isso permitirá que você se aproxime das atividades que gosta e se afaste das que não gosta. Ao manter essa prática de otimizar o que já domina, sua agenda será gradativamente tomada por práticas que lhe satisfazem e sua paixão poderá estar cada vez mais próxima do seu dia a dia. Eu, por exemplo, não era apaixonado pelo mercado financeiro, mas ensinar finanças me deixava incrivelmente bem. Pouco a pouco, me especializei nisso, identifiquei novas possibilidades e preenchi o meu tempo com tarefas dessa natureza. Sem perceber, eu me vi trabalhando com educação – que é a minha paixão – dentro de uma instituição financeira, a XP. Muitas vezes, portanto, o caminho para viver do que se ama começa com a simples busca por ocupações que lhe satisfaçam. Boa parte das suas descobertas virá dessas experiências e das suas consequentes observações.

Assim, não dá para entrar em uma caverna e pensar em sua paixão. Esteja fora dela e tente diferentes coisas. Rechear os seus dias com atividades que lhe proporcionam extrema satisfação pode conduzir a sua carreira, espontaneamente, rumo ao que ama.

2) COMPETÊNCIAS

Você precisa ser – ou ter potencial para ser – um indivíduo bom o suficiente em comparação a outros profissionais do mercado. Só assim é possível se tornar autoridade em algo e monetizar de forma sustentável o seu trabalho ou exigir um bom salário dele. Porém, uma avaliação sensata sobre as suas competências é difícil. Muitas pessoas deixam o ego fazê-las pensar que são melhores do que são. Outras, tomadas pela baixa autoestima, se acham piores do que são. Descobrir, de modo imparcial, as habilidades que lhe diferenciam parece quase impossível. No Capítulo 3, compartilharei com você uma técnica que funciona bem.

Carreiras não existem no vácuo, isoladas, sem competição alguma – a menos que um sujeito tenha muita sorte e descubra um segmento totalmente novo e inexplorado nos dias de hoje. No entanto, isso é exceção. Como há concorrência, esteja ciente de que alguém conhece o seu trabalho tão bem quanto você ou até melhor. É bem provável que você possua um entendimento de mercado inferior ao de outras pessoas. E, mesmo que você seja excepcional no que faz, essa sua genialidade inspira seus adversários a trabalharem ainda mais. Infelizmente, muita gente não considera esse cenário ou sequer reconhece isso. Em algum lugar não tão distante, neste exato momento, há profissionais fazendo o que você faz com extrema qualidade, velocidade e eficiência. Dominar as suas competências e mantê-las em alto nível, portanto, é exigência básica para quem deseja brilhar atualmente.

Dessa forma, sempre haverá gente ralando vinte e quatro horas por dia para entregar experiências melhores, mais rápidas e baratas do que a sua. Afinal, ninguém se torna referência em algo agindo de modo passivo. Seja qual for o seu setor, ao trabalhar um pouco mais, aprender um pouco mais e se preparar um pouco mais, você tem a sua melhor chance.

3) REMUNERAÇÃO

Algo precisa recompensar financeiramente o seu esforço. Se há demanda pelas soluções que você oferece e indivíduos dispostos a pagar por elas, seu trabalho pode ser monetizado conforme a qualidade das suas entregas. Nessa era de inovações tecnológicas, que criou possibilidades para você ganhar

NOME E SOBRENOME

dinheiro em coisas que a maioria das pessoas ainda não enxerga como trabalho, há cada vez mais alternativas para construir trajetórias de sucesso por meio de caminhos incomuns.

Quer um exemplo? Em 2019, estava em São Luís, no Maranhão. Fui cumprir uma agenda de reuniões e palestras que meu amigo, empresário e investidor Rodrigo Marques organizou por lá. Entre inúmeros compromissos, participei de um almoço com influenciadores digitais da região. Conheci jovens incríveis, donos de si e das suas carreiras. Adolescentes que construíram negócios do zero e viraram referências para milhares de pessoas. Alguns, inclusive, com boa parte da vida financeira já resolvida. É impressionante como boa parte das gerações passadas não valoriza esses indivíduos. Será porque eles não precisaram de faculdade para serem bem-sucedidos? Ou porque alguns, aos 25 anos, já conquistaram o que grande parte da população ainda não conquistou aos 50? Ou pelo fato de muitos trabalharem de qualquer lugar enquanto a esmagadora maioria precisa bater o ponto no escritório? Infelizmente, a sociedade costuma desprezar os exemplos que se afastam da normalidade, em vez de aprender com eles.

Não quero me opor à clássica jornada que vai da universidade ao mercado de trabalho. Há oportunidades fantásticas para quem segue esse caminho. No entanto, seus pais e avós não tiveram acesso à diversidade de opções que existe hoje. Vivemos uma realidade 24/7 na qual a população é exposta a um conjunto cada vez maior de possibilidades. Mais e mais pessoas, como os jovens de São Luís, já entenderam isso e passaram a construir modelos de vida diferentes, que contrastam com o passado e a compreensão comum.

Veja meu pai. Certa vez, quando estava com 82 anos, me perguntou: "Filho, como eu lhe apresento aos meus amigos? Falo que você é empreendedor? Autor? Colunista? Palestrante? Investidor? Profissional de tecnologia? Digo o quê?". Na época dele, carreiras eram precisas, diretas e lineares. Dentistas tratavam os dentes, biólogos cuidavam da natureza, professores davam aulas. Todos eles faziam isso o tempo todo, a vida inteira. Agora, porém, o ambiente quase ilimitado de alternativas desafia esse conceito universal. Há um número crescente de profissionais utilizando o seu know-how em diferentes frentes

DESOBEDEÇA: A SUA CARREIRA PEDE MAIS

e sendo tão bem – ou melhor – remunerados por elas do que pelas suas funções clássicas. Atualmente, você não é mais alguma coisa. Você *está sendo* alguma coisa. Ou seja, você não é mais professor, por exemplo. Você *está sendo* professor agora, pesquisador amanhã, vendedor depois, e assim por diante.

Antes, as pessoas tinham clareza sobre suas profissões e evoluíam com base na performance das suas atividades. No entanto, se você tem a minha idade, aquele diploma que conquistou na adolescência ou a carreira que escolheu aos 20 anos já deixou de ser permanente há muito tempo. A explosão de conhecimento é tão fenomenal que as expectativas da sociedade se tornaram altamente dinâmicas. Como consequência, essa pressão em relação ao futuro motiva mais indivíduos a buscarem novas habilidades e se desapegarem, gradativamente, do caminho tradicional das suas carreiras. Para se adaptarem às atuais condições, os trabalhadores estão reescrevendo a definição dos próprios ofícios.

"Ah, Mauricio, mas estou sem emprego. Não tenho salário. O que eu faço?". Bem, se a sua remuneração atual é zero, você tem um presente: o seu tempo. Caso você tenha alguma fonte de renda, mas não está contente com o que faz, você também tem um presente: o restante do seu tempo. Esteja ciente de que se lamentar não lhe conduz a lugar algum. Você reclama que seu dinheiro acaba rápido? Economize mais. Que não tem descanso? Reorganize a agenda. Que não tem vida pessoal e profissional balanceadas? Aproveite mais as férias e o tempo com a família. Coloque suas ações para funcionar em vez de ficar imóvel e achar que não tem controle sobre elas. Escrevi este parágrafo às 4h32 da manhã. Na época, tinha todas as desculpas para não fazer isso. Desde uma filha de 6 meses que estava no quarto dormindo até uma agenda intensa de reuniões, viagens e projetos. Porém, me programei para acordar de madrugada por vários meses e construir esse projeto para você.

Dessa forma, a satisfação que um trabalho oferece, as competências que você possui e a remuneração que pode ser obtida formam o tripé de forças que influencia uma aventura profissional. O que *Desobedeça* apresenta é uma estratégia para construir carreiras que contempla justamente esses três elementos. No entanto, não existe fórmula mágica. Sejam quais forem as suas escolhas, o progresso só ocorre quando há disposição para virar noites, derrubar paredes e fazer o inimaginável acontecer. Sem essa atitude, sua jornada será uma simples commodity, não só para você, mas para os outros também.

1/10 Ps – PROBLEMA

Desde aquele divisor de águas – que comentei com você no início deste capítulo – até aqui, um mar de coisas aconteceu. Acertei e errei várias vezes. Aprendi absurdamente com as minhas escolhas. E observei que elas poderiam virar um método e ajudar muita gente.

Deixe-me, então, apresentar o que fiz, a estratégia que usei. Neste livro, ela está organizada, clara e compreensível. Confesso, porém, que durante os anos, enquanto eu colocava a mão na massa para construir o "Mauricio Benvenutti", ela não existia dessa maneira tão clara. Foi a sucessão de tentativas, erros e acertos que fez esse método nascer. E isso é o mais importante. Não mostrarei algo teórico que surgiu da minha cabeça. Mostrarei o que fiz na prática. A sequência de ações realizadas. As coisas que executei primeiro e documentei depois. Fórmulas bonitas sem validação não me interessam. O que você lerá surgiu do trabalho feito na rua, não de uma pesquisa feita no papel.

A estratégia é dividida em dez etapas. Para facilitar, dei um nome que começa com a letra "P" para cada uma delas. Logo, as chamo de 10 Ps, mostradas a seguir:

1. **Problema.** Identificar um problema real da sociedade que precisa ser resolvido;
2. **Perspectiva.** Definir pelo que você quer ser reconhecido(a);
3. **Pesquisa.** Perguntar às pessoas: quais competências eu tenho que mais impactam a sua vida?;
4. **Priorização.** Priorizar competências respondidas na pesquisa anterior;

DESOBEDEÇA: A SUA CARREIRA PEDE MAIS

5. **Preparação.** Se tornar especialista nas competências priorizadas;
6. **Personal branding.** Construir autoridade em torno de você e entregar amostras grátis;
7. **Produtos.** Monetizar o seu esforço e as suas ações;
8. **Prática.** Prosseguir, pivotar ou parar;
9. **Pacto.** Firmar pacto com você, não com os outros;
10. **Paciência.** Avaliar o progresso e ter paciência.

Em cada capítulo de *Desobedeça*, mostro uma dessas etapas. E, antes de falar da primeira, quero deixar clara uma coisa. Este livro não apresenta um passo a passo de vendas. O que ele compartilha é uma estratégia para construir marcas. Uma forma de desenvolver confiança em torno do seu nome e rentabilizar o seu trabalho no longo prazo. Realizar iniciativas sem a expectativa de obter retornos é uma das principais abordagens comerciais da atualidade. Poucos indivíduos entendem isso. Vejo muitas pessoas fazendo vendas se preocupando com o lucro, a taxa de conversão e a matemática financeira de cada simples atividade. Em contrapartida, vejo pouca gente fazendo a gestão da sua marca, cultivando relacionamentos, criando interações profundas e consistentes capazes de transformar clientes em genuínos embaixadores de um projeto. Pense, por exemplo, em uma amizade. Aquela de anos, de fato verdadeira. Você não cultiva esse tipo de relacionamento esperando algo em troca, certo? Na vida profissional, também é assim. Relações são baseadas em confiança, não em interesses. Em vez de enxergar um cifrão em cada cliente e simplesmente vender, construa credibilidade primeiro para monetizar de modo sustentável depois.

Bem, tudo começa com um problema. Em ser apaixonado por um problema. O erro mais comum das pessoas é criar produtos ou serviços antes de identificar as dores, as dificuldades reais enfrentadas pela sociedade. Quando você quer desenvolver algo, seu maior risco não é faltar dinheiro ou experiência ao longo do processo. Seu maior risco é trabalhar meses em um projeto e só descobrir depois desses meses todos que não há consumidores para o que você criou. É jogar o seu tempo fora em uma solução que não

NOME E SOBRENOME

resolve o problema de ninguém. Isso, sim, é uma ameaça danada. Desperdiçar parte da sua vida construindo uma iniciativa inútil e dispensável.

Para minimizar esse potencial risco, a primeira coisa que você deve fazer é encontrar uma dor a ser remediada. Ela é a base de tudo. Aqui, não se trata de ter ideias, mas de identificar dificuldades que as pessoas enfrentam ou lacunas em soluções já existentes. De modo geral, você encontrará dois tipos de problemas: *originais* e *incrementais*. O primeiro, por exemplo, surge quando alguém precisa atravessar um rio. Nesse caso, dá para construir um barco – algo original se ele ainda não existe. Porém, na hipótese de o barco já existir, a dificuldade pode ser a demora dele em cruzar o rio. Nessa situação, você pode acelerá-lo adicionando algum tipo de mecanismo. Ou seja, desenvolvendo um incremento.

A opção do incremento costuma ser mais comum. Caso você não consiga perceber com facilidade um problema ou uma oportunidade de melhoria, tente lembrar de quantas vezes se frustrou com algo. Observe os contratempos que você enfrenta no dia a dia. Em algum lugar haverá um, pois eles estão espalhados por aí. Possivelmente você acordará amanhã e enfrentará problemas durante o café. Enquanto mexe no celular, receberá mais uma "bomba" por e-mail. Ao chegar no escritório, surgirá outro inconveniente bem na sua frente. De fato, você está cercado por transtornos. Eles surgem de todos os lados. E, enquanto eles existirem, haverá gente em busca de alternativas mais eficientes, rápidas e inteligentes de resolvê-los. Assim, seu desafio é encontrar essas dores reais que incomodam as pessoas para depois pensar em potenciais soluções.

Procure encontrar problemas em áreas que você conhece. Durante a construção da XP, eu me apaixonei pelo empreendedorismo. No entanto, batemos muita cabeça. Cometemos vários erros. A falta de referências, na época, sobre como construir negócios inovadores nos custou tempo e dinheiro. Havia muita teoria e blá-blá-blá em relação ao tema, mas pouco conteúdo prático, de quem foi lá e fez. Lembro, por exemplo, o conhecimento imensurável que ganhamos quando os primeiros fundos de investimentos – *Actis* e *General Atlantic* – viraram nossos sócios. Eles trouxeram uma sabedoria ímpar à empresa. Uma diversidade de exemplos sobre o que funcionou e não funcionou em outros lugares. Se tivéssemos obtido esse aprendizado antes, teríamos evitado inúmeras falhas.

Já no Vale do Silício, ao conviver com profissionais que reescrevem o futuro de empregos e indústrias, mergulhei no universo humano. Nas competências que devemos aprender para nos manter competitivos. Nas habilidades necessárias para lidar com os avanços tecnológicos. Ao compreender esses temas, observei uma carência não só de materiais atuais sobre construção de carreiras, mas também de formatos mais atraentes. Boa parte do que existia ainda preparava as pessoas para o passado. Para enfrentar os desafios de uma realidade que já havia acabado. Infelizmente, muitos cursos e certificações partiam do princípio de que o mundo continuava sendo romântico, estável e previsível como o de nossos pais. Fiquei maluco ao descobrir isso.

Essas duas experiências – XP e Vale do Silício – evidenciaram uma oportunidade. Salvo algumas exceções, o conteúdo disponível sobre empreendedorismo e desenvolvimento profissional estava ultrapassado, distante das novas demandas de mercado. Ao mesmo tempo, eu enxergava na minha bagagem uma possibilidade de resolver isso. De entregar às pessoas um papo reto, direto e sem rodeios sobre esses temas. O problema que identifiquei, então, foi na educação. Entretanto, não dá para abraçar o mundo e definir um escopo tão amplo. É preciso restringir. Assim, me concentrei na educação voltada à construção de carreiras e negócios.

Focar uma necessidade específica é *fundamental* para se conectar com o seu público. Primeiro, atue para resolver um conjunto particular de dificuldades. Só depois pense em ampliar. Há problemas em todas as áreas e de todos os tipos. Pessoas não conseguem comprar um colchão com facilidade, entender a linguagem jurídica, encontrar um programador de sistemas. Outras passam aperto para se relacionar com a família, cumprir prazos, guardar dinheiro. Há gente com desafios na logística, contabilidade e saúde. No esporte, no entretenimento e na construção civil. Para onde você olhar, há possibilidades de melhorar o que já existe.

Assim, escolha um problema para resolver. Tenha fascínio por solucioná-lo. Vejo muitos indivíduos tratarem seus produtos como filhos,

SE APAIXONE PELOS PROBLEMAS, NÃO PELAS SOLUÇÕES.

procurando protegê-los de qualquer ameaça. A verdade é que produtos e serviços mudam. Em algum momento, para continuar suportando os anseios das pessoas, você precisará matar as soluções atuais e criar novas. E quando esse dia chegar, a tendência de quem idolatra seus produtos é resistir, não agir e ficar para trás. As necessidades humanas se mantêm, mas a forma de satisfazê-las evolui. Antigamente, as pessoas recorriam às listas telefônicas para procurar o que queriam. Apesar desses guias terem sumido, a necessidade de buscar prestadores de serviço ainda existe. Isso não mudou. O que mudou foi a maneira de realizar essa busca. Antes, pesquisávamos usando o papel. Hoje, a internet. Viajar também é uma necessidade. Antes, grandes distâncias eram percorridas em caravelas. Hoje, em aviões. Bem como enviar documentos. Antes, era por cartas. Hoje, é por e-mails e aplicativos de mensagens instantâneas. Tal qual fazer pagamentos. Antes, era com cédulas. Hoje, é com cartão ou celular. Necessidades se mantêm, produtos e serviços se alteram.

Por isso, trate os problemas como filhos, não as soluções. Olhe ao seu redor e observe as dificuldades que você enfrenta. Há problemas *originais*, que exigem soluções totalmente novas, e *incrementais*, que precisam de melhorias ou complementos para soluções já existentes. Quanto mais você praticar o exercício de procurar problemas no dia a dia, maior será a probabilidade de encontrar oportunidades incríveis para construir carreiras e empresas que realmente transformam a vida das pessoas.

Meu rascunho...

Problema que eu identifiquei: educação voltada à construção de carreiras e negócios ultrapassada.

Seu rascunho...

Que problema você quer resolver?

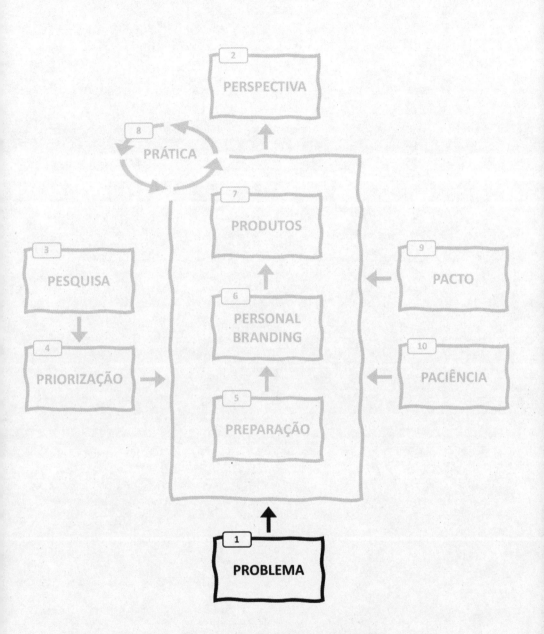

10 Ps: até aqui, você já leu um deles.

SOUSA MOREIRA APARECIDA DE ABREU LIMA AQUILES LIMA DE SOUSA ARAPUAN MOTTA NETTO ARETUZA LATTANZI ARIANE FERNANDA PERON ARIANE RIBEIRO ARIEL TENORE ALVAREZ ARTHUR CARDOSO DE ARRUDA ARTHUR NIGGEMANN ARTUR DA COSTA ARAÚJO ARTUR ROBERTO DE OLIVEIRA GIBBON ARTUR RODRIGUES BRUNIDO AMARANTE ATÍLIO SOARES SANTOS AUDREY CRISTINE BELBERI AUDRIN DA CONCEIÇÃO PEREIRA AUGUSTO MASIERO GIL AUGUSTO ZG AURINEIDE CRISTINE CORREIA FERREIRA AYLA LORENA CORDEIRO DOS SANTOS BAILON FLORES RIBEIRO BÁRBARA DA MOTTA RAMOS SIQUEIRA BÁRBARA DE BRITO LIMA BARBARA EMILIA KEMP DUGAICH AUTO BÁRBARA THAÍS RENZI BARTOLOMEU RIBEIRO BAYARD BORGES NETO BEATRIZ ACCIOLY GALVÃO BEATRIZ BRITO SILVA CASTRO BEATRIZ MARIA DA SILVA PEREIRA BEATRIZ MILORI BEATRIZ YUKA SAKAUE BEBETO MOTA BENÊ ZANIBONI BERNARDO BALBINOT BEZERRA FILHO BIA FERRAZ BIA RODRIGUES CARVALHO BIANCA ALVES BORGES PEREIRA BIANCA ARAÚJO TOSTES BIANCA CRISTINA GASQUES LAZARO BIANCA DA SILVA COSTA SOARES BIANCA IAUIN OLIVEIRA DOS SANTOS OTTO BIANCA LEFOSSE BIANCA LIMA MACPHERSON GARCIA DE PAIVA BIANCA TRINDADE BIANCA VIANA BASTOS MARCELINO BIANCA ZETTERMANN DE LIMA MIRANDA BRAYAN POLONI CISLAGHI BRENNER MACEDO SANTOS SILVA BRENO CYSNE BRENO HENRIQUE MARANGAO CORNÉLIO BRENO MARQUES BRENO PEREIRA DE ARAÚJO COELHO BRUNA ARAÚJO HEINEN BRUNA COLLUSSO HELENO VENTURA ESTEBAN BRUNA CRISTINA DE OLIVEIRA BASTOS BRUNA DE OLIVEIRA LANGER BRUNA ELISA MOCELIM BRUNA ESTEFANI BRUNA EVELYN PASCOAL DE OLIVEIRA E SILVA SANTOS BRUNA GABRIELA OLIVEIRA DA FONSECA BRUNA RAFAELA BECK ALVES BRUNA RORATO BRUNA TASSONI BRUNNO FALCÃO BRUNO ALEX DA SILVA BRUNO ALVES MARTINS BRUNO ALVES OMELTECH BRUNO AUGUSTO LUCIDE BRUNO AVELAR DE SOUZA BRUNO BAPTISTA GALVÃO BRUNO BENVENUTI DONDÉ BRUNO CAMPOS DE OLIVEIRA BRUNO CAVALCANTI BRUNO DE FREITAS BRUNO FUZETTI PENSO BRUNO GARCIA ANTUNES BRUNO GIL FERRO BRUNO GOMES CAMARGO BRUNO GUILHERME DAMASCENO BRUNO LOPES OLIVEIRA BRUNO MARQUES GARCIA BRUNO MIRANDA DE REZENDE BRUNO SILVEIRA DUARTE BRUNO SIMONETTI ASCENÇÃO BRUNO SOLIS BRUNO TEODORO DA SILVA CAMPOS BRUNO TREICHEL BRUNO VENTURIM COGO BRUNO VIEIRA LUZ BRUNO VINICIUS MAGALHÃES BRUNO ZAC CAIO CESAR LINS CAIO DE BRITTO CAIO EVANDRO SANTOS DE FREITAS CAIO GOMES FERNANDES DE OLIVEIRA CAIO MENEZES CAIO MENEZES CASADO CAIO RODRIGUES DE VASCONCELOS CAIO SANAS CAIO SIGIANI PASCOTE CALVIN BRITO CAMILA DE AGUIAR CAMILA DE LIMA SILVA CAMILA DE SOUSA XAVIER CAMILA EDUARDA DOS SANTOS CAMILA FLORES CAMILA GOMES GUISSONI CAMILA GONÇALVES GUIMARÃES PINTO CAMILA GONZALEZ CAMILA MANTOVANI CAMILA MUGRABI BARROS CAMILA NUNES MOURA RIBEIRO CAMILA RAMOS DA SILVA CAMILA SANTORO CAMILA SATIRO DA SILVA CAMILA SOUZA PRADO DE COMI CAMILA VIEIRA BONASSI CAMILLA MOREIRA DA SILVA CAMILLA MOURA MONTEIRO CAMILLY SILVA ROCHA CAMILO CUNHA DE AZEVEDO CAMYLA MENEGATTI BIANCO CANAÃ KASSIO WEBER CARINA DE FREITAS CARICIO CARINA MARIA OBALSKI CARINE LASSO PORCIUNCULA DOS SANTOS CARINE PERSSON VOGT CARLA CARVALHO RIBEIRO CARLA CÍNTIA SILVA DE SOUSA CARLA DELPONTE CARLA EIRAS CARLA OLIVEIRA DA SILVA COUTINHO CARLA PATRICIA NAKANISHI CARLA ROSÂNGELA BINSFELD CARLA SIEWERDT LIMA CARLINDO LIMA CARLOS AFONSO GUIMARÃES CARDOSO FILHO CARLOS AIRTON CASTRO LEITE CARLOS ALBERTO DE OLIVEIRA CARLOS ALBERTO PEREIRA CARLOS ALBERTO PINTO NETO CARLOS ALBERTO PIRES COELHO FILHO CARLOS ANDRÉ BRAGA DA SILVA CARLOS ANTUNES FEITOSA JUNIOR CARLOS BARUM VELLOSO DA SILVEIRA CARLOS CESAR CAGNOTO CARLOS DE LUCA ROGÉRIO VIEIRA CARLOS EDUARDO COAN JUNIOR CARLOS EDUARDO DA SILVA CARVALHO CARLOS EDUARDO DE MATOS CARLOS EDUARDO ROSA DE SOUZA SANTOS CARLOS EDUARDO URBAN CARLOS EDUARDO VAINI CARLOS EDUARDO VIEIRA CERCA CARLOS FERNANDO JÚNIOR CARLOS FREDERICO NÓBREGA FARIAS CARLOS FROSSARD CARLOS GUMZ KORZ CARLOS

GUSTAVO PULGA CARLOS HENRIQUE BARBOSA DA SILVA CARLOS HENRIQUE GUEDES PEREIRA DE CASTRO CARLOS HENRIQUE SCHLABITZ CARLOS JOAO MOHN CARLOS JÚNIOR NEVES CARLOS KAZUO TOMOMITSU CARLOS MACHADO CARLOS MAURICIO ZAREMBA CARLOS PINHEIRO CARLOS SALATIEL CARLOS SALATIEL DE ALENCAR CAMPOS CARLOS SAMUEL KRAUSE CARLOS SANGALLI JUNIOR CARMINE PEREIRA CABRAL CAROL AFFONSO CAROL LUCATO CAROLINA ANDREZA DOS SANTOS MENDOZA CAROLINA BAPTISTEL OLIVEIRA NUNES DA COSTA TASSINARI CAROLINA BRAGA PEROTTO CAROLINA CARIOLY COSTA ALVIM CAROLINA CLARA MENDES DA CUNHA CAROLINA FEDORUK CAROLINA MARIA NEVES OLIVEIRA CAROLINA ROJAS VIUDES CAROLINA RORATTO KOHN CAROLINA ZUMERLE BASTOS CAROLINE CANDIDO BRUNO CAROLINE DE FÁTIMA BOMTEMPO CAROLINE PEREIRA DA SILVA CAROLINE PEREIRA QUADRADO CAROLINE RODRIGUES AGOSTINI CAROLINE SHALITARI CAROLINE TAIS DE SOUZA CÁSSIA AULÍSIO CÁSSIA GALAVOTTI BOTE CÁSSIA GUIMARÃES DA SILVA CÁSSIA JARDIM DA SILVA CASSIANO FRÓES CÁSSIO LUIZ VIEIRA CATIA BAGGIO BARBIERI CAUÊ ROCHINHA DUARTE CECÍLIA FAGUNDES CHIARI CECÍLIA NEGRINI CELÇO TEIXEIRA DE OLIVEIRA CÉLIA ANDREZA CELIA SIKORSKI CELINA MITIKO SHIGEMOTO CELSO ALOISIO CESTARI CELSO MARIANTE JUNIOR CENIRA DE OLIVEIRA SILVA CÉSAR JACÓ HABITZREUTER CESAR PUCCI CHARLES CARVALHO DA CUNHA CHARLES DA ROCHA DE VARGAS CHARLES DAPPER CHARLES DAVIS VITOR DE SOUSA CHRISTIANE DANTAS LEAL CHRISTIANE FRAGA CHRISTIANE SCHOUERI CHRISTINE FIDELIS MINUCCI CHRISTINE HELEINE CHRISTOPHER ANDERSEN MIRANDA DE OLIVEIRA CIBELLE MONTEIRO DA SILVA CIELA COZER CINTHIA ORLANDI CÍNTIA LUNETTA CIOMARA TONIOLO CIRO FONSECA DIAS CLAITON JUDÁ GRAZIK CLARA MAYRA DE MORAIS CLARIÇA DE LUCA CLAUDEMIR CLOUD CLAUDIA DE MARIA DOS SANTOS CLÁUDIA ELISA DREYER CLAUDIA KLEIN CLAUDIA KRENICZKI CLÁUDIA MARTIRES CLÁUDIA PEREIRA CLÁUDIA RODRIGUES DE MATOS BERNI CLÁUDIA STEFÂNIA MACHADO STEFANELLO CLAUDIANE GODOIS MIRANDA CLÁUDIO ALMEIDA CLAUDIO BEZERRA DA CUNHA CLAUDIO CESAR RABELO DE ALMEIDA CLÁUDIO JOSÉ SILVA DE ALBUQUERQUE CLAUDIO MACEDO FILHO CLÁUDIO SANTOS CLAUDIOMIRO FERNANDO REX CLAYTON VINICIUS DE ATHAYDE CLEIBI VASCONCELOS PINHEIRO CLEITON DE ALMEIDA LINS CLEITON NERIS DA SILVA CLEONES AVELINO DE ANDRADE SOBRINHO CLÉRIO DALLAZEN JÚNIOR CLÉSIO COSTA CLEVER ROBERTO CLEVERSON ELIAS DA PAZ FREITAS CLOMAR PEREIRA DA COSTA CONCEIÇÃO ZEPELINI CONRADO CORDELLI BIO CRISTALINO MATEUS PIRES ARAÚJO BARBOSA CRISTIANO BERNARDES CRISTHIAN CARLOS MOREIRA CRISTIAN A F CIRNE CRISTIAN EVANDRO DE OLIVEIRA CRISTIAN LUIZ ONZI CRISTIAN TATIANE VAHL LIMA CRISTIANA FERRONATTO CRISTHIAN LIMA MATOS CRISTIANE ANDREOLA CRISTIANE CELEGUIM CRISTIANE KRASSUSKI AGUILERA CRISTIANE LAUXEN MARIA DA CRUZ CRISTIANE MARIA PROVENZI BARBOSA CRISTIANE MARINHO CRISTIANE OLIVEIRA CRISTIANE SPERINDE LAVRATTI GOBBATO CRISTIANO BAPTISTA MACHADO CRISTIANO JUNIOR CONTE CRISTIANO KRUEL CRISTIANO SEBBEN CRISTINA ALMEIDA CRISTINA AURELIANO CRISTINA DORNELLES CRISTINA FERREIRA LEAL CRISTINA MARIA FILICIANI CRISTINA ROSTIROLA CRISTINA VEIGA CYNTHIA MICHELS CYNTHIA NERI PIRES CYNTHIA PERES GENERAL CYNTIA DE ALMEIDA FERRAZ D'LAWERY DE CARVALHO FÓFANO DACILENE DOS SANTOS ESCORCIO DADO GUIÃO DAIANA CRISTINA RUMPF DAIANA SILVA COIMBRA DAIANE CRISTINA DE SOUZA DAIANE DOS SANTOS SOUZA TAVARES DAIANE EHRHARDT DAIANE LÚCIA SCHMIDT DAIANE MANIQUE DOS REIS DAIANE SALVATI DAIANNY PREZA DALMO MARCOLINO DALTON SWAIN CONSELVAN DALVAN CUNHA DANI FIDELIS DANICLEYTON PIRES MOREIRA DANIEL ALVES E SILVA DANIEL AMARAL CARDOSO DANIEL ANDRADE DE SA MIRANDA DANIEL DE JESUS CRUZ DANIEL DE MOURA OLIVEIRA DANIEL DE OLIVEIRA DAUMAS DANIEL DIDONÉ DANIEL FELIPE PEREIRA DANIEL GOMES BOTELHO FREITAS DANIEL GRAVE PESTANA BARBOSA DANIEL HAAS DANIEL HENRIQUE BATTISTELO DANIEL JORGE TEIXEIRA DE CARVALHO DANIEL KARA DANIEL MAIOLINO DANIEL MARINO REIS

2

A ERA DA DESOBEDIÊNCIA

A ERA DA DESOBEDIÊNCIA

TROUBLEMAKERS

As grandes oportunidades não nascem no senso comum de uma sociedade. Elas nascem nos limites do senso comum. Nas bordas e fronteiras do comportamento mediano. A única forma de você enxergar essas possibilidades é se permitindo desobedecer mais, questionar mais, interrogar mais. Profissionais de extremo sucesso não são indivíduos certinhos que passam uma vida inteira aceitando tudo que lhes é apresentado. Pelo contrário. Essa turma desafia o pensamento padrão, motiva transformações e cria soluções capazes de romper sedentarismos e melhorar significativamente o dia a dia das pessoas. *Troublemakers* – causadores de problemas, em inglês – sabem que a normalidade, definitivamente, nunca mudou nada.

A vida dá muitas razões para você fazer o que todo mundo faz. À medida que você vai crescendo, a sociedade tende a lhe convencer que a realidade é assim e que a sua missão é apenas viver dentro dela. "Estude, arrume um emprego, economize para a aposentadoria. Construa uma boa família e seja feliz." Esse é o caminho clássico, adotado pela maioria dos seres humanos. Não há nada de errado nele. Entretanto, fazer a mesma coisa e esperar resultados diferentes é a perfeita definição de insanidade. As alternativas se ampliam quando você se afasta do bando, confronta o coletivo e faz escolhas incomuns. Todas as carreiras bem-sucedidas que existem ao seu redor foram construídas por pessoas como você. Nem melhores nem piores.

DESOBEDEÇA: A SUA CARREIRA PEDE MAIS

Simplesmente iguais a você. Só que, em oposição à conformidade, em algum momento esses indivíduos precisaram assumir riscos e abandonar o destino natural que lhes aguardava.

Morando no Vale do Silício há anos, já recebi milhares de pessoas nos cursos que a StartSe promove. Quando as atividades começam, costumo conversar com as turmas e entender suas expectativas. Obviamente, grande parte espera ver carros sem motoristas, robôs e coisas do tipo. De fato, tudo isso existe e é comum de se ver. Porém, ao fim da programação, retorno à conversa e pergunto aos participantes qual foi a principal lição aprendida durante a semana que passaram conosco. Aí vem a surpresa. A esmagadora maioria responde: "Mauricio, não é a tecnologia que faz o Vale. De longe, não é. O que torna esse lugar um motor único de inovação são as pessoas. É o perfil inquieto dos moradores que faz essa região ser assim".

Por isso, não é possível fazer cópias do Vale do Silício por aí. Dar "Ctrl+C/Ctrl+V" na tecnologia é possível. Você assina um cheque e transfere as novidades que existem em determinado território para qualquer outro do planeta. Porém, ninguém "copia e cola" pessoas. Mesmo com todo o poder computacional disponível no planeta, a principal vantagem competitiva está na mentalidade do ser humano. Os avanços científicos potencializam conhecimento e progresso. Entretanto, é a capacidade de interrogar paradigmas e aceitar novas verdades que define o valor de alguém para o mundo. Ser rebelde aos códigos da língua, questionador do pensamento uniforme e desafiador do comportamento mediano nunca foi tão necessário como nos dias de hoje.

Seu maior risco é viver sem risco. Muitas pessoas minimizam o seu potencial e vivem os melhores momentos das suas vidas jogando na defesa, evitando coisas que lhes assustam. Tenha audácia em relação as suas atitudes. Seja capaz de enfrentar situações que lhe causam medo. Essa palavrinha de quatro letras até pode significar – no dicionário – uma sensação provocada pela consciência do perigo, mas, para mim, ela significa ousadia em treinamento, bravura em preparação. As decisões que você tem receio de tomar são aquelas que carregam a sua maior chance de crescimento.

A ERA DA DESOBEDIÊNCIA

Independentemente de acertar ou errar, são nessas oportunidades que você evolui como profissional e amadurece enquanto ser humano.

Por que falo isso? Porque gente boa sabe que é bem paga para ter medo, assumir riscos, tentar coisas inusitadas. Profissionais notáveis reconhecem que, para receberem a boa remuneração que recebem, lhes são esperadas atitudes incomuns. Se uma empresa paga a você um ótimo salário, ela quer ser surpreendida pelas suas ações. Caso contrário, não há motivo para o seu contracheque ser maior que o dos outros. Talentos, definitivamente, têm consciência de que precisam se expor. Se você não sente frio na barriga, sua carreira é conveniente. E conveniência não leva ninguém a feitos empolgantes.

Nos últimos anos, tomei duas decisões profissionais que impactaram profundamente a minha trajetória. Em ambas, havia mais gente discordando de mim do que concordando. A primeira, foi quando eu tinha 26 anos. Na época, tinha um excelente emprego na Service IT Solutions, uma parceira da IBM na América Latina. Meu salário era ótimo, trabalhava oito horas por dia, viajava para o exterior nas férias. Tudo era perfeito. Não dava para reclamar. Depois de um tempo, porém, minha carreira se tornou cômoda. E comodidade é tudo que você não precisa ter caso queira evoluir profissionalmente. Esse tipo de sensação gera conforto, e conforto faz você não sair do lugar. Ninguém se destaca por jogar em modo de segurança.

Nesse período, conheci a XP Investimentos. O negócio, ainda pequeno, ocupava uma salinha da Rua Florêncio Ygartua, em Porto Alegre, e oferecia cursos para ensinar as pessoas a investir na bolsa de valores. Foi após um desses treinamentos que me tornei cliente da empresa. Como a sede da Service ficava na Rua 24 de Outubro, a uma quadra da XP, comecei a visitar o meu assessor financeiro quase todos os dias para definir os ativos que iríamos comprar e vender. Meses depois, não deu outra. Rossano Oltramari, um dos sócios da XP, me chamou para entrar no time. A proposta, porém, era para ganhar quatro vezes menos e trabalhar duas vezes mais.

Mesmo com essas condições, fiquei tentado pelo convite. Sentia que eu precisava mudar, e a oportunidade era aquela. A Service é um lugar maravilhoso. Só tem gente incrível. Mas eu estava em um platô, acomodado com

41

GENTE BOA
SABE QUE É BEM PAGA
PARA TER MEDO.

A ERA DA DESOBEDIÊNCIA

meu salário, cargo e prestígio. Resolvi, então, perguntar a opinião de amigos sobre essa potencial mudança. A maioria foi contra. Depois, conversei com meus pais, que também discordaram. Lembro-me deles falando que eu tinha estabilidade e ganhava bem. Que, se eu trocasse de emprego, meu padrão de vida despencaria. Apesar dos conselhos, segui meus instintos. Pedi demissão da Service ao meu gestor da época – Regis Coimbra – e entrei na XP. De fato, ter pessoas ao seu redor que discordam de você é essencial para tomar as melhores decisões. Quando muita gente questiona suas ideias, há algo único e especial no ar.

A segunda decisão foi aos 34 anos. Depois de quase uma década na XP, trabalhando com sócios incríveis para transformá-la em uma das maiores instituições financeiras da América Latina, observei que eu não agregava mais ao negócio como no início. Profissionalmente, você precisa saber onde suas competências fazem a diferença e onde não fazem, quais estruturas são profundamente impactadas pelas suas habilidades e quais não são. O meu valor enquanto profissional aparece na bagunça das empresas que estão começando. Se é para trabalhar na confusão, me chama que eu vou. Não sou a melhor escolha para atuar em lugares organizados, repletos de processos, políticas e normas. Há milhões de indivíduos capazes de fazer mais do que eu por esses ambientes.

Quando entrei na XP, a companhia era pequena e informal. Existiam poucas regras. Saíamos das reuniões, por exemplo, já executando o que havíamos decidido. Não tinha essa de buscar aprovações, autorizações ou coisas do tipo. Colocávamos a raça antes da técnica, a velocidade antes da perfeição. Todo mundo fazia um pouco de tudo. Além disso, como a empresa era pouco conhecida, ela dependia muito das relações pessoais para construir o elo de confiança com seus parceiros. Cansei de rodar o Brasil e ficar até de madrugada em bares para convencer indivíduos a entrarem no nosso negócio. Mergulhava na vida deles. Conhecia o íntimo das suas dificuldades familiares e financeiras. Estabelecia uma conexão tão profunda que, na ausência de uma reputação corporativa forte, que a XP ainda não tinha, eu e outros sócios virávamos o porto seguro dessa turma. É em lugares assim, que dependem das

DESOBEDEÇA: A SUA CARREIRA PEDE MAIS

pessoas antes dos processos, da teimosia antes da disciplina, do feito antes do perfeito, que me dou bem. São as organizações pouco estruturadas e muito dependentes de habilidades relacionais que me permitem voar.

No entanto, em oito anos, a companhia cresceu. Nossa marca tinha se tornado forte e conhecida. Já tínhamos investidores estrangeiros, um nível de governança maior e políticas internas bem definidas. Nessa realidade mais regrada e formal, comecei a observar que minhas competências não eram mais tão necessárias quanto antes. E isso é normal de acontecer. Empresas são organismos vivos. As habilidades exigidas no início, quando são pequenas, diferem das requeridas depois, quando se tornam adultas. Assim, comecei a sentir que havia cumprido o meu papel na construção do negócio e estava na hora de sair, virar a página e fazer outra coisa. Para ajudar nessa decisão, procurei amigos e familiares novamente. Queria escutá-los mais uma vez. Ao compartilhar meus planos de mudança, recebi outro balde de água fria, outra avalanche de "nãos" para ninguém botar defeito. "O que aconteceu contigo? Que diabos deu em você? Bebeu? Enlouqueceu?". Eu estava no meu auge profissional. A XP, no seu auge corporativo. Ninguém entendia o porquê de eu fazer aquilo. De fato, foi uma enxurrada de opiniões contrárias repletas de letras garrafais.

Em uma tarde de novembro de 2014, porém, durante uma conversa por telefone com minha esposa, que estava na Finlândia participando do Slush, um dos maiores eventos sobre startups do mundo, recebi o primeiro e único apoio até então. Saí da ligação, me encontrei com Guilherme Benchimol, fundador e presidente da XP, e falei que eu precisava de novos sonhos. Foi uma das conversas mais marcantes da minha vida, com um ser humano que me inspira e me ensina até hoje. No fim dela, ele acabou sendo a segunda pessoa que me apoiou.

Nossa jornada é feita de escolhas, e a sociedade sempre lhe apontará o caminho típico, a rota esperada. Até seus pais tendem a lhe indicar o trajeto mais seguro e conhecido. Afinal, eles querem o seu bem. Ninguém deseja que você se machuque. Não consigo imaginar como seria a minha vida se eu tivesse continuado na Service ou na XP. Se eu estaria melhor ou pior, mais

A ERA DA DESOBEDIÊNCIA

feliz ou infeliz. No entanto, posso afirmar que essas duas decisões provocaram os maiores saltos, as maiores evoluções profissionais que eu tive até aqui. Os gatilhos responsáveis pelas principais conquistas da minha carreira vieram de atitudes que desafiaram o consenso, que me fizeram ir para um lado enquanto o cotidiano me jogava para o outro.

Tenha medo de viver sem medo. Busque na audácia que há em você o combustível para desafiar a normalidade das coisas. Enquanto a maior parte da sociedade se comporta como peças intermediárias de um dominó, que só andam depois de as outras andarem, há pouca gente disposta a ser a primeira peça desse jogo, que, ao se mover, move todas as demais. Falar a sua palavra, mesmo que ela não seja unânime, é a única maneira de saber até onde pode ir, que altitude pode alcançar. No entanto, ao se afastar do hábito coletivo, prepare-se: muita gente não vai gostar. Afinal, você estará rompendo com os valores dominantes de um grupo. E isso – claro – ameaça os membros desse grupo. A ousadia é um ato que, inicialmente, perturba as pessoas. Atitudes incomuns são contestadas primeiro e admiradas depois. Nada de extraordinário no meu trabalho aconteceu na segurança da minha zona de conforto. Para construir uma carreira independente e livre, é preciso se expor. Seguir a sua própria voz é a ferramenta mais poderosa que você possui.

TECNOLOGIA HUMANA

Possivelmente, o trabalho que você faz hoje mudou muito nos últimos tempos, mudará ainda mais em breve e talvez nem exista na próxima década. Nesse mundo em que tudo fica obsoleto mais rápido, olhar para as responsabilidades atuais e não se preocupar além delas é como viver na era dos dinossauros sem saber que um meteoro está a caminho.

Independentemente do seu emprego ou negócio, essas monumentais incertezas exigem condutas profissionais diferentes. Afinal, sua carreira muda

DESOBEDEÇA: A SUA CARREIRA PEDE MAIS

– e continuará mudando – o tempo todo. Seus interesses e colegas de trabalho também. No dia a dia, você viverá novas tarefas, projetos e atividades. Terá diferentes conversas, reuniões e clientes. Lançará vários produtos, serviços e soluções. Sua empresa vai evoluir, as perspectivas das pessoas ao seu redor vão evoluir, e você precisará evoluir também. É por isso que cada indivíduo desse planeta deve ser um eterno aprendiz, pois não existem mais ex-alunos no mundo. Ou você estuda e se requalifica a vida toda ou ficará para trás.

Deixe-me contar uma típica história americana. Youngstown foi uma das cidades mais emblemáticas dos Estados Unidos durante grande parte do século XX. A siderurgia atraiu multidões para o município, os trabalhadores tinham uma das maiores médias salariais do país, e a população desfrutava de um estilo de vida fantástico. A prosperidade era tão grande que o município virou um modelo do sonho americano. Entre 1890 e 1930, com o crescimento populacional de 33 mil para 170 mil habitantes, Youngstown se tornou a capital do "Vale do Aço", a maior região produtora de aço do mundo até então.

As siderúrgicas operavam vinte e quatro horas por dia e dominavam as atividades locais. O ritmo intenso das usinas logo gerou poluição, mas poucos se importavam. Um metalúrgico afirmou na época: "Todos respiram sujeira, se alimentam de sujeira. Mas a sujeira recompensa, pois uma Youngstown limpa seria uma Youngstown sem trabalho".[10] A cidade cresceu com apenas uma cultura econômica, sem se preocupar com as potenciais mudanças do amanhã. O aço, de fato, dominava todos os aspectos da vida local.

A globalização, no entanto, e o gradativo aumento da concorrência estrangeira mudaram isso. Em 19 de setembro de 1977, um decreto fechou as usinas locais e matou a euforia criada lá. Milhares de pessoas perderam seus empregos, metade dos habitantes abandonou a região e Youngstown ficou marcada para sempre como um triste capítulo da história norte-americana. O premiado cantor Bruce Springsteen até escreveu uma música – chamada "Youngstown" – que descreve a história de ascensão e queda do município,[11] desde a descoberta de minério de ferro nas proximidades da cidade em 1803 até o declínio da indústria siderúrgica no fim dos anos 1970.

A ERA DA DESOBEDIÊNCIA

O colapso econômico e social foi enorme. Empregos desapareceram. Depressão, abuso conjugal e suicídio se tornaram frequentes. Os atendimentos no centro de saúde mental do município triplicaram. A criminalidade atingiu taxas elevadíssimas, entre as mais altas dos EUA, exigindo que a cidade construísse quatro prisões na década de 1990 – uma das raras indústrias que cresceu por lá.[12] E o que, afinal, a existência de uma cidade como Youngstown, que foi esvaziada e esquecida poucos anos depois de ter sido considerada uma das sociedades mais prósperas do mundo, tem a nos ensinar?

Bem, se a atual força de trabalho não se requalificar, eventos assim se repetirão. Não mais motivados por decretos, mas pela velocidade das inovações que desafiam os tradicionais empregos da classe média. Vivemos uma das maiores transformações que qualquer geração já precisou enfrentar. Os recentes avanços tecnológicos, que permitem às máquinas analisar e tomar decisões complexas cada vez melhores, proporcionaram ganhos em todos os níveis. Assim, não só as funções menos especializadas são desafiadas pelo ritmo intenso das inovações, mas também as profissões mais nobres e bem pagas, que exigem muito estudo, aprendizado e capacitação.

Por causa disso, o temor se instala. O que acontecerá com o trabalho de motoristas quando os carros forem autônomos? Ou de cozinheiros quando o preparo das refeições for automatizado? Ou de médicos quando as doenças forem diagnosticadas proativamente por sensores? Seja qual for a atividade, parte dela – ou toda – será feita por robôs ou softwares nos próximos anos. Sem falar que, além dos desafios causados pela tecnologia, há também os causados por crises financeiras, pandemias e tensões geopolíticas, por exemplo. O nosso planeta, na prática, se mostra um lugar cada vez mais imprevisível. E, visto que a realidade como conhecemos hoje está prestes a mudar para sempre, a maneira como projetamos nossa carreira e nossos negócios também precisa mudar.

As necessidades da Era Industrial empacotaram o trabalho em empregos padronizados, inflexíveis e em tempo integral – que serviam perfeitamente à economia da época. No entanto, apesar de os requisitos profissionais terem evoluído ao longo do tempo, muitas empresas ainda mantêm a mesma

DESOBEDEÇA: A SUA CARREIRA PEDE MAIS

mentalidade do passado. Em geral, definem cargos baseados em tarefas e remunerações equivalentes ao número de horas trabalhadas nessas tarefas. Boa parte do mundo corporativo funciona assim. Entre inúmeras consequências, essas escolhas geram dois efeitos colaterais. Primeiro, empregos previsíveis são rapidamente substituídos pela tecnologia, pois robôs de tarefas únicas são os mais fáceis de construir. E segundo, milhões de trabalhadores passaram a ter profissões repetitivas. Na maior parte do tempo, eles aprendem tarefas, memorizam essas tarefas e as executam infinitas vezes. Atuam mais como máquinas do que como humanos. Infelizmente, o emprego dessas pessoas também desaparecerá.

A crescente democratização computacional observada hoje, capaz de produzir soluções sem precedentes a custos cada vez menores, afeta em cheio a nossa vida. Possivelmente, você verá mais progressos na próxima dezena de anos do que na última centena deles.[13] As mudanças são tão rápidas que mal dá tempo de se acostumar com uma novidade, logo vem outra e a substitui. Inovações mais antigas, como telefone, automóvel e transporte aéreo, demoraram décadas para serem adotadas pela maioria dos consumidores. Já as mais recentes, como internet, celular e mídias sociais, se espalharam tão rápido que levaram pouco tempo para irem do lançamento à adoção universal.[14] Hoje, tudo é dimensionado com escala e velocidade desconcertantes.

Assim como o planeta evolui, suas habilidades profissionais também precisam evoluir. Segundo a McKinsey, uma das maiores consultorias empresariais do mundo, tanto os empregos que exigem conhecimentos básicos, geralmente associados a atividades repetitivas, quanto os que demandam habilidades físicas e manuais, muito dependentes da força e do trabalho braçal das pessoas, vão sofrer um duro golpe nos próximos anos. Robôs e softwares estão assumindo essas atividades humanas. Em contrapartida, as tarefas que requerem competências sociais, emocionais e tecnológicas, bem como as que envolvem aptidões intelectuais, muito relacionadas ao pensamento crítico, criatividade e resolução de problemas, ganharão espaço.[15]

E por que isso acontece? Bem, as máquinas são ótimas para lidar com dados, repetição e busca de padrões. Sempre que tentarmos superá-las em

A ERA DA DESOBEDIÊNCIA

atividades que envolvem esses aspectos, perderemos de goleada. No entanto, há limitações. Uma delas, por exemplo, diz respeito à necessidade de treiná-las com grandes volumes de informações passadas, pois só assim se tornam inteligentes. Os sistemas computacionais têm dificuldade com tudo que não viram ou repetiram muitas vezes antes. Já as pessoas, em contrapartida, têm o dom criativo para decidir sem base histórica. Somos incríveis para interagir com imprevistos, enfrentar situações novas e conviver com surpresas. Responder ao acaso é um presente que a natureza nos deu.

Essas diferenças, então, colocam uma barreira fundamental em relação às tarefas que podem ser automatizadas, pois o futuro de cada emprego está na resposta à seguinte pergunta: até que ponto ele pode ser resumido em um conjunto de atividades repetitivas, sequenciais e imutáveis? Ou seja, até que ponto pode ser transformado em um *checklist*? Se a sua ocupação envolve decorar normas, seguir rotinas e executar procedimentos estáticos diariamente, você e as máquinas trabalham igualmente. O resultado que elas entregam é bem parecido com o seu. Não será surpresa, portanto, vê-las ocuparem o seu lugar em breve. Em contrapartida, se você não consegue descrever seus afazeres de forma padronizada e precisa buscar novos conhecimentos, encarar fatos inesperados e se relacionar com pessoas constantemente, sua carreira vai muito além de hardwares e softwares. Você explora áreas com as quais a nossa espécie tem aptidões intrínsecas para lidar. São nessas situações, quando somos expostos a novos estímulos todos os dias, que temos um trabalho para humanos e não para robôs.

Compreender isso motiva reflexões sobre a nossa carreira. O que eu posso oferecer de único para a sociedade? Qual é o meu objetivo na vida, e como o meu trabalho se relaciona com ele? Precisamos redescobrir o que nos faz humanos e construir trajetórias profissionais centradas no indivíduo, capazes de desbloquear habilidades inerentes escondidas dentro de nós. É assim que alguém se diferencia hoje. Afinal, não há dúvida sobre o avanço das máquinas. Saber lidar com elas virou imperativo. Entretanto, não basta só isso. Claramente, a natureza do trabalho evoluiu. Passamos menos tempo a sós em nossas baias e mais tempo com outras pessoas. Grande

DESOBEDEÇA: A SUA CARREIRA PEDE MAIS

parte do valor migrou das habilidades brutas e repetitivas para as habilidades sociais e emocionais. Ao encarar qualquer transformação tecnológica como uma transformação humana, você se permitirá mudar sempre que necessário para aproveitar as oportunidades sem precedentes do amanhã. Afinal, como Thomas Friedman disse, as gerações passadas tiveram vantagem, pois elas tinham apenas que "encontrar" um emprego. Hoje, porém, seus descendentes precisarão "inventar" um.[16]

Observe como a nossa espécie é maravilhosa nos fins de semana. Nesses dias, somos carpinteiros, artistas e músicos. Inventamos danças, pintamos casas, decoramos jardins. Construímos castelos de areia, de LEGO e muito mais. Nas horas vagas, usamos a nossa imaginação intensamente, como em quase nenhum outro momento da vida. Contudo, nas segundas-feiras, voltamos ao cargo de assistente júnior, especialista pleno ou gerente sênior de alguma coisa. Esses títulos não apenas soam entediantes como encorajam a realização de contribuições limitadas e pré-definidas. Grande parte das empresas empacota a criatividade de seus funcionários em caixinhas de fósforos. Em geral, elas abrem vagas, buscam profissionais e lhes dizem o que fazer, quando, na verdade, deveriam deixar essas pessoas falarem o que precisa ser feito. É uma mudança sutil, mas que faz toda a diferença. Ao estimular os indivíduos a serem menos repetidores e mais exploradores, podemos nos surpreender com seus feitos. Pois os empregos do futuro virão da mente dos assistentes, especialistas e gerentes de hoje, mas somente se dermos a liberdade necessária para construírem os trabalhos do amanhã.

Ao levar o nosso comportamento dos sábados e domingos às segundas-feiras, podemos destravar as pessoas para explorar o verdadeiro potencial criativo que possuem e desenvolver hábitos cada vez mais humanos em nossas profissões. E quanto à Youngstown, o que aconteceu lá nos anos 1970 é, hoje, retratado em um museu.[17] Nele, enquanto o antigo trabalhador da cidade – um dos mais bem pagos do século XX – é exposto com uma placa de "extinto", o profissional de hoje é apresentado logo ao lado, dando a entender que, caso não se requalifique constantemente, em breve será extinto também.

A ERA DA DESOBEDIÊNCIA

2/10 Ps – PERSPECTIVA

Nasci em Vacaria, município de 60 mil habitantes da serra Gaúcha. Lugar de paisagens incríveis, bons vinhos e rodeios. Todo inverno neva por lá. Morei meus primeiros vinte anos nessa região. Por onde eu ando, seja no Brasil ou no mundo, sempre menciono minhas origens, pois o que você aprende de mais importante na vida são os valores e princípios que carrega. Se eu sou quem sou, com a essência que tenho hoje, foi Vacaria que me ensinou.

Sou o caçula de três irmãos. Rodrigo é o mais velho, Patrícia é a do meio. Crescemos juntos e convivemos diariamente até a adolescência. Meus pais são professores, educadores natos que dedicaram suas vidas ao ensino fundamental, médio e universitário. Nara, minha mãe, depois de se aposentar como professora estadual, fez vestibular novamente, se tornou mestre em Direito Penal aos 52 anos e passou a dar aulas em faculdades. Nelson, meu pai, formado em Filosofia, não só foi pedagogo integral como também ajudou a construir um campus universitário e atuou na direção dele por doze anos. Tenho orgulho máximo das suas carreiras, vocações e legados. Assim, desde a infância, a educação faz parte da minha vida. Seja no café da manhã, almoço ou jantar, o assunto sempre foi esse. Eu me desenvolvi em um lar de profundas discussões relacionadas à formação do ser humano.

Vim da classe média. Minha família nunca passou dificuldades, mas jamais teve fartura. Coca-Cola? Só no almoço de domingo. Caixa de bombom? Mal via no armário. Jantar fora? Apenas em ocasiões especiais. De fato, as finanças eram controladas à risca. Meu pai, por exemplo, em vez de comprar nossos brinquedos, fabricava a maioria deles. No porão de casa havia uma pequena serralheria onde ele fazia carrinhos, bonecas, entre outras diversões para os filhos. Quanto à escola, não tive problemas, sempre fui bom aluno. No entanto, estudava além do colégio. Diariamente, meus pais me incentivavam a aprender por conta própria. Devorava enciclopédias, livros e tudo que me dava conhecimento. Sem sombra de dúvida, esse foi um dos hábitos mais importantes que desenvolvi na vida.

DESOBEDEÇA: A SUA CARREIRA PEDE MAIS

Jogava futebol de salão no Roma, um time do município. Vestia a braçadeira de capitão. Não pelo meu talento, pois nunca levei jeito com os pés, mas pela minha motivação. Unia o grupo, levantava o moral dos colegas, fazia todos entrarem em quadra a mil. Esse foi um dos meus grandes aprendizados sobre trabalho em equipe, pois eu era reserva. E não se vê – normalmente – capitães iniciarem uma partida no banco. Bandeira, o técnico, sabia que eu era perna de pau. Todos, na verdade, sabiam. Porém, conquistei o respeito da equipe pela minha capacidade de engajar e fazer os jogadores darem o máximo de si. Foquei as minhas forças e deleguei minhas fraquezas. Esse é o espírito da colaboração. Ter ciência dos seus talentos e do que seus pares fazem melhor do que você. Certa vez, quando perdemos uma final, o time inteiro ganhou só uma medalha. No vestiário, atletas e comissão técnica a deram para mim. Entendi, por meio daquele gesto, que humildade e gratidão sempre vencem.

Aos 15 anos, fui parar no xerox do Paulinho. Estudava pela manhã, trabalhava à tarde e à noite. Das 14 às 18 horas, ficava na loja do centro da cidade de Vacaria, onde eu era atendente. Das 19 às 23 horas, fazia cópias na filial que havia dentro da universidade. Depois, virei funcionário da M2net, uma prestadora de serviços de tecnologia. Passei a subir em telhados de casas e prédios para instalar antenas de internet a rádio, super-rápida na época. No mesmo período, abri minha primeira empresa. A empreitada teve apenas um cliente: o San Bernardo Park Hotel, que pagou 400 reais pelo website que eu fiz. Lembro quando recebi o cheque de Marcelo Faoro, meu chefe na M2net, que havia convencido o hotel a me contratar. Nunca tinha visto tanto dinheiro na vida. Nos fins de semana, dava aulas de guitarra e pegava ônibus para tocar rock em boates do Rio Grande do Sul. Eu e as loucuras da minha banda – a Princípio Ativo – deixávamos meus pais de cabelo em pé.

Meu sonho era ser médico. Na verdade, não sabia direito o que queria. Achava, apenas, que poderia me dar bem nessa profissão. Eu me mudei, então, para Porto Alegre. Estudei dois anos para passar no vestibular. Não consegui. No início do terceiro ano de cursinho, meu professor de Redação, chamado Paulo Simões, indicou um artigo que aprofundava o dia a dia do

HUMILDADE E GRATIDÃO SEMPRE VENCEM.

médico. Mal sabia ele que aquele texto mudaria o meu destino. Ao terminar a leitura, abandonei a ideia de cursar Medicina. Aquele ofício, definitivamente, não era para mim.

Com 23 anos, após alguns estágios e cursos no Sebrae, comecei o bacharelado em Sistemas de Informação, por influência do meu irmão. Como ele já era formado na área e tinha um bom emprego, pensei: *por que não?* Foram mais de cinco anos entre eu terminar a escola e iniciar a faculdade. Nesse período, tentei de tudo: fazer Direito, ser músico e até morar em Vacaria novamente. Sem me expor a uma diversidade enorme de experiências, jamais teria me conhecido de verdade. Jamais entenderia o bê-á-bá do mercado, a competitividade atual, o lado não romântico das coisas. Essa é a realidade nua e crua que vivemos, sem filtro, sem maquiagem, sem disfarces. Escola e universidade são as partes fáceis. O que você faz no período estudantil é estruturado, regrado, dividido em fases com início, meio e fim. Basta ir bem nas provas e passar. Fazer isso – convenhamos – é simples. Difícil é enfrentar o mundo prático, as pancadas, as mudanças de rumo. A jornada para construir carreiras não tem roteiro, calendário acadêmico ou formatura. Na adolescência, os jovens se deparam com a pressão de escolher uma profissão "para o resto da vida" sem – de fato – conhecerem a vida. Pulam direto do ensino médio ao superior sem compreender o cotidiano da vida profissional. Por consequência, muitos acabam fazendo escolhas com base em estereótipos ou representações distorcidas de um trabalho. Além disso, mal sabem eles – e seus pais – que tudo muda. Não faz mais sentido alguém achar que vai se descobrir com 20 anos quando "se descobrir" virou uma jornada eterna.

Depois de me formar, fiz um MBA. Afinal, essa é a escada para o sucesso. Praticamente todas as revistas de negócios indicam isso. A minha cabeça, na época, pensava assim: *quanto mais estampas bacanas o meu currículo tiver, maiores serão as minhas chances.* Depois, entendi que conhecimento importa, estampa não. Não há currículo – por melhor que seja – que supere a atitude de alguém. Fiz minha inscrição no Centro de Integração Empresa-Escola (CIEE) e consegui alguns estágios. Um deles foi na Cadastra, uma

A ERA DA DESOBEDIÊNCIA

das primeiras agências do Brasil a fazer campanhas na internet com links patrocinados. Tive a oportunidade de trabalhar lá bem no início dela. Thiago Bacchin, fundador da empresa, me ensinou boa parte do que sei hoje sobre negócios digitais. Depois, fui para a Service, para a XP e para o Vale, sendo que essa sequência da minha jornada você já leu anteriormente.

Mas, afinal, por que compartilhei essa história? Bem, porque a chave para você fazer qualquer coisa na vida é começar. Parece besteira, mas iniciar é uma das etapas mais difíceis de toda a jornada. Quem construiu algo, em algum momento, precisou dar o pontapé. E a maioria dessas pessoas não começou com um plano enorme. Elas começaram pequeno, com hipóteses e ações. Foi a evolução disso que gerou projetos maiores. Pouca gente imaginou, por exemplo, que meus sócios e eu levaríamos a XP tão longe. Ou que a StartSe se tornaria a empresa que se tornou. As ideias malucas são consideradas insanas até serem executadas. O segredo é apenas começar.

Em minha trajetória, de adolescente a adulto, dei muitas cabeçadas. Vivi altos e baixos, idas e vindas. No entanto, sempre tentei. Muita gente não sai do lugar porque o medo da derrota supera a emoção da vitória. Isso é loucura. Primeiro, porque falhar faz parte. E segundo, porque o custo de tentar é cada vez menor. Hoje há inúmeras formas de testar ideias com pouco dinheiro. Não é mais preciso um caminhão de recursos para acender a faísca inicial dos seus projetos. O custo de ser artista, criar negócios ou influenciar milhões de pessoas é praticamente zero. Se você tem um celular nas mãos com acesso à internet, quase tudo é possível.

Além disso, essa volta ao passado resgata muito do meu íntimo e das genuínas intenções que carrego nessa vida. As escolhas que fiz ao longo dos anos serviram de base para o meu futuro. Quanto mais experiências você provar, melhor será o seu autoconhecimento e maiores serão suas chances de encontrar o que verdadeiramente lhe faz feliz. Na adolescência, por exemplo, eu achava divertido escutar as conversas dos meus pais sobre educação, ler enciclopédias, escrever redações. Adorava dar aulas de guitarra, motivar meus colegas, ensinar algo às pessoas. Meus picos de felicidade sempre foram relacionados à educação. Ao transferir conhecimento e inspirar quem estava ao meu lado, eu me sentia profundamente satisfeito e realizado.

Com essa reflexão, coloquei de vez a educação no meu radar. O ensino passou a direcionar tudo que eu faço. Produzo artigos, livros e aulas. Realizo conferências, cursos e palestras. Participo de painéis, discussões e debates. Conecto teoria e prática, experiência on-line e presencial. Entrego conteúdos densos, ricos e profundos para indivíduos de todas as partes do Brasil. Essa é a minha profissão, o meu trabalho. E, se tudo der certo em minha trajetória, espero ser reconhecido no futuro como alguém que inspira o inimaginável nas pessoas, que se entrega ao máximo para compartilhar conhecimento e fazer a sociedade ir além, mostrando que o impossível pode ser possível, o inimaginável pode ser imaginável. Esse é o legado que eu quero deixar. É para isso que acordo diariamente.

Agora, é a sua vez. Depois de ter estabelecido – no capítulo anterior – o problema que pretende resolver, nesta segunda etapa você colocará a sua vida em perspectiva, projetando-a lá na frente. Imagine, então, que você está no futuro, que a sua jornada foi perfeita e que toda a sua carreira evoluiu brilhantemente. Ao atingir esse status, pelo que quer ser reconhecido(a)? Como deseja que a sociedade lhe enxergue? Para responder, procure abrir o baú da sua história e resgatar a sua verdadeira essência, os reais valores com os quais se importa. Isso fará toda a diferença. Na sequência, indique como esse reconhecimento que espera obter se conecta com o problema já definido antes. Exemplo: se uma pessoa achou um problema na área da beleza, ela pode conquistar prestígio por fazer a autoestima da humanidade aumentar por meio de dicas para uma vida saudável. Caso o problema seja com investimentos, ela pode se tornar inesquecível por desmistificar o mercado financeiro com os melhores serviços de assessoria financeira do mundo. São inúmeras possibilidades. Encontre a sua respeitando seus princípios e interesses.

Pode parecer simples, mas esse exercício me ajudou bastante. Certamente, vai lhe ajudar também. Ao fazê-lo, você esclarece não só para si os objetivos da sua carreira, mas também para os outros. Quando essa etapa for

A ERA DA DESOBEDIÊNCIA

finalizada, os dois extremos dos 10 Ps estarão definidos. De um lado, o seu ponto de partida, o problema que você resolverá a partir de agora. Do outro, o seu destino, a perspectiva futura que será alcançada se tudo der certo. Na sequência, as próximas páginas de *Desobedeça* mostram o que será feito entre essas duas extremidades. É isso que você lerá a partir de agora.

Meu rascunho...

Pelo que eu quero ser reconhecido: como alguém que inspira o inimaginável.
De que forma: despejando toneladas de conhecimento nas pessoas.

Seu rascunho...

Pelo que você quer ser reconhecido(a):

_____

_____

De que forma:

_____

_____

NÃO FAZ MAIS SENTIDO ALGUÉM ACHAR QUE VAI SE DESCOBRIR COM 20 ANOS QUANDO "SE DESCOBRIR" VIROU UMA JORNADA ETERNA.

A ERA DA DESOBEDIÊNCIA

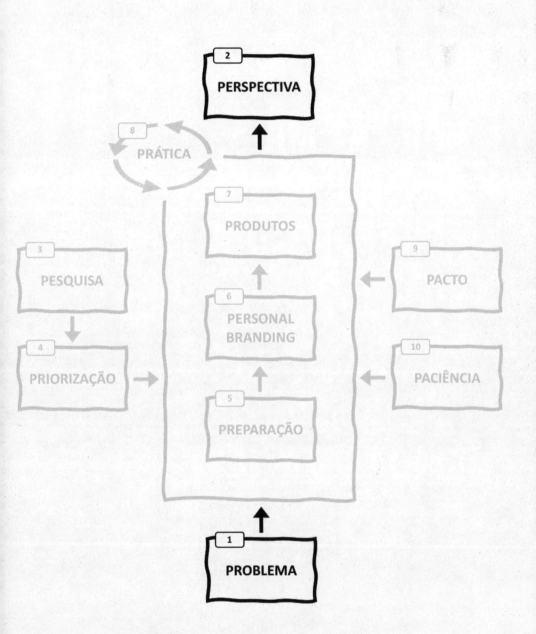

10 Ps: até aqui, você já leu dois deles.

FIDELES DANIEL MERLO DANIEL MILDENBERG DANIEL NAVA DE MORAES TENORIO DANIEL NISSOLA FILHO DANIEL ROSA DANIEL SBAMPATO FERNANDES DANIEL SCHARF DANIEL SCHMIDT DANIEL VINICIUS FISCHER DANIELA DE SOUZA BARRETO DANIELA FONTANIVA DANIELA GUEDES NEVES DANIELA MARISE KROTH DANIELA MORATTO ROCCO DANIELA NELVADACK AMADEU DANIELA PAES MACHADO DANIELE MATOS DANIELI CORREA RIBEIRO DANIELLA PEREIRA DE SOUZA CORDEIRO DANIELLE BARROS NAMUR DANIELLE BATISTA CAMPOS DANIELLE CHAVES VIEIRA DANIELLE MAZZOLA LEITE DANIELLE SAYURI ICHIKAWA DANILA LEITE ALMEIDA DE SÁ DANILLO ALVES MOURA DANILLO DAS NEVES DANILLO MAURÍCIO DOS SANTOS DANILO BERNARDES SILVA DANILO CARLOS PRAXEDES DANILO DA SILVA CICILIOTTI DANILO DA SILVA OLIVEIRA MELO DANILO FERNANDO ANTUNES PIRES DANILO LUCCA ROZALINI DANILO MATTES NAVARRO FILHO DANILO NEVES DE MARTINS DANILO POLEZA DANILO VEIGA BRASIL DANILO VIDAL DANILO VIEIRA DANNIELLY FERNANDES VALVERDE DANTE FREITAS DÁRIO LIMA SOUZA DARLEI ANDREATTO DA ROSA DARLEI CASTRO DARLI MARIA DA ROSA MOCELIM DARLYOSN DAURIEIDE VIEIRA ROCHA DAVI BORGES DAGOSTIM DAVI CABACINHA DAVI JONAS CUSTODIO CÂNDIDO DAVI SILVA RABELO DAVI TRINDADE VIEIRA VERAS DINIZ DAVID CHERIEGATE DAVID FELIPE SOARES SILVA DAVID MOJARAVSCKI DAYAN RAONI PINTO BAPTISTA DAYANA FERREIRA ROLLA DOS SANTOS DAYANE CRISTINE MENDES CESAR DAYSE OLIVEIRA DEBORA CRISTIANE BOTH CHAGAS DÉBORA CRISTINA ARAÚJO DE MELO DÉBORA DIAS CARVALHO DÉBORA DIDONÉ DÉBORA FERNANDA VENTURA DÉBORA GOMES VENITE ROCHA DÉBORA LODI BAADE DEBORA MARTENDAL DEBORA OPPITZ GIACOMET DÉBORA PIZZOLATTO PACASSA DÉBORA ROCHA DÉBORA SCHNECK DÉBORA VICCARI PEREIRA STUEBER DÉBORA VIEGAS DÉBORAH CRISTINA SALDANHA DEISE MARA ANSOLIN FICANHA DE SOUZA DELÂNIA FIGUEIREDO DEMIRIELLY FARIAS DENER DE OLIVEIRA DENIANDRA MELLO DA VEIGA DENIS LUCIANO ROSA DENIS ROBERTO FELIX DA SILVA DENIS TORIZANI DENISE CZARNESKI DA SILVA DESIREE SABINE LEME FERREIRA DHÉBSON MURILO DE OLIVEIRA LIMA DHIEGO ANTONIO MONTEIRO DIANA MARCIA DOS SANTOS DAMASCENO DIANA TREZ DIANE LIMA DIEGGO SILVA DIEGO A C RIBEIRO DIEGO ALVES MOTA PINHEIRO DIEGO AREND GARCIA DIEGO BERTELI DIEGO BORGES ESPINOZA DIEGO BRAGA DIEGO CASTANHO DIEGO DANTAS DA ROCHA DIEGO DOS SANTOS CANOVAS DIEGO FELIPE CANDIL DIEGO FERREIRA DIEGO GUSMAN DE MIRANDA DIEGO MALTA NUNES DIEGO MARQUES DA SILVA DIEGO MENDONÇA DIEGO MEYER SENS DIEGO MOREIRA VIEIRA DIEGO MOTA LIMA DIEGO RAFAEL BOHN DIEGO SOUZA FERREIRA DIEGO SOUZA SAMPAIO DIEGO STAMM DIEGO TAINAN CORREIA DIEGO TRAESEL COELHO DIENIFER KRÜGER DIÊNISSON RODRIGUES DIGIOGIO RODRIGUES SOARES DIÓGENES ALCÂNTARA DIOGO ABRANTES MARTINS DIOGO ANDREATTA MENDES DIOGO CARUSO PIMENTEL DIOGO DE SOUSA MORAES DIOGO GIMENES NETTO DIOGO JUSTINIANO DE HOLANDA DIOGO VIEIRA LEONARDI DIOMAURA RIBEIRO FLORES DIONE BATISTA GUERRA DIONE REGINA NIZZOLA PIONER DIONEI JUNIOR MARQUES MARIÑO DIRAN PAULO DIAS JUNIOR DJALMA PEREIRA DE OLIVEIRA JUNIOR DJOREL JULIAN BOFF DOMENI JOEL ZIMMERMANN DORIAN SADOWSKI DOUGLAS AMARAL LEME DA SILVA DOUGLAS CARDOSO DOUGLAS COUTINHO DOS SANTOS DOUGLAS DE CASTILHOS ALVES DOUGLAS FERREIRA DOUGLAS HENRIQUE HAUBERT DOUGLAS MIRANDA DOUGLAS MONTOURO ALVES DOUGLAS MORAIS DE ANDRADE DOUGLAS RAUSCHKOLB DOUGLAS RODRIGUES DOUGLAS RUAN AZEVEDO DOUGLAS VERAS SERAPIÃO DYMITRI LOPES WALENDOWSKY DYÓGENES SILVA DE ANDRADE EDER CHRISTIAN EDERSON CAMARGO MONTEIRO EDERSON CAUE ARAÚJO DA SILVA EDERSON WOLF DA SILVA EDEVAN BEDIN EDIEL BRUNO LUCINDO QUEIROZ ÉDILA DE LURDES ALMEIDA EDILAINE FREITAS EDILSON GUEDES DE BRITO EDINALDO ALMEIDA OLIVEIRA EDINALDO DE SOUZA SILVA EDINELSON JOSÉ LOURENÇO FILHO EDIRLEY DE SOUZA EDIVALDO SANTOS JUNIOR EDIVAN DO SOCORRO FONSECA DE MIRANDA EDIVÂNIA VASCONCELOS EDMILSON DA SILVA MARTINS EDNALDO HENRIQUE PEREIRA EDSON CASSIO VIC-

TOR EDSON DA SILVA RIBEIRO JÚNIOR EDSON SHUITI NARITA EDSON SOUSA DOS
SANTOS EDSON VAUGHAN DE ANDRADE EDU LOUREIRO EDUARDA FERNANDES
ARANTES EDUARDA MARIA PAIXÃO MENELAU EDUARDO ANTUNES BAVARESCO
EDUARDO CAMPADELI EDUARDO CORRÊA DA SILVA EDUARDO CRISTIANO SO-
SINSKI EDUARDO DE GODOY PUTTON EDUARDO DE SOUSA LEÃO VASCONCELOS
EDUARDO ERMINO TAVARES EDUARDO FELIPINI EDUARDO HOMEM DE BITTEN-
COURT HYPPOLITO EDUARDO HOMEM MARTINS ALMEIDA EDUARDO JOSÉ VO-
LANTE EDUARDO LAINO EDUARDO LOUVAIN DE AZEVEDO EDUARDO NEVES RA-
MOS EDUARDO PAIM ALVES LOPES DO AMARAL EDUARDO PEDROSO DE FREITAS
EDUARDO PIRRÉ EDUARDO R. ALVES EDUARDO RODRIGUES ANDRADE EDUARDO
SILVA JORGE TAVARES EDUARDO VARGAS EDUARDO VIANA EDUARDO VIERO
EDUARDO VIETTI KASTEIN EFRAIN DOS SANTOS SOUZA ELAINE CARVALHO ELAI-
NE CRISTINA BARDINI ROSA ELAINE CRISTINA ECKHOFF ELAINE CRISTINA GASPA-
RINI PENARIOL ELAINE CRISTINA SANTIAGO PORTO ELAÍNE CRISTINA SANTOS
SALES ELAINE FIDÉLIS ELAINE GERPE ELAINE RÔMULO ELAYNE CHRISTINA MEI-
RELLES DA SILVA ELDER CLEYSON FREITAS FERREIRA ELDER MARCELINO TOZA-
RINI ELDER PASINI TONETTO ELEN ELISA SAMPAIO DUARTE MICHELETTI ELEN ELI-
SA SAMPAIO DUARTE MICHELETTI ELEVELTO ALENCAR ALVES ELIANA BEZERRA
DOS SANTOS ELIANA DENISE PAZ BORTOLON ELIANA FREIRE ELIANE DIAS LUS-
TOSA CABRAL ELIANE ESTEFANO MARQUES ELIANE GONZAGA DE ABREU ELIANE
HONEL ELIANE MARTINS OLINDA ELIANE PESSINI NEGRI ELIANE SANTANA ELIANE
SILVA DOS SANTOS ELIANE SOEIRO ROSA ELIAS EDUARDO SOARES ELIAS TAVA-
RES C. JUNIOR ELIDA MAZZUCO DE ARAUJO ELINE CASASOLA ELIS QUEIROZ ELI-
SA MARIA PEREIRA SILVA ELISABETE FREITAS DOS SANTOS ELISANDRO VACCARI
ELISÂNGELA APARECIDA FEY ACIÓLI ELISANGELA BORBA ELISANGELA NEPOMU-
CENO DE SOUZA ELISON CLEMENTE COELHO ELIZABETH DE ABRAHÃO CHAMIÉ
ELIZÂNGELA SILVA DE MESQUITA ELIZETE DE SOUZA GEANESINI FELIX ELLEN
DOURADO ELLEN FROTA ELLEN SCHAFF ELOÁ BENITI ELOISA PIOVESAN DA RO-
CHA ELTON CESÁR CUNHA ELTON HENRIQUE DOS PRAZERES EMANOEL VICTOR
PAIVA DE SA EMANOELE DA SILVA FISCHER EMANUEL CAMMAROTA EMANUELA
BIZOTTO DOS SANTOS EMERSON DA SILVA COSTA EMERSON JÚNIO ARAUJO BAR-
BOSA EMILIA VELLOSO EMMANUELLE SILVA DE SOUZA ENOR JOSÉ TONOLLI JÚ-
NIOR ENZO DE MATOS FERNI FERENITA NOBRE DE OLIVEIRA ERIC OLINTO ÉRICA
BRAGA ERICA PRICILA LELES SALES ÉRICA ROSANNA DE ANDRADE SILVEIRA ERI-
CA VANESSA CASAROTO CASTANHO DIAS ERICH ABA DE SCHULTZ ERICK FERREI-
RA RIBEIRO ERICK TADEU TEIXEIRA COSTA MAIA ÉRIKA PAES MIRANDA PIMENTEL
ERISMAR ARAÚJO VIEIRA ESTELA CAMARGO ESTER GONÇALVES COUTINHO EU-
DES JUNIOR EUDIS LUIZ MORO JÚNIOR EUGÊNIO LASCHUK EUGÊNIO PREZA
EVANOIR AMARAL DA ROSA EVANDRO ANDRADE SILVA GONÇALVES EVANDRO
FARIAS EVANDRO FASCINA EVANDRO JOSÉ GRACHET EVANDRO POLLI EVANDRO
VIRGINIO TRINCA EVELEN FARIAS ANTIQUEIRA ÉVELIN MARTINS SANTOS EVELI-
SE ETHEL SILVA ARRUDA SILVEIRA EVELYN BARRETO FRANÇA EVELYN SOCHO-
DOLAK EVERSON LEITE COSTA EVERSON SPENASSATO DO NASCIMENTO EVER-
TON ALTIERY EVERTON FEITOSA EVERTON MORETO EVERTON PASSOS EVERTON
PEREIRA BRAUNA GOMES EVERTON TURMINA EVERTON VIEIRA DA SILVA EWER-
TON ROCHA BONFIM EZEQUIEL MARTINS FABI CAMARGO FÁBIA LUCIANA MAGA-
LHÃES GALVÃO CABRAL FABIANA CARVALHO AGLE FABIANA DUSSO PEROSSI
ASPASIO FABIANA FIGUEIREDO TEIXEIRA PINTO FABIANA MACHADO MENDIZA-
BAL FABIANA MARTINS RAMOS FABIANA MORIYAMA FABIANA NERY FABIANA
PENTEADO FABIANA RAMOS DIAS FABIANA SOARES CLAUDIO FABIANE ALVES
DUTRA RAMOS FABIANNA TOMI TANIGUCHI SIMIONI FABIANO MACCHIONE FABIA-
NO MAROJA FABIANO MURTA FABIANO SEIXAS FABIANO SUTTER DE OLIVEIRA
FABIELI ZANUZZI FÁBIO AMARI PERES BINCOLETO FÁBIO ANDRÉ DATSCH FABIO
APOLINARIO FÁBIO CESAR DE MATTOS FABIO DE SOUZA QUINTEIRO FÁBIO DOS
SANTOS AFFONSO FABIO DUTRA MATANA FÁBIO FREIRE FÁBIO GUERRA FÁBIO
HOFFMANN MERLI FÁBIO MARCELO DE LARA FÁBIO OSSAMU HIRAYAMA FÁBIO

3 APOSTE EM SUAS FORÇAS

APOSTE EM SUAS FORÇAS

INVISTA NO QUE VOCÊ FAZ BEM

Para virar autoridade em algo, é preciso ser excepcional nesse algo. O mercado não se surpreende mais com profissionais nota 7 em suas áreas. Anos atrás, um indivíduo até conseguia oferecer serviços medianos e, ainda assim, se manter competitivo. Hoje, porém, ao ser mais ou menos em tudo e fenomenal em nada, você é uma simples gota d'água no oceano.

Observe os negócios que caem nas graças das pessoas. Em vez de serem bons em vinte aspectos, eles são maravilhosos em um, dois ou três. Dificilmente passam disso. Essas empresas criam soluções surreais por meio da melhoria contínua das experiências que já são positivas. Elas buscam ser nota 10 em poucos atributos, entregando o que prometem de forma única e singular. Enquanto a tendência de muita gente é *manter* o que dá certo, essas organizações *aperfeiçoam* o que dá certo, transformam o que os clientes gostam em algo que eles amam. Claramente, a perspectiva delas é aprimorar – sem parar – o que já oferecem de melhor.

Ao trazer esse conceito para a sua vida, quero dizer o seguinte: gaste energia no que você faz bem. Melhore suas habilidades que já são boas. Não importa seu trabalho ou sua idade, em vez de priorizar as competências nas quais você é ruim e tem dificuldade para aprender, foque aquelas que já domina e tem facilidade para desenvolver. Não dá para fazer tudo e ser excepcional em tudo. Invista tempo em suas maiores capacidades. Deposite esforço naquilo que o diferencia. Melhor do que ser um indivíduo mediano em vinte coisas é ser extraordinário em uma. Aposte tudo em suas virtudes, não em suas fraquezas.

Imagine se você trabalhasse diariamente para tornar suas forças ainda mais fortes? O norte-americano Martin Seligman, um dos pais da psicologia positiva, afirma que, para um indivíduo ser verdadeiramente feliz e ter uma vida repleta de significado, ele precisa reconhecer suas forças e utilizá-las para um bem maior.[18] Identificar as suas principais vantagens e trabalhar nelas de maneira inteligente é vital para construir carreiras bem-sucedidas. Ao fazer isso, você tem uma oportunidade ímpar de alcançar e aperfeiçoar continuamente a sua melhor versão.

Enquanto muitas pessoas vão passar os próximos dez anos das suas vidas estudando, fazendo cursos e obtendo certificações para desenvolver novas habilidades ou minimizar fraquezas, outras vão passar a próxima década melhorando o que já fazem bem, ganhando especializações no que já são fortes. É muito mais oportuno fazer suas competências nota 9 virarem nota 10 – pois só assim você se tornará um ás nas mesmas – do que fazer suas aptidões nota 1 virarem 2, 3 e assim por diante. Se o mercado dificilmente valoriza profissionais nota 7, quem dirá nota 3.

Não é fácil aceitar esse conceito. Principalmente, colocá-lo em prática. Confesso que demorei anos para incorporá-lo à minha rotina. Afinal, ele vai contra o que vivemos na juventude. Passamos quase duas décadas em um sistema de ensino que estimula a formação de estudantes medianos em tudo e ótimos em nada. Por que digo isso? Quando um aluno tem facilidade em exatas e dificuldade em humanas, por exemplo, ele faz de humanas o seu foco. Dedica-se mais ao aprendizado das matérias dessa área – uma de suas potenciais fraquezas – do que a qualquer outra coisa. Esse indivíduo age assim, porque, para obter aprovação da escola, dos pais e da sociedade, ele deve ter um conhecimento médio em todas as matérias. Naturalmente, esse hábito limita seus talentos e potencializa suas carências. Em vez de mergulhar em exatas, campo que domina e no qual tem aptidão, a educação tradicional incentiva que ele se empenhe em disciplinas distantes da sua vocação inerente.

APOSTE EM SUAS FORÇAS

Como consequência, esse comportamento é refletido na vida adulta e replicado na esfera corporativa. A maior parte do mercado de trabalho lhe encoraja a seguir o mesmo padrão de capacitação escolar. Ele empacota esse modelo em diferentes formatos e espera que você se adapte a eles. Nem preciso me estender nisso, pois a nossa experiência já fala por si só. Em paralelo, vejo pouca gente realista nesse assunto. Há limitadas referências – em livros, artigos e textos – capazes de apresentar alternativas a essa versão romântica e ultrapassada. Não adianta se equipar de inúmeras facas se nenhuma está afiada. Entretanto, se duas ou três estiverem, a chance de você se defender aumenta significativamente.

É preciso repensar essa contradição entre as exigências da vida escolar e as da vida corporativa. Infelizmente, o aluno nota 7 em tudo, premiado pelo sistema educacional, é nocauteado ao chegar no mercado exaltando essa credencial. Tome o esporte como exemplo: um goleiro treina todos os dias para virar um melhor goleiro, para ser 10 na habilidade de defender com as mãos. Você não vê esse atleta aprendendo a ser zagueiro, lateral ou atacante. Ele gasta toda a sua energia, raça e suor para se tornar um profissional inigualável em um conjunto específico de capacidades. E faz isso durante toda a carreira. Também dá para citar a Apple: em 1997, quando Steve Jobs retornou à empresa, ela estava à beira do fracasso. Uma de suas primeiras ações foi reduzir em 70% o total de produtos que a companhia oferecia e só gastar energia no que ela sabia fazer de melhor.[19] Essa decisão fez parte do plano que lançou as bases para a Apple se tornar uma das marcas mais valiosas do mundo posteriormente.

Dessa forma, você não precisa dominar inúmeras capacidades. Basta dominar muito bem algumas e ser capaz de integrá-las e aplicá-las em determinado campo. É essa combinação de experiências e habilidades, muitas vezes atípicas, que torna alguém especial. No ensino médio e superior, fui um aluno de avaliações satisfatórias. No entanto, descobri, mais tarde, que não importa o conhecimento que você tem. Importa o que você faz com ele. A educação passa longe de ser um exercício de ganhar ou perder. Muito menos um torneio. Ela é – ou deveria ser – um laboratório de introdução de novas ideias

DESOBEDEÇA: A SUA CARREIRA PEDE MAIS

e conceitos, no qual as descobertas individuais são tratadas com orientações específicas, capazes de estimular o potencial intrínseco de cada estudante. Boletins pressupõem que existe uma quantidade definida e limitada de conhecimento no mundo e criam a ilusão de que o sucesso vem da média. Em virtude disso, a escola premia o indivíduo mediano. Já a vida real, não. Minhas notas eram boas e equilibradas entre todas as disciplinas, pois é isso que se espera de um estudante. Hoje, porém, foco aquilo que já faço bem e delego o resto. Só assim, exercitando minhas forças, afiando minhas principais competências e me tornando um exímio conhecedor delas, tenho chance de ser considerado por você como uma autoridade em meu ramo de atuação.

Não me dou bem em 99% das coisas, de verdade. Porém, no 1% em que sou bom o suficiente para me diferenciar significativamente no mercado, concentro todo o meu esforço e dedicação. Comunicação, por exemplo, é uma das minhas virtudes. Se você me convidar para falar a centenas ou milhares de pessoas, exercerei um dos meus maiores diferenciais. De alguma maneira, irei provocar, inspirar e gerar reflexões nesse público. No entanto, nada é por acaso. Quando comecei a escutar das pessoas que eu me expressava bem, passei a investir nisso e devorar esse tema. Uma vez que o mercado sinalizou que eu era bom nessa habilidade, montei um plano para me tornar referência. Há mais de dez anos faço cursos de oratória, dicção, entre outros. E veja só que engraçado: tenho extrema facilidade de me comunicar com grandes audiências, mas muita dificuldade de falar para pequenos grupos. Sempre que dá, evito reuniões com pouca gente.

Também sou bom em trabalhar na bagunça. Faço diferença na confusão, na flexibilidade das empresas que estão começando. Não me adapto a estruturas com processos e políticas sólidas. Muita gente é melhor do que eu para impactar ambientes já consolidados ou tradicionais. Meu ponto forte é outro. Eu me especializei em criar projetos, lidar com incertezas, tomar riscos. Participei da construção da XP e da StartSe, sou mentor de empresários, me envolvo com startups mundo afora. Toda essa bagagem prática, somada à teoria que obtenho de inúmeras fontes, faz o meu conhecimento sobre empreendedorismo e novos negócios ser profundo e apurado.

APOSTE EM SUAS FORÇAS

Além disso, escrevo desde criança. Todos os anos, entre a quarta e a oitava série (entre 10 e 14 anos), eu organizava um caderno de redações. Eles continham textos com as minhas observações sobre os fatos da época. Clair Erthal, minha professora, foi quem me incentivou a aprimorar essa habilidade. Eu fazia a capa, o título e a logomarca da editora. Ilustrava todos os textos e criava o meu próprio livro. Tenho esse material guardado até hoje, com muito carinho. Não imaginava, naquela época, que me tornaria escritor profissional, colunista de jornal e autor de livros publicados.

Ao mesmo tempo, morar no Vale me fez um profundo conhecedor das atuais inovações tecnológicas e dos seus impactos em nossas vidas. Não fui para a faculdade aprender isso. Recebi o treinamento das ruas, exercitei com o tempo esse conhecimento e passei a conectá-lo ao futuro de carreiras e profissões. Acabei me tornando palestrante do CONARH, o maior congresso de gestão de pessoas do Brasil; do CBTD, o principal evento de treinamento e desenvolvimento da América Latina; de fóruns da Harvard Business Review destinados ao crescimento humano; de encontros promovidos pela Associação Brasileira de Recursos Humanos (ABRH); e de vários outros debates focados nas relações pessoais e de trabalho.

Essas, portanto, são minhas virtudes. De fato, não são muitas. Couberam nos quatro parágrafos anteriores. Entretanto, é aí onde faço a diferença e dedico a maior parte do meu tempo. Em contrapartida, sou ruim em diversas coisas. Há inúmeras habilidades que não consigo aprender com facilidade, por mais que eu treine, me empenhe e me esforce. Há competências que não estão no meu DNA. Eu jamais poderia ser, por exemplo, diretor financeiro da minha empresa. Apesar de saber como rodar um negócio, não entendo de números o suficiente para lidar com eles o dia inteiro. Da mesma forma, não seria capaz de trabalhar com gestão de projetos. Sou bom em acompanhar uma atividade por vez, mas não várias ao mesmo tempo. Realmente, essas e outras ocupações não são para mim.

É possível identificar flagrantes de que você não tem as habilidades básicas para desempenhar certos trabalhos. Caso a sua performance esteja abaixo de um indivíduo comum, a luz amarela se acende. Por exemplo:

TODAS AS
PESSOAS TÊM
VIRTUDES
E LIMITAÇÕES.
SEJA FELIZ POR
PRIORIZAR AS SUAS
FORÇAS E DELEGAR AS
SUAS FRAQUEZAS.

APOSTE EM SUAS FORÇAS

ao não conseguir dominar conceitos simples de determinada competência depois de meses de capacitação, enquanto a maioria das pessoas obtém o mesmo domínio em poucas semanas, possivelmente essa aptidão não lhe pertence. Se você notar isso, aprenda a respeitar suas fraquezas em vez de viver para elas. Aceite que você tem carências e passe a priorizar seus talentos e forças. Quando você percebe que todas as pessoas têm virtudes e limitações, a vida fica bem mais divertida. Sou feliz por me concentrar no que sou bom e me afastar daquilo em que sou péssimo.

ESQUEÇA O JULGAMENTO DOS OUTROS

Você pode ter lido o texto anterior e pensado: *Mauricio, entendi. Porém, a realidade não é assim. Se eu agir dessa forma, não serei aceito pelos padrões do lugar em que vivo.* De certa maneira, concordo. Afinal, somos "programados" a nos comportar de acordo com as regras da sociedade, dentro de um ambiente formatado e estruturado para cultivar padrões. Ir bem na escola possibilita entrar em boas universidades. Diplomas de boas universidades dão acesso a bons programas de *trainee*, promovidos por empresas tradicionais e respeitadas. Isso, por sua vez, lhe conecta a bons empregos, que oferecem bons salários, bons cargos e bons planos de carreira. Bons empregos costumam pagar bons cursos aos funcionários. Seu currículo, então, fica mais extenso, você passa a ocupar posições mais altas e assumir responsabilidades mais estratégicas na hierarquia corporativa. Por consequência, esse status profissional proporciona um bom estilo de vida para você e sua família, além de garantir uma boa aposentadoria.

Comecei a minha vida mirando essa trajetória. Não tenho nada contra ela. Admiro todas as pessoas que buscam crescer assim. Muita gente alcança conquistas incríveis dessa maneira. Inclusive, a maior parte dos meus amigos escolheu essa rota profissional. Afinal, ela é uma opção. Porém, não é a única. O momento atual oferece inúmeros caminhos para construirmos nossa carreira. O mundo não funciona mais como antes. Tempos atrás,

DESOBEDEÇA: A SUA CARREIRA PEDE MAIS

havia poucas alternativas conhecidas para um indivíduo trilhar o seu crescimento e se tornar bem-sucedido. O sonho da maioria – alimentado por revistas, livros e treinamentos – era evoluir na vida conforme a sequência do parágrafo anterior. Hoje, porém, há várias possibilidades e formas para você se projetar no mercado e se destacar no que faz.

Mesmo com essa diversidade de vias não tradicionais disponíveis atualmente, ainda existe um obstáculo nisso tudo. Em geral, muita gente tenta se afastar do modelo padrão, mas tem receio do que os indivíduos ao redor vão pensar das suas atitudes e preferências. Grande parte das pessoas se frustra por supervalorizar a opinião alheia. Por tomar decisões importantes baseadas no que os outros dizem. Por se importar demais com os comentários paralelos. Muitas vezes, a dificuldade dessa turma não é a falta de dinheiro, conhecimento ou oportunidade. É considerar a posição de terceiros mais do que a sua. É permitir que estranhos, que conhecem 1% da sua realidade, influenciem suas escolhas. Não aceite que o ponto de vista de quem lhe entende superficialmente se sobreponha ao seu.

A verdade é que muitos profissionais não têm medo de falhar e se decepcionar. Eles têm medo de falhar e decepcionar os outros. De errar e ferir a expectativa de quem lhes cerca. A humanidade dá muita bola para a opinião alheia. Boa parte dos seres humanos trava por causa disso. Crescemos em uma estrutura social que valoriza desesperadamente a afirmação externa. Tanto a opinião dos pais, parentes e amigos que conhecemos quanto dos que não conhecemos. Fomos moldados em uma cultura que superestima as aparências. Consequentemente, várias pessoas tomam decisões baseadas na "imagem" que a sociedade terá delas. Compram roupas desnecessárias, carros de que não precisam, bens incompatíveis com a sua realidade financeira. Vejo indivíduos consumindo coisas totalmente em vão. Criando as próprias prisões e vivendo dentro delas, sufocados para pagar as dívidas que eles mesmos fizeram. Temos mania de culpar a tecnologia, a política e o mundo pelos problemas que enfrentamos. Entretanto, na verdade, precisamos culpar a nós mesmos. Afinal, as próprias expectativas estabelecidas pela civilização moderna é que motivam esses hábitos incoerentes e sem sentido.

APOSTE EM SUAS FORÇAS

O efeito disso aparece em nossas ações. É da natureza humana buscar aceitação social. No entanto, quando essa preocupação vira uma constante necessidade de validação, as pessoas perdem a chance de serem únicas. Passam a trabalhar para satisfazer o desejo coletivo, não o seu; para atingir o objetivo dos outros, não o delas. Esse tipo de comportamento coloca os participantes de uma população na retaguarda. Faz eles atuarem de maneira esperada e previsível, evitando tudo que se afasta dos padrões. Essa turma, em geral, vive com medo do desconhecido, tem receio de provar novidades, teme os maus resultados, as críticas, as dores e todas as coisas negativas que podem acontecer. A verdade é que, na maioria das vezes, esses "piores cenários" não acontecem. Quase tudo fica mais assustador em nossa cabeça do que na vida real. Em vez de imaginar efeitos hipotéticos, se permita tentar. Decisões geram consequências, indecisões geram paralisia.

Não se importe com o julgamento dos outros. Elimine essa enxaqueca infundada. Ela é uma espécie de epidemia, contagiosa, que invade a sua mente e atrasa a sua vida. Isso consome o nosso pensamento e nos mantém paralisados. Muitas vezes, interrompemos nossos projetos para ponderar o que vizinhos vão falar, colegas de trabalho vão dizer, desconhecidos vão pensar. Isso nos impede de progredir, de sair do lugar. Respeite essas opiniões, mas faça valer a sua. Afinal, você não nasceu para deixar os seus pares ditarem a sua vida.

Há alguns anos, deixei de me incomodar com o "som" ambiente. Escuto as palavras da família, dos indivíduos que me amam e dos que me entendem genuinamente. Porém, quanto mais esse círculo se abre, menos pessoas me conhecem de verdade e menores são as razões para eu considerar o juízo alheio. Apesar de colher feedback, receber críticas e ser extremamente receptivo a conversas e discussões, no fim do dia, sou eu comigo mesmo. É o meu íntimo que toma as decisões mais importantes da minha vida, que realiza as escolhas mais difíceis da minha carreira. Procuro me afastar das reações que vêm de fora, mesmo as bem-intencionadas, e me aproximar das que vêm de dentro, das emoções que me realizam, dos valores e princípios que me norteiam.

NÃO DEIXE PESSOAS QUE CONHECEM 1% DA SUA REALIDADE INFLUENCIAREM AS SUAS ESCOLHAS.

APOSTE EM SUAS FORÇAS

Na época em que eu trabalhava no mercado financeiro, aprendi que o bom investidor é aquele que não comemora demasiadamente quando a bolsa de valores sobe nem chora quando ela cai. Esse profissional bloqueia os exageros do mercado e se mantém concentrado em si. No dia a dia, é isso que eu faço. Priorizo o que está na minha cabeça, o que eu acredito, e não deixo o ruído de longe penetrar. Consequentemente, isso me leva a ter ações. Quando acerto, maximizo o que funcionou. Quando erro, aprendo com o que falhou. Simples assim. São as nossas ações que nos fazem evoluir. Enquanto boa parte da sociedade parece viver diferente, se interessando mais pela aparência dos seus atos do que pelos seus atos em si, tento sufocar isso. Busco levar os indivíduos que interagem comigo a lugares em que possam se sentir confiantes com eles mesmos. É inacreditável o que acontece quando você elimina o barulho do julgamento paralelo.

A XP cresceu, por exemplo, com um jeito de trabalhar não convencional em relação aos padrões da indústria financeira. Na época, viramos *personas non gratas* no clubinho dos grandes bancos, fomos criticados, chamados de "garotos" e por aí vai. No entanto, não dávamos bola para isso. Nosso combustível era a quantidade crescente de novos clientes todo mês, o número cada vez maior de escritórios, a satisfação nas alturas dos investidores... Essa era a matéria-prima que alimentava as nossas ações. Se tivéssemos nos importado com blá-blá-blá dos outros, possivelmente a concorrência teria nos engolido. Algo parecido aconteceu no início da StartSe. Quando começamos a nos posicionar como uma empresa de educação, muita gente desdenhou da nossa capacidade, falou que não tínhamos experiência, que não iríamos longe. Mais uma vez, estávamos perturbando profissionais e negócios já estabelecidos. Em vez de escutá-los, tapamos os ouvidos para esses dinossauros do mercado, que, na incapacidade de reagir com ações, reagem com palavras. O progresso só desconforta quem está parado. Você pode ser o indivíduo mais legal que existe, mas, se estiver progredindo, terá detratores.

Minimize as citações superficiais que lhe envolvem. Não se importe com os comentários rasos a seu respeito. A maioria das pessoas que os fazem não tem ideia do que ocorre na sua vida. Quando você questiona o que a

DESOBEDEÇA: A SUA CARREIRA PEDE MAIS

sociedade pensa a seu respeito, a sua reação imediata é buscar respostas. E, ao começar essa busca, dezenas de possibilidades surgem. Porém, dificilmente você consegue confirmá-las, pois tudo não passa de hipóteses. Logo, sempre que isso acontece, nenhuma resposta definitiva é encontrada. E, como você não é capaz de satisfazer esse questionamento que lhe incomoda, a busca por respostas continua. Sabe quando alguém digita algo no computador e ele entra em loop? Fica executando comandos sem nunca mostrar um resultado convincente? Pois bem, assim como essa rotina bloqueia um computador, ela também bloqueia as suas ações, faz a sua mente não processar mais nada. Aquela simples curiosidade inicial, de saber o que as pessoas pensam sobre você, agora atingiu um nível tão alto que atrasa toda a sua carreira. Perguntas sem respostas causam insegurança, nos fazem andar lentamente. Ignore o conceito "politicamente correto" do senso comum. Isso só bagunça o seu raciocínio.

Se você perguntar: "Mauricio, li, antes, que devo investir no que faço bem. O problema é que eu amo trabalhar em certa atividade, mas não me destaco nela. Devo continuar atrás disso?". Minha resposta será: sim, siga a direção do que lhe faz feliz. Desconsidere o que eu acho, o que os outros acham. Não existe certo ou errado aqui. Tenha ciência, apenas, de que você pode não ser excepcionalmente bem remunerado por isso – lembre-se do que expliquei no Capítulo 1 sobre usar a palavra "satisfação" em vez de "paixão" no processo de construção de carreira. Geralmente, só quem entrega excelência extrema obtém retornos financeiros acima da média. Se você tem paixão por um ofício e não é fenomenal nele, além de o consumidor perceber isso, ele provavelmente pagará mais a um profissional que não é tão apaixonado por esse ofício quanto você, mas que consegue oferecer entregas superiores às suas. O meu ponto, então, é o seguinte: independentemente do que você faz ou pretende fazer, a sua felicidade deve imperar sempre. Jogue o seu jogo, governe o seu destino. A sua definição para "vencer na vida" é o que importa.

Assim, o que vale é o seu pensamento, o seu ponto de vista. Se algo não der certo em sua carreira e você responsabilizar alguém além de si, saiba que – na verdade – a culpa é sua. Nada pode ser mais frustrante do que

APOSTE EM SUAS FORÇAS

guiar o seu futuro com base na opinião dos outros, que não conhecem o contexto da sua realidade, não sabem que diabos ocorre na sua casa, não fazem ideia dos problemas que você enfrenta. Evite essas distrações, desligue o botão de "receber julgamentos" e faça prevalecer as suas verdades, as suas ideias e o seu arbítrio. Quando você atinge esse nível de confiança e comprometimento com você mesmo, coisas incríveis acontecem. Não deixe seus sonhos serem interrompidos por pessoas que pouco lhe entendem.

3/10 Ps – PESQUISA

Até aqui, falamos sobre priorizar as suas forças e deletar o juízo alheio. Mas... que tipo de forças existem? Bem, para iniciar uma carreira e se manter nela, você deve ter um repertório de habilidades técnicas. Dentistas, por exemplo, precisam saber remover cáries. Arquitetos precisam dominar o AutoCAD ou softwares similares. Advogados precisam passar no Exame da Ordem. No entanto, quando é necessário consultar esses profissionais, em qual deles você vai? No dentista agradável, que se envolve contigo e procura lhe entender, ou no que lhe trata como um objeto e acha que a sua boca é um número? No arquiteto positivo e otimista, sempre disposto a ajudar, ou naquele inflexível, incapaz de admitir os próprios erros? No advogado ético, que responde às suas perguntas com tranquilidade e sem pressa, ou no afobado, que lhe envia a conta do serviço antes mesmo dele começar? Nessas e em quase todas as demais situações da vida, o perfil comportamental importa muito.

Você já deve ter escutado que existem, basicamente, dois tipos de habilidades: *soft skills* e *hard skills*. Para contextualizar, entenda *hard skills* como aquelas aptidões tangíveis, que podem ser mensuradas de alguma maneira. São habilidades técnicas que você aprende, entre diversos lugares, em apostilas, treinamentos e faculdades. Fluência em idiomas, domínio de ferramentas e diplomas de graduação são alguns exemplos. Bem como mestrado, doutorado e outras certificações específicas. As *soft skills*, em contrapartida, são intangíveis. Você não consegue identificá-las com facilidade. São habilidades comportamentais associadas aos traços de personalidade, às relações interpessoais e às atitudes de um indivíduo. Entre elas, dá para citar tanto a criatividade, comunicação e ética, quanto a empatia, adaptabilidade e inteligência emocional.

Muitos pensam que as *soft skills* são inatas e não podem ser aprendidas. Porém, na verdade, dá para desenvolvê-las com a ajuda de profissionais e empresas especializadas, assim como as *hard skills*. Entretanto, há bem menos pessoas e instituições para ensinar aptidões comportamentais do que técnicas, já que – historicamente – um currículo recheado de certificações sempre foi o grande responsável por aprovar candidatos em ofertas de emprego. Era assim. Não é mais. Hoje, a ausência de competências vinculadas ao caráter, aos modos e à forma de se relacionar com os outros, por exemplo, engole todo o conhecimento técnico que você possui. Virou clichê, eu sei, mas a sentença "contrata-se pelo currículo, demite-se pelas atitudes" continua fazendo muito sentido.

Em inglês, as palavras "*hard*" e "*soft*" significam "rígido" e "macio", respectivamente. Assim, *hard skills* seriam rígidas e *soft skills* seriam macias. Porém, as vejo exatamente ao contrário. As *hard skills* é que são macias, pois mudam o tempo todo, se tornam obsoletas depressa e possuem caminhos conhecidos para aprendê-las. E as *soft skills* são rígidas, já que não mudam tanto, têm prazo de validade maior e são mais difíceis de desenvolver. O meu ponto com isso é: reflita seriamente sobre suas competências. Seja *hard* ou *soft*, rígida ou macia, você deve ter um pouco das duas. E quanto mais elas forem exercitadas, quanto mais você levá-las para "malhar na academia", mais elas representarão as suas forças.

O importante aqui é: no fim das contas, dá para saber quais são as suas forças? Em que habilidades você se destaca? É possível relacioná-las com o seu trabalho para construir uma carreira de sucesso? Diante dessas perguntas, muita gente responderia: "Bem, sinceramente, não tenho ideia do que eu faço bem". A verdade é que os seres humanos têm dificuldade para enxergar os próprios talentos. Em geral, os vemos como simples atividades

APOSTE EM SUAS FORÇAS

que executamos no dia a dia. Todo mundo, no entanto, tem virtudes. Todas as pessoas, incluindo você, têm aptidões e qualidades únicas. O que falta, na maioria das vezes, é dedicação para identificá-las.

No passado, eu tinha múltiplas competências, mas não brilhava em nenhuma. Assim, em vez de possuir um conhecimento "apenas" razoável em diversas áreas, senti que eu precisava dominar com excelência um conjunto menor de capacidades para me posicionar como referência às pessoas, como alguém respeitado em meu campo de atuação. Muitos indivíduos são bons em tudo, mas ótimos em nada. Infelizmente, essa estratégia tende a produzir conquistas medianas. Quando percebi isso, comecei a buscar outro caminho, outra solução. Comprei livros de desenvolvimento pessoal, um mais grosso que o outro. Aprendi novas metodologias para gerir carreiras, difíceis e complexas. Estudei diferentes abordagens para evoluir profissionalmente: bonitas na teoria, complicadas na prática. No fim das contas, fiquei mais perdido do que já estava, sem saber o que fazer.

Ao olhar para esse meu passado e considerar as centenas de mensagens, e-mails e ligações que recebo atualmente, noto que eu não estava sozinho. Muita gente vive, hoje, a mesma realidade que eu vivia lá atrás, enfrentando situações e interrogações parecidas. É possível encontrar, entre as nossas habilidades, as principais? As melhores? As que nos satisfazem? Dá para saber aquelas que o mercado mais valoriza? Que valem a pena aperfeiçoar? Que merecem maior dedicação e esforço? Várias obras discutem isso e buscam solucionar essas questões. Porém, serei extremamente direto com você. O que fiz para esclarecer essas dúvidas surpreende pela simplicidade. Não é nenhum bicho de sete cabeças. Muita gente transforma o fácil em difícil, o simples em complexo. Mas é o simples que seduz, que fascina, que convence. Assim, para encontrar as respostas que eu tanto buscava, procurei me conhecer melhor. Elaborei algumas perguntas, contatei um certo número de indivíduos e conversei com eles a meu respeito. Criei, com isso, um ambiente que me permitiu realizar uma pesquisa rápida sobre as minhas competências e descobrir o que as pessoas apreciavam em mim. Sem mais nem menos, foi isso que eu fiz. Simples desse jeito. E funcionou demais.

77

DESOBEDEÇA: A SUA CARREIRA PEDE MAIS

A pesquisa da qual estamos falando é o terceiro dos 10 Ps deste livro. Até aqui, já definimos os dois primeiros. Ou seja, o problema que você vai resolver a partir de agora e a perspectiva de como você quer ser reconhecido(a) no futuro. Ambos delimitam os extremos da sua carreira, definem o seu foco atual e o seu potencial legado de amanhã. Feito isso, então, passaremos a rechear o espaço entre essas duas extremidades. E, para começar, você precisa descobrir as suas principais forças. Que tal mergulhar no oceano dos seus talentos e identificar os maiores deles, os melhores, os que mais chamam atenção? Bem, esse é o objetivo da pesquisa, cuja execução acontece em três etapas:

1) DEFINIR O PÚBLICO

Essa foi a primeira coisa que eu fiz: listei vinte pessoas do meu convívio profissional para serem entrevistadas. Não escolhi familiares e amizades de infância. Separei só quem tinha se relacionado com o meu trabalho nos últimos anos. Metade dos nomes era próxima das minhas atividades e me via quase todos os dias, como sócios e colegas de empresa. A outra metade continha sujeitos mais afastados que, apesar da distância, eram muito impactados pelas minhas ações, como clientes e parceiros de negócios. Ao ler isso, porém, você pode estar pensando: *Mauricio, você mencionou antes – nesse mesmo capítulo – que eu não devo tomar decisões com base no julgamento dos outros. Mas, agora, essa pesquisa sugere o contrário.* Não, de forma alguma. Esse questionário passa longe de ser uma tarefa aleatória que abre as portas para anônimos e desconhecidos interferirem na sua vida. Trata-se de um exercício pontual, com perguntas específicas e focadas, que considera a opinião de indivíduos que lhe conhecem e com os quais você já trabalhou, direta ou indiretamente. Tenho certeza de que o seu discernimento é capaz de separar essa turma do restante da multidão. No meu caso, depois de checar os contatos do celular e das redes sociais, precisei de pouco tempo para montar a relação.

Faça algo parecido também. Elabore uma lista com esses critérios. Separe ela em duas partes. Em uma, escolha colegas do seu trabalho atual ou dos

APOSTE EM SUAS FORÇAS

anteriores. Nomes que lhe acompanham – ou lhe acompanharam – em reuniões, projetos e demais compromissos de negócios. Na outra, selecione pessoas não tão próximas fisicamente, mas que já viveram experiências profissionais contigo a ponto de lhe conhecerem bem. Por exemplo: consumidores, fornecedores e indivíduos que se aproximaram dos seus talentos por algum motivo.

2) FAZER AS PERGUNTAS

Com a relação pronta, fui atrás das pessoas e conversei com elas. Primeiro, contei que eu estava buscando me conhecer melhor como profissional. Na sequência, falei que seria ótimo escutar a opinião honesta e sincera delas para algumas perguntas que eu tinha... "O que você acha que eu faço excepcionalmente bem?", "Quais das minhas habilidades mais lhe impactam?", "Em que situações eu fiz diferença na sua vida?", Depois de ouvir as respostas, pedi exemplos e detalhes para extrair o máximo de cada diálogo.

Não dá para termos uma visão romântica das nossas competências. Uma coisa é você listar as suas forças com base nas suas percepções, outra coisa são os outros lhe falarem sobre isso. Nesta etapa, a intenção é evitar o seu ponto de vista – que pode ser enviesado – sobre os *seus* talentos. Deixe os indivíduos que você listou fazerem isso. Quanto mais imparcialidade, melhor o diagnóstico. Por esse motivo, inclusive, não incluí nessa pesquisa quem é sentimentalmente envolvido comigo. Pais, irmãos e cônjuges, por exemplo, nem sempre conseguem separar as coisas e produzir análises isentas. Assim, deixe a voz da turma prevalecer. Ouça mais, fale menos. Só de imaginar as coisas incríveis que vai escutar, minha empolgação já está nas alturas.

3) ORGANIZAR AS RESPOSTAS

Depois de falar com essa turma, li as anotações das conversas. Organizei-as em categorias de habilidades e consolidei cada grupo de respostas

DESOBEDEÇA: A SUA CARREIRA PEDE MAIS

parecidas dentro da mesma categoria. Ao terminar, cheguei à lista das minhas forças, à relação das competências que as pessoas mais valorizam em mim. Foi como escutar do mercado: "Mauricio, seus maiores talentos são esses. É neles que você arrebenta". Confesso que uma luz de autoconhecimento se acendeu em mim. Quase não acreditei. Pude reconhecer – sob a visão dos outros, não a minha – quais eram os meus grandes diferenciais, as minhas principais qualidades. Ordenei essas competências pelo total de vezes que elas foram mencionadas nas entrevistas, do maior para o menor número. Complementei-as com frases que ouvi ao longo das falas para dar um sentido mais explícito à elas. Separei as dez primeiras e o resultado foi esse a seguir.

Resultado da pesquisa que identificou as dez competências que as pessoas mais valorizam em mim:

1. **Comunicação.** "As palestras que você faz são incríveis, a didática é fácil";
2. **Inspiração.** "Você me motivou a agir";
3. **Empreendedorismo, carreira e negócios.** "Suas orientações profissionais mudaram a minha vida";
4. **Organização.** "Pegar um projeto bagunçado e organizar é contigo";
5. **Empatia.** "Você sempre se coloca no lugar dos outros";
6. **Marketing.** "A estratégia de lançamento daquele produto foi perfeita";
7. **Simplificação.** "Sua capacidade de transformar o complexo em simples é rara";
8. **Encantamento.** "O efeito-surpresa criado no evento impressionou os clientes";
9. **Disponibilidade.** "Atender até o último participante impactou o público";
10. **Investimentos.** "Naquela reunião, você esclareceu todas as minhas dúvidas financeiras".

APOSTE EM SUAS FORÇAS

Além de reforçar as suas aptidões já conhecidas, esse exercício também é capaz de identificar pontos fortes ainda não percebidos em você. Capacidades invisíveis para seus olhos, mas visíveis para quem lhe cerca. Assim, tão logo a conversa com todas as pessoas termine, organize as respostas e consolide os resultados. É bem provável – sim – que essa tarefa lhe custe tempo e demore para ser concluída. Entretanto, posso assegurar que será um tempo pequeno, uma demora insignificante perto do retorno que ela gerará para você.

Foi a partir dessa atividade que eu descobri quanto as minhas competências podiam impactar a sociedade, melhorar a vida das pessoas e me valorizar enquanto profissional. Uma vez que as suas forças são conhecidas, o caminho está livre para você arregaçar as mangas sem deixar o barulho externo interferir. Ter consciência das suas maiores habilidades combate o julgamento paralelo e lhe dá a confiança necessária para fazer as suas escolhas prevalecerem sobre as demais. Assim, o que fizemos aqui foi identificar os seus principais talentos. No próximo capítulo, vamos priorizar os que mais lhe satisfazem. Na sequência, iremos aperfeiçoá-los para você ser capaz de virar referência em cada um deles. E, quando chegarmos lá, começaremos a falar sobre como é possível monetizar e recompensar o seu esforço. As próximas páginas de *Desobedeça* são incríveis.

A AUSÊNCIA DE COMPETÊNCIAS VINCULADAS AO CARÁTER ENGOLE TODO O CONHECIMENTO TÉCNICO QUE VOCÊ POSSUI.

APOSTE EM SUAS FORÇAS

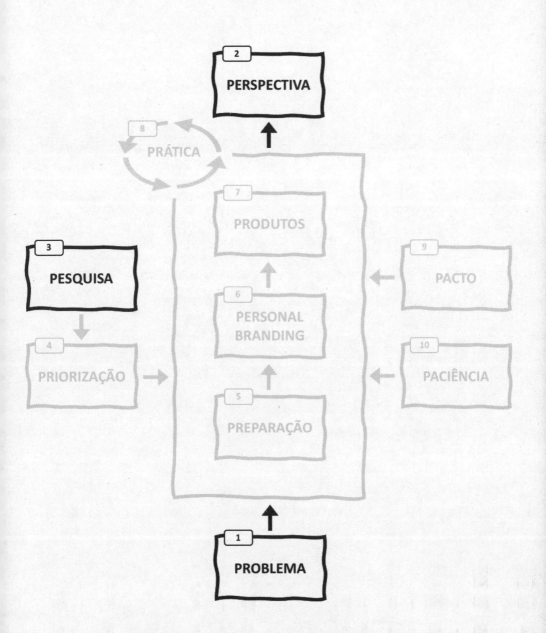

10Ps: até aqui, você já leu três deles.

PEREIRA FÁBIO RABELO FÁBIO RIBEIRO LOPES FÁBIO RODRIGO MARQUES FÁBIO SOUTO SILVA FABIO SZERMAN RISNIC FABIO TEODORO DE OLIVEIRA NETO FABIO YEFF FABIOLA GADELHA GRECO FABÍOLA KIAN FABÍOLA MENEGHINI DE MORAES FABIOLA SENA FABÍOLA SILVA LIBONI MARGATO FABRÍCIO CAMBRAIA VARGAS FABRICIO LEMOS FABRICIO MADRID PAZINATO FABRICIO MARSICANO FABRÍCIO RODRIGUES MATEUS FABRICIO VARGAS FANY CAVALCANTE FATIMA GEHLEN FÁTIMA REIS FELIPE ALTHAUS FELIPE ALVES MENDES FELIPE BERARDINELLI CHAGAS FELIPE BISPO FELIPE BUENO FELIPE CARDOSO RAFAEL FELIPE CASTRO DE ALMEIDA FELIPE COLISSI FELIPE CONSALTER FELIPE DA SILVA LIMA FELIPE DE CASTRO BARBOSA FELIPE DE MELO BRAZ FELIPE DIDONÉ DE VASCONCELOS FELIPE·DOMINGOS FELIPE F FURTADO FELIPE FABRICIO MAGALHÃES SOUZA FELIPE FURLAN DA SILVA FELIPE GABRIEL DO NASCIMENTO LOPES FELIPE GONDIN FELIPE GUIMARÃES RODRIGUES DOS SANTOS FELIPE HERBERTS SOUZA FELIPE JORDÃO SILVA FELIPE RIBEIRO DE LIMA FELIPE ROCHA NOGUEIRA FELIPE STRINGARI DA FONSECA FELIPELEANDRO FELIPPE DAVID MELLO FONTANA FELLIPE FONSECA FERNANDA AGUILAR SFERRA FERNANDA AMARANTE HORN FERNANDA BING FERNANDA CAROLINA SCHLINDWEIN FERNANDA COBOS NICOLETE FERNANDA COLLA FERNANDA CONTRERAS CARIBÉ FERNANDA DO AMARAL PARONETTO FERNANDA FERRARI FERNANDA FERREIRA GUERRA FERNANDA GUIMARÃES MARTIN FERNANDA JABUR FERNANDA LISBOA FERNANDA MAÍSA BREDA FERNANDA MARIANO CARDOSO DE OLIVEIRA FERNANDA MAYNART DE LEMOS FERNANDA MEDEIROS LOPES FERNANDA MIATELLI ALVES GONÇALVES FERNANDA PERDIGÃO BENVENUTI FERNANDA PIERASSOL FERNANDA PIRES MACIEL FERNANDA RICKMANN FERNANDA ROCHA FERNANDA SILVA SOARES FERNANDA SILVEIRA DE AGUIAR FERNANDA TOCHETTO FERNANDA VIEIRA DE SÁ FERNANDA VILLAS-BÔAS FERNANDO AUGUSTO SPIEKER FERNANDO BARRA FERNANDO CARULLA BAGANHA FERNANDO CLARO FERNANDO CORREIA TOLEDO CAMARGO FERNANDO FONTOURA BARBOSA FERNANDO GOMES GALLI FERNANDO JÁBALI BIAGI FERNANDO JOSÉ BRANDÃO DOS SANTOS FERNANDO LEIRNER FERNANDO MEDEIROS FERNANDO NOGARE FERNANDO PINHEIRO ROTERT FERNANDO TACINI FILIPE ABRANTE GERMANO FILIPE AUGUSTO BARROS BENVENUTTI FILIPE DA FONSECA POSSAPP FILIPE RODRIGUES MALAFAIA FILIPE SOUZA BERNARDO·FILIPE WOJCIECHOWSKI FILIPE XQ FILLIPE AUGUSTO DE SOUZA OLIVEIRA FLAUBER ANDERSON GOIS SILVA FLAVIA BARBOSA FLÁVIA CARVALHO FLAVIA CHRISTIANNE SILVA FARIA FLAVIA DOS SANTOS FLÁVIA FILOMENSKÝ FLAVIA LA NOCE DE SOUSA PEREIRA FLÁVIA MAGALHÃES FREITAS FERREIRA FLAVIA MAGALHÃES VIEIRA FLAVIA MARIA DOS REIS FLÁVIA NOGAROLLI CORDEIRO FLÁVIA PEREIRA DA SILVA FLAVIA SMULEK FLAVIA VERTULI FLAVIANE MOREIRA COUTO MAURÍCIO FLÁVIO CAROLINA & FAMÍLIA FLÁVIO FREITAS DO NASCIMENTO FLÁVIO JORGE DE SOUZA BATISTA FILHO FLÁVIO RAMOS FLAVIO REDI FLÁVIO ROBERTO FAGUNDES FLÁVIO RODOLFO CORRÊA LEITE FRANCIELI DE MELO FRANCIELLE IZEPON CORREA FRANCIELLY EVANGELISTA LIMA FRANCINE DE LIMA FRANCIS COSTA E SILVA FRANCISCA FABIANA SOUSA PEREIRA FRANCISCA LAYANE NASCIMENTO RODRIGUES FRANCISCO ADEILTON DE ARAÚJO RODRIGUES FRANCISCO ARTHUR SALLA PONTES FRANCISCO CARLOS TEODORO JUNIOR FRANCISCO DE ASSIS DAS NEVES MENDES FRANCISCO EDUARDO BITU DE FREITAS FRANCISCO FERNANDES FILHO FRANCISCO GILDEON PINHEIRO SOUSA FRANCISCO IZIDORIO DE CARVALHO FRANCISCO KAIAN VASCONCELOS SOEIRO FRANCISCO WESLLEY PAIVA CASTELO FRANCY YNÊS VIEIRA FRANK JOSEPH DE FIGUEIREDO RAMALHO FRANKLIN DA MATTA PONTE FRED LOPES FREDERICO BERNARDO DE ARAUJO FREDERICO DAMASCENO DOS SANTOS FREDERICO SCHNEIDER FREDERIK LIMA HAGEMEIER GABRIEL ALEXANDRE MOURA GABRIEL AUGUSTO OLIVEIRA CHAVES GABRIEL BAMPI GABRIEL BARRETO GIUSTI GABRIEL DA SILVA JESUS GABRIEL DE LANNA FIÚZA CURI GARCIA GABRIEL DE OLIVEIRA LEITE GABRIEL DOYLE BALK GABRIEL FACINI PANDOLFO GABRIEL FERREIRA ZONTA GABRIEL FONTES DE ALENCAR LEITE GABRIEL GOTARDO ROSA GABRIEL GUTIERREZ GABRIEL JACOBS

GABRIEL JESUS GABRIEL LOHN COSTA GABRIEL MELO GABRIEL NICOLOSO GA-
BRIEL NUNES SILVA GABRIEL OCAMPO PERES GABRIEL RIBEIRO GABRIEL RODRI-
GUES DA SILVA GABRIEL SARAIVA DA ROCHA GABRIEL SPERANDINI SPEZI GA-
BRIEL STEFANELLO GABRIEL WALKER DE MOURA GABRIEL XAVIER BASQUES
SOARES GABRIELA BACELAR DE AGUIAR MONTEIRO DE CASTRO GABRIELA
CAYRES DE SÁ MARIUSSO GABRIELA FORNAGIERI FERNANDES GABRIELA GOMEZ
GABRIELA HERRMANN CIBEIRA GABRIELA LIMA BARRETO GABRIELA LUCHESE
GABRIELA ROTH GABRIELA SONAGLIO GABRIELA TONINI GABRIELLA KAREN DI-
NIZ MOURÃO GABRIELLE TUBBSS GAEL DA SILVA NEGRINE GEANDRA JEIVANA DA
CRUZ GEDIEL MENDES GEILA HIPÓLITO GEISIELY VITORINO DOS SANTOS GEO FI-
LHO GEORGE MAICON KRUGER GEORGIA DE PAULA CAVALCANTE ALMEIDA
AGOSTINHO GEORGIA RONCON GEOVANNA CARDOSO ARANTES GERALDO BAR-
BOSA GERALDO BEZERRA DA SILVA JÚNIOR GERLY MAIA GERMESON AZEVEDO
SOARES FILHO GERSON ANTONIO MOCELIN GESIEL MARCOS DE OLIVEIRA GETÚ-
LIO LIMA GHERMANY PAGANINI GIAN BALBINOTTI RIEFFEL GIANA PONTALTI GIAN-
CARLO FAVERO GIANCARLO TEDESCO GIL BROGLIO GIL CHIODELLI JÚNIOR GIL-
BERTO LEMES GILBERTO PARMA NETO GILCEA DE QUEIROZ NASCIMENTO GILMAR
MENEGHINI GILMAR SILVEIRA LOBATO JUNIOR GILMAR WALLAU GILMARA DE FI-
GUEIREDO ROCHA GILMARA MARREIROS DE MELO GILSELENE GARCIA GUIMA-
RÃES GILSON APARECIDO DOS SANTOS GILSON CLÁUDIO BARBOSA DE MIRANDA
GILSON HENRIQUE PANOSSO GILVAM WILLIAM WEIRICH GINO HENRICO PAIM
LONGHI GIOVANI BLOTTA GIOVANNI JOSÉ BALARDIN GIOVANNI LESTINGI GOUVÊA
GIOVANNI MOURA DE SOUSA GISELA PROCHASKA GISELE DE FREITAS BRAGA GI-
SELE FLORES GISELI ZABOT GISELLE VASILIS STEFANO GISELLI GUMIERO GISLAI-
NE ESTHER LUBAS MOREIRA MOURA GISLAINE RUARO GISLAYNE PEREIRA GISLEI-
NE CALVIS LOPES GISLEINE SCHORN GIULIA TOLOTTI GIULIO MATTEO PIZZO
FERRARO GIZELLE CERQUEIRA GIZELLY STEFANNY DA SILVA GLADIS NADIR BUT-
ZKE REX GLADSTONE CLAUDINO OLIVEIRA GLAUCE GLEIDE MACHADO RODRI-
GUES GLAUCIA CISOTTO GLÁUCIA CORSO GLAUCIA CORVELLO GLÁUCIA NASCI-
MENTO DOS SANTOS BRITO GLAUCIA NEUSA OLIVEIRA MOREIRA GLEICIANO
LOPES DE MELO GLEIVSON ALVES DO CARMO GLEIZIANE SANTOS DE JESUS

4
SUA CABEÇA, SEUS LIMITES

GLEYBIONY CAMARGO GLEYDSON DE AZEVEDO FERREIRA LIMA GLEYSSE APA-
RECIDA DA SILVA GRAÇA E SANTOS SOBRINHO GRASELENE LINDNER GRA-
SIELA SCHEID JESSER GRAZIELA LUMERTZ FORTES GRAZIELA SOARES GOYA
GRAZIELA LILIANI COZER GREICE CANDEIA GRECI CAPELLARI FABRIZZIO GUIDO
ALLEGRO GUILHERME ALFREDO SIEBEL GUILHERME ANDRIGHETTI RECH GUI-
LHERME ANTUNES DA CONCEIÇÃO GUILHERME AUGUSTO HENNEMANN GUILHER-
ME BELMONTE JAQUES GUILHERME BORTOLOTO DA SILVA GUILHERME CAETA-
NO RESENDE GUILHERME CARLOS KERN GUILHERME CHAVES VOLPATO
GUILHERME COSTA GUILHERME DE V BIZOTTO GUILHERME EDUARDO SANTOS
MARTINS GUILHERME FALCETA GUILHERME FERRARI GUILHERME GALLI PEREIRA
SCANDIUZZI GUILHERME GAMA GUILHERME GUITTI DE SOUZA GUILHERME HA-
NAOKA TAKAHASHI GUILHERME HENRIQUE DE SOUZA SILVEIRA GUILHERME LA-
VRINHA GUILHERME LEVANDOSCHI MUNARI GUILHERME LUCHTENBERG GUILHER-
ME MIRANDA BLANCO GUILHERME MUNIZ GUILHERME OCANHA GUILHERME
PENALVA VIEIRA DA SILVA GUILHERME PEQUENO GUILHERME PEREIRA DA SILVA
GUILHERME RUBIRA BRAMBILLA GUILHERME SILVA GUILHERME SOLA DOS SAN-
TOS GUILHERME TRINDADE SOUTO GUILHERME VERGILIO MENEZES DE SANTANA
GUILHERME YATA GUSTAVO BASTO POZZATO GUSTAVO BOSCHETTI GUSTAVO
CANÇADO DE AZEVEDO GUSTAVO DE CAMARGO LEITE GUSTAVO DE MOURA
RANGEL SAMPAIO GUSTAVO DE OLIVEIRA LEITE GUSTAVO DE SOUZA RIGUETTI
GUSTAVO DEFENDI GUSTAVO DUCATI BUTTELLI GUSTAVO FURTADO CAVALCANTI
GUSTAVO HENRIQUE MUELLER GUSTAVO HENRIQUE SCALABRIN GUSTAVO JAC-
QUES MEDUNA HAJDU GUSTAVO LIMA DE PAULO GUSTAVO MAGALHÃES DE CAS-
TRO CASTILHO GUSTAVO MAGANHA GUSTAVO MALHEIROS GUSTAVO MARQUES
DE SÁ GOMES GUSTAVO MORELLO MASCHIO GUSTAVO OLIVEIRA SOARES GUSTA-

SUA CABEÇA, SEUS LIMITES

INDIAROBA

O ano era 2018. O mês era novembro. O dia era 24. Por volta das 15 horas daquele sábado, pousei em Aracaju, no estado de Sergipe. Mal sabia o que me aguardava. Aquela viagem não só deu origem ao título deste livro, como também definiu o verdadeiro significado de "desobedeça" para mim. Juntamente com Nathália, minha esposa, participei de um projeto social para estimular o empreendedorismo nos jovens de Indiaroba, município localizado a 100 quilômetros da capital sergipana. Fomos ensinar metodologias para a criação de negócios capazes de resolver os problemas locais, gerar empregos e melhorar a vida da população. Na minha cabeça, os adolescentes é que iriam aprender alguma coisa. No fim das contas, quem aprendeu fui eu. Para você entender o contexto dessa história, vou voltar no tempo.

Em setembro de 2011, Nathália e eu ainda namorávamos. Na época, viajamos para a África do Sul. Fomos fazer safáris no Kruger National Park, um dos mais conhecidos do mundo. Em geral, as atividades naquele ambiente selvagem ocorrem sempre ao amanhecer e anoitecer, pois, durante o dia, boa parte dos animais não se move. Além de leões, elefantes, búfalos, leopardos e rinocerontes, chamados de *big five*, vimos todas as belezas inenarráveis da natureza africana. Sentir na pele a atmosfera daquele lugar é uma experiência única. Porém, o que nos marcou naquela viagem não foi isso. Como o primeiro safári terminava no meio da manhã e o próximo só

87

DESOBEDEÇA: A SUA CARREIRA PEDE MAIS

começava no meio da tarde, resolvemos fazer algo nesse intervalo de tempo. Olhamos algumas opções e escolhemos – despretensiosamente – visitar uma pequena vila da região. Haja coração para suportar o que ocorreu lá.

A parada inicial foi em uma creche: a Mazinyane Preschool. Quando chegamos, antes mesmo de a condução que nos levava estacionar, observei dezenas de crianças – de 3 a 6 anos – se dirigindo à janela da escola para ver o que estava acontecendo do lado de fora. Ao pararmos, abri a porta da van, baixei meu rosto e olhei para os degraus do veículo enquanto saía dele. No momento em que eu levantei a cabeça de novo, enxerguei algo que permanece guardado em mim até hoje. Vi uma multidão de meninos e meninas, de moças e rapazes, correndo loucamente em nossa direção. Uma avalanche de faces sorridentes, de gritos de alegria, se aproximando rapidamente de nós. Assim que o primeiro garoto me alcançou, ele parou em minha frente, abriu seus braços e os esticou o máximo que conseguiu. Sem pensar duas vezes, eu me abaixei, o levantei do chão e dei um abraço. Após soltá-lo, o garotinho começou a pular, a saltar, a comemorar aquele abraço como se fosse um gol. Pense você o quanto aquele simples gesto não representou para ele? Ao voltar minha atenção à multidão, já havia outra criança de braços abertos me esperando. E a minha reação foi a mesma. Para não me alongar aqui, o resumo dessa história é o seguinte: Nathália e eu ficamos quase uma hora abraçando cada aluno e aluna daquela creche. Como retribuição, eles cantaram o hino sul-africano e nos deram um grande abraço coletivo no fim. Foi um momento... sem igual. Confesso que estou escrevendo com meus olhos cheios de lágrimas. A energia das savanas é maravilhosa, mas a energia humana é incomparável.

Esse episódio, de fato, mudou as nossas vidas. Depois de pensar durante dias sobre essa experiência, decidimos nos aproximar de vez dos jovens. Especificamente, dos jovens do Brasil. Queríamos fazer mais por eles. Foi a partir daí que começamos a desenvolver iniciativas para empoderá-los por meio da educação e do estímulo ao aprendizado. Colocar conhecimento na cabeça dessa turma é um dos principais combustíveis para combater as desigualdades sociais, gerar oportunidades e dar autonomia às futuras gerações.

SUA CABEÇA, SEUS LIMITES

Feito esse contexto, posso voltar a 2018. No início daquele ano, a StartSe já tinha se consolidado como uma escola de negócios que capacitava profissionais e líderes de empresas. Fazíamos isso, majoritariamente, para adultos. Estávamos felizes com o impacto que causávamos e com a quantidade de vidas que transformávamos, mas inconformados por atingir somente uma parcela da população que podia pagar pelos nossos produtos. A vontade de estender o que fazíamos para outros públicos, classes sociais e faixas etárias nos acompanhava diariamente. Certa vez, realizamos um *brainstorming* específico sobre o tema e começamos a perguntar uns aos outros... E se levássemos todo o conteúdo de empreendedorismo – que já entregávamos para adultos – aos estudantes e adolescentes do Brasil? E se construíssemos um programa social para a juventude aprender isso de graça? E se conseguíssemos atingir a rede pública de ensino e os alunos menos privilegiados da população? Desses questionamentos, portanto, nasceu a solução.

Um dos meus sócios na StartSe – Pedro Englert – também era conselheiro da Junior Achievement Brasil, uma ONG que prepara jovens para o mercado de trabalho há mais de cem anos. Dele surgiu a ideia de unir forças, aproximar as duas empresas e criar o JA Startup, um programa que ensina a metodologia de construção de startups à garotada brasileira.[20] No ano anterior, outro sócio – Cristiano Kruel – já havia testado essa metodologia em uma escola gaúcha. Precisávamos, portanto, aprender com aquela experiência, maximizar acertos, corrigir erros e expandir. Foi aí, então, que minha esposa reapareceu na história. Com a semente plantada na África, ela se prontificou a liderar o JA Startup e fazê-lo acontecer.

A iniciativa, financiada por empresas, é gratuita aos alunos. Ela ocorre dentro das próprias escolas para turmas de até quarenta participantes. Durante oito semanas, essa turma é dividida em grupos menores, e cada grupo cria uma startup. O objetivo é motivar os adolescentes a desenvolverem soluções economicamente viáveis aos problemas que enfrentam no dia a dia. No fim, eles apresentam seus projetos a uma banca de jurados – formada por investidores e profissionais de mercado – e uma startup é eleita vencedora.

DESOBEDEÇA: A SUA CARREIRA PEDE MAIS

O primeiro teste do JA Startup ocorreu ainda no primeiro semestre daquele ano. Rodamos o programa em quatro colégios de quatro capitais diferentes: São Paulo, Rio de Janeiro, Recife e Belo Horizonte. Foi um sucesso. Posteriormente, os ganhadores de cada cidade participaram de uma transmissão ao vivo pela internet que selecionou um deles para se apresentar em uma conferência presencial da StartSe. Lembro que fui jurado desse evento on-line e assisti à apresentação dos quatro projetos da Rússia, enquanto acompanhava o Brasil na Copa do Mundo de 2018. Eram todos incríveis, foi difícil escolher um só. A startup premiada acabou sendo a de Recife. Laís Firmino, uma pernambucana de 14 anos, percebeu que sua mãe, costureira, tinha dificuldade para encontrar clientes. Em paralelo, ela constatou que a demanda por consertos de roupas era alta, mas muita gente não sabia onde repará-las. Então, Laís e outros quatro jovens criaram um aplicativo para conectar essas duas pontas, facilitando a vida das costureiras e das pessoas com trajes para arrumar.[21] Não é incrível?

"Mauricio, isso é demais. Mas... e Indiaroba?". Bem, esse município sergipano entrou em meu coração de uma forma inesperada. João Pedro Neves, então executivo da Claro Brasil, participou de um programa da StartSe no Vale do Silício. Foi lá que o conheci pessoalmente. Em função da experiência que ele viveu e da transformação que aquela semana provocou em sua forma de pensar, João nos fez uma proposta: levar o JA Startup para uma pequena cidade do Nordeste que era muito próxima dele por razões pessoais e afetivas. Eis, então, que escuto a palavra "Indiaroba" pela primeira vez. Um município com 15 mil habitantes, baixo Índice de Desenvolvimento Humano (IDH)[22] e vasta lista de dificuldades. O objetivo era levar o melhor do Vale para os jovens dessa remota região do Brasil.

Nossa resposta foi sim. Aceitamos a proposta do João. Entretanto, tivemos que repensar o formato do projeto, pois seria difícil montar uma logística de viagens ao interior do Sergipe durante oito semanas seguidas. Logo, decidimos ousar. Reorganizamos todo o conteúdo, agenda e estrutura do programa para rodá-lo em quatro dias *full time*. Manhã, tarde e noite. Sem descanso, sem moleza, na intensidade máxima. Assim como Juscelino Kubitschek fez

SUA CABEÇA, SEUS LIMITES

cinquenta anos em cinco, fizemos oito semanas caberem em menos de uma. Falamos com Ginaldo Lessa, secretário de Educação de Indiaroba na época, acertamos os detalhes e disponibilizamos o JA Startup à rede municipal de ensino. Em poucas horas, 26 estudantes se registraram. Encerramos as inscrições, preparamos tudo e, semanas depois, decolamos para lá.

Chegamos, enfim, ao sábado, 24 de novembro de 2018. Exatamente onde esse capítulo começou. Na tarde em que Nathália e eu pousamos na capital sergipana. Além de nós, João e seu amigo Lauro Marotta de Moura também foram como voluntários. Diariamente, pegávamos a estrada para chegar em Indiaroba. Entre ida e volta, gastávamos duas horas por trecho. Como o município tinha limitadas opções de hotéis, resolvemos ficar em Aracaju mesmo. Dormi sendo um Mauricio, terminaria o dia seguinte sendo outro.

No domingo, o curso começou. Tivemos o contato inicial com os alunos. Na primeira atividade, perguntamos quais eram os principais problemas da cidade. Apressadamente, eles responderam: "Não há segurança, não há emprego, não há oportunidades por aqui". Depois, queríamos saber como esses problemas poderiam ser resolvidos. O que escutamos, porém, foram mais reclamações do que respostas: "Ah, o prefeito não faz nada, não há empresários na região, ninguém investe em nós...". Foi aí, então, que mudamos a fala: "Esqueçam prefeito e empresários. Como VOCÊS vão resolver? Que soluções VOCÊS vão construir? O que VOCÊS vão fazer para melhorar isso?". Imediatamente, os estudantes pararam, silenciaram. Parecia que tinham tomado um susto. Era nítida a expressão de espanto no rosto de cada um deles. Possivelmente, até aquele dia, ninguém havia dito a esses jovens que ELES poderiam transformar a cidade. Que ELES poderiam resolver os desafios locais. Que ELES poderiam ser os agentes da mudança. A hipótese de conseguirem mudar a realidade que tanto os incomodava passava longe da cabeça deles.

Em seguida, apresentamos a metodologia para construir startups. Mostramos todas as etapas: como identificar problemas, validar ideias, desenvolver protótipos – e por aí vai. Expliquei como as empresas do Vale são criadas. O que fazem para crescer. Que estratégias usam para terem êxito. Foi fácil? Não. Eu me senti à vontade? De forma alguma. Tão logo comecei a falar,

DESOBEDEÇA: A SUA CARREIRA PEDE MAIS

percebi que não estava me conectando com os alunos, que a minha linguagem não se comunicava com a deles. Precisei me adaptar. Buscar outras palavras, exemplos e recursos. Usar diferentes expressões para que os estudantes conseguissem assimilar o conteúdo. Afinal, tudo era novo e distante para eles. Sair da minha zona de conforto, naquele dia, foi a única chance que eu tive.

O fascinante é que, pouco a pouco, os jovens começaram a se envolver, a se dedicar ao programa. O interesse aumentou. O brilho nos olhos também. Fomos visitar os locais em que moravam. Fazíamos as refeições juntos. Aproveitávamos cada segundo para compreender suas vidas, seus sonhos, suas dificuldades. Quanto mais conhecêssemos a realidade local, mais poderíamos ajudar. Devagarinho, a cidade foi sabendo o que estava acontecendo. O assunto "empreendedorismo" passou a ser comentado nas ruas, discutido nas praças. Naquela altura, o JA Startup tinha deixado de impactar só os 26 alunos. Ele já impactava a população inteira.

Na última noite, realizamos um evento em Indiaroba para os estudantes mostrarem seus projetos. Além da comunidade local, do prefeito e dos familiares, a plateia também contou com gente de Aracaju, de outras regiões do Nordeste e da imprensa estadual. Durante as apresentações, cada grupo compartilhou não só um problema e uma solução, mas também o modelo de negócios, a previsão de faturamento e a expectativa de expansão das frentes idealizadas. Foi impressionante ver o que eles fizeram em tão pouco tempo. Dias antes, esses estudantes mal sabiam o que era empreendedorismo. Agora, falavam em gerar empregos, movimentar a economia e melhorar a qualidade de vida das pessoas.

As seis iniciativas eram ótimas. Veja essa, por exemplo: Ueverton, Flauber e outros quatro estudantes criaram a Cervejaria Pontal. A ideia surgiu de um contratempo bastante comum para eles. Na região onde moram, há um fruto bastante típico e apreciado: a mangaba. São tantas mangabeiras em Indiaroba que, na época da colheita, muitas frutas amadurecem, caem das árvores e apodrecem no chão. Para reduzir esse desperdício, os alunos decidiram usar a mangaba como matéria-prima para fabricar uma cerveja. Os primeiros litros da bebida foram produzidos assim que o JA Startup terminou. Após testes de

SUA CABEÇA, SEUS LIMITES

mercado e ajustes no sabor, a composição ideal foi alcançada, e a cerveja de mangaba nasceu.[23] Em janeiro de 2020, recebi garrafinhas dela em casa. Cada long neck tinha 500 ml. Esperei gelar, experimentei e estava uma delícia.

Percebeu o impacto do projeto que eles criaram? Não foi só uma solução para resolver um problema que existia. Foi muito além disso. O programa deu origem a um negócio, transformou os jovens em sócios de uma empresa, renovou suas perspectivas de vida. Gerou empregos aos catadores de mangaba da região, movimentou o mercado com a venda dos produtos e impactou positivamente a realidade local. A repercussão foi tão grande que a Cervejaria Pontal chegou às semifinais do processo de seleção do *Shark Tank Brasil* – um programa de televisão em que empreendedores apresentam negócios a potenciais investidores.[24]

Assim, os adolescentes que se queixaram da falta de oportunidades no início do programa foram os mesmos que – depois – acabaram criando novas oportunidades, novos postos de trabalho e novas atividades econômicas no município. Transformaram não só o seu ambiente, mas o dos outros também. Portanto, não deixe o seu presente restringir o seu futuro. Os únicos limites existentes neste planeta são os que habitam a sua cabeça.

Foi por causa dessa experiência em Indiaroba que escolhi *Desobedeça* como título deste livro. O que aconteceu lá é um exemplo vivo de como podemos mudar a nossa trajetória e reconstruir o nosso amanhã quando somos capazes de desobedecer à expectativa que nos cerca e não aceitar as dificuldades que o ambiente nos impõe. Antes do JA Startup, o destino daqueles jovens já estava praticamente traçado: acabar a escola, achar um trabalho e seguir a rotina das gerações anteriores. Como esse é o ciclo de vida que predomina na região, as pessoas facilmente se contentam com ele. No entanto, quando desobedecemos ao consenso externo e aos padrões esperados pela sociedade, nos abrimos ao novo. Nós nos permitimos experimentar o diferente. E, no momento em que isso ocorre, um repertório inédito de descobertas e possibilidades vem à tona. A desobediência, de fato, é o verdadeiro suporte à liberdade.

Após a noite final de apresentação dos projetos em Indiaroba, voltamos de madrugada a Aracaju. Nathália, João, Lauro e eu paramos nossos carros no estacionamento do hotel em que estávamos hospedados. O local era aberto, ao ar livre, em frente a um conjunto de dunas. Já era umas 2 horas da manhã. Batia uma brisa gostosa. Nós nos escoramos nos veículos, olhamos uns aos outros e, segundos depois, nos entregamos às lágrimas, nos deixamos tomar pela emoção. Chegamos a soluçar de tanto chorar. Foi um sentimento sem igual. O que aprendi naqueles quatro dias me acompanha até hoje. Vi, na prática, como uma pitada de conhecimento e uma boa dose de atitude são capazes de mudar a história de qualquer pessoa, esteja ela onde estiver.

Agradeço aos 26 alunos do projeto JA Startup de Indiaroba: Bárbara Custódio, Carol Lima, Cínthia Santos, Damiana, Evelin Correia, Flauber Salles, Guilherme Brito, Iolanda Lessa, Isabel Teófilo, Italo Barreto, Izabela Mendes, Jailma Nascimento, Jaine, João Francisco, João Mendes, João Santos, José Francisco, Kleiton Klaus, Marcelly Santos, Maria Eunice Nascimento, Milena Reis, Tamires, Thainára Santos, Thaynara Esteves, Ueverton Costa e Viviane Lessa. Aos voluntários João Pedro Neves e Lauro Marotta de Moura. Aos amigos Pedro Menezes, Carlos Antunes Feitosa Junior e Nathalia Fontes Valença. Ao Ginaldo Lessa, secretário de Educação municipal. À turma da Acelerase, *hub* de inovação de Aracaju. À Bety Tichauer, diretora da Junior Achievement Brasil, e seus parceiros regionais. À Nathália Benvenutti, minha amada esposa, que liderou o projeto. Ao time inteiro da StartSe. E a todas as demais pessoas e empresas que colaboraram para fazer essa iniciativa acontecer.

ADVERSIDADES ACONTECEM

Em sua carreira ou negócio, você está sempre suscetível a dificuldades. Tanto as encontradas de modo permanente no cotidiano, causadas pela sua realidade socioeconômica, quanto as presenciadas de forma temporária, geradas por eventos específicos. Visto que já abordei, por meio do exemplo de Indiaroba, como o ser humano é capaz de superar as condições desfavoráveis e recorrentes do seu ambiente, focarei, agora, em como agir diante das crises pontuais que, de tempos em tempos, atingem a sociedade.

SUA CABEÇA, SEUS LIMITES

Para começar, quero mudar o seu conceito sobre adversidade. Talvez você não queira ler isso, mas os momentos difíceis representam a fundação da sua carreira. Atuam como professores da sua jornada. Motivam o seu crescimento pessoal e profissional. É nessas horas que as pessoas são encorajadas a testar os limites dos seus talentos, a usar os conhecimentos mais apurados que possuem. Em situações assim, sua melhor versão aparece, suas aptidões mais afiadas vêm à tona. Tudo o que você sabe – e não sabe – é colocado à prova diante de condições e circunstâncias desfavoráveis.

O que transforma alguém em um profissional fora da curva não são os períodos estáveis. Nem os dias em que acordamos e vemos o sol nascer. É no temporal que as pessoas evoluem. É quando as manhãs viram noites que a humanidade amadurece. Nós nos fortalecemos diante dos contratempos, das instabilidades, dos acontecimentos extremos que chacoalham as nossas vidas. Todo mundo passa por isso. Cedo ou tarde, o inesperado acontece. É nos maiores apertos que você aprimora suas maiores virtudes. É nessas ocasiões que você interrompe o modo automático de agir e expande as fronteiras da sua compreensão. Tenho certeza de que a parte mais profunda e sábia da sua consciência entende isso.

Historicamente, crises são acontecimentos que mudam o curso de profissões, indústrias e sociedades como um todo.[25] A Peste Negra, por exemplo, que matou milhões de pessoas na Europa no século XIV, é creditada por historiadores como o evento que encerrou o feudalismo e deu início à valorização dos trabalhadores da época. Isso porque, com o declínio populacional causado pela pandemia e a consequente escassez de mão-de-obra, os proprietários das terras foram pressionados a melhorar as recompensas e as condições de trabalho para manter os poucos inquilinos que restaram. Como resultado, a noção de salário se fortaleceu, alterando para sempre as relações trabalhistas na região. Podemos afirmar, sem exagero, que a Peste Negra moldou o caminho para a Europa que conhecemos hoje.

Entretanto, não é preciso voltar tanto no tempo. Considere, por exemplo, o impacto da Segunda Guerra Mundial na participação das mulheres na força de trabalho. Como grande parte da população masculina foi convocada

A DESOBEDIÊNCIA É O VERDADEIRO SUPORTE À LIBERDADE.

SUA CABEÇA, SEUS LIMITES

para defender os seus países nos campos de batalha, o público feminino acabou preenchendo os empregos deixados pelos homens. Funções jamais ocupadas pelas mulheres foram entregues a elas, impulsionando a presença feminina no mercado de trabalho e alterando completamente a vida social dali em diante. Outro exemplo ocorreu em 2001: os atentados de Onze de Setembro reformularam as políticas do transporte aéreo. Após a queda das Torres Gêmeas, viajantes passaram a aceitar procedimentos mais rígidos nos aeroportos para aumentar a segurança coletiva. Com o endurecimento das regras da aviação civil, o tempo de embarque aumentou, e o caminho até a poltrona se tornou muito mais difícil.

Há, também, eventos mais recentes. Entre 2002 e 2003, a epidemia da Síndrome Respiratória Aguda Grave – ou SARS, na sigla em inglês – incentivou o *e-commerce* na China. A quarentena imposta às pessoas, que restringiu o contato humano e as atividades sociais, forçou os chineses a não saírem de casa. Impedidos de irem às ruas, eles recorreram à internet para continuar comprando o que precisavam. Seguramente, a SARS contribuiu para o nascimento do comércio eletrônico chinês, um dos mais movimentados do mundo. Depois, foi a vez da crise financeira de 2008 atingir o planeta. Os efeitos foram imediatos: falência em massa de instituições e desemprego generalizado. Esse caos, porém, fez muita gente colocar os seus próprios bens – como carros e casas – para alugar, com a finalidade de obter renda. Eis que surge a chamada economia compartilhada. Uber e Airbnb, duas companhias que representam essa indústria, nasceram bem nesse período. Por fim, tivemos a pandemia de covid-19, que teve início em 2020. Seus gigantescos impactos paralisaram nações por meses. Para conter a propagação do vírus, populações inteiras ficaram isoladas em suas casas, vivendo uma realidade parecida com a da China durante a SARS, mas em escala global. A digitalização das empresas e o incentivo ao trabalho remoto foram algumas das inúmeras consequências dessa adversidade.

Crises, portanto, são períodos transformacionais que alteram o *rumo das coisas*. São momentos históricos que aceleram processos, avanços e decisões. Da noite para o dia, verdades deixam de ser verdades, paradigmas se desfazem, costumes desaparecem. Medidas são tomadas em meio a incertezas. Escolhas são feitas em meio a imprevisibilidades. Quando uma sociedade enfrenta tempos difíceis, em que ninguém enxerga a luz no fim do túnel, todos são forçados a viver como empreendedores, sem mapa para guiar seus caminhos, sem estabilidade para planejar suas ações. Enquanto algumas consequências desses períodos são temporárias e somem após a turbulência, outras permanecem em nossa rotina, gerando mudanças de longo prazo e moldando as grandes oportunidades dos próximos anos. Se você quer construir uma trajetória de sucesso, é preciso apreciar isso.

Não quero subestimar os efeitos colaterais que as crises geram, principalmente no que diz respeito à saúde e ao desemprego. No entanto, adversidades fazem parte da vida e motivam o ser humano a se tornar mais forte. É nessas ocasiões que o jogo muda e as grandes possibilidades aparecem. Quando enfrento situações desfavoráveis, dobro o meu trabalho, a minha motivação, o meu esforço, pois sei que estou atravessando um daqueles raros momentos que a vida oferece para eu me reinventar e alcançar patamares mais altos. Intervalos desfavoráveis podem ser aliados do seu crescimento, basta fazer algo diante deles.

"Mas, Mauricio... Como lidar com as adversidades? De que forma superá-las? Que postura adotar para enfrentá-las?". Ao longo da minha carreira, enfrentei duas grandes crises. A primeira foi em 2008, na XP Investimentos. A segunda foi em 2020, na StartSe. O que fizemos serviu de gatilho para reescrever a história de ambos os negócios e torná-los muito mais fortes quando as condições de mercado voltaram ao normal. Basicamente, adotamos quatro ações:

1) CORTAR CUSTOS

Em momentos adversos, as pessoas devem ser maníacas por custos. Ou seja, gastar estritamente com o necessário. Aqui, não dá para ser romântico com seus mimos. Elimine tudo que é dispensável, inclusive as pequenas contas.

SUA CABEÇA, SEUS LIMITES

Sozinhas, elas parecem "imperceptíveis", mas, somadas, podem resultar em quantias enormes. Economizar nisso pode significar meses de vida lá na frente, principalmente se você tem um pequeno negócio.

Em 2008, por exemplo, em meio à crise financeira, instituímos na XP o módulo de sobrevivência lunar. A analogia foi a seguinte: ao ir à Lua, um astronauta não leva consigo itens desnecessários. Ele só leva o que é indispensável para sobreviver no espaço. Esse é o raciocínio. Como todo metro quadrado em um foguete é minuciosamente calculado, não dá para desperdiçá-lo com coisas supérfluas. Adotamos, então, o mesmo conceito. Cortamos o que era supérfluo e passamos a gastar apenas com o essencial à nossa sobrevivência. Para você ter ideia, chegamos a substituir o papel-toalha dos banheiros por aparelhos de ar quente. Pode parecer uma troca boba, mas poupamos um dinheirão fazendo isso. Já em 2020, na pandemia de covid-19, reduzimos drasticamente a sede da StartSe. Com as pessoas em quarentena, impedidas de saírem de casa, nosso escritório em São Paulo se tornou irrelevante à continuidade da operação. Logo, nos desfizemos de quase todo ele, apesar das boas lembranças que existiam lá. "Mas Mauricio, a empresa estava no vermelho?". Não. "Ela tinha boa saúde financeira?". Até aquele momento sim. "Então, por que fizeram isso?". Ao priorizar ações que geram economias, suas chances de superar uma crise aumentam substancialmente.

2) EXPANDIR EM VEZ DE CONTRAIR

Geralmente, demoramos para nos reinventar devido ao "custo de oportunidade", ou seja, às potenciais perdas envolvidas quando alguém se afasta das suas atividades diárias para tentar algo novo. Isso acontece porque, ao dedicar menos tempo às tarefas que lhe sustentam financeiramente para explorar diferentes iniciativas, você pode obter retornos abaixo do esperado. Bem abaixo, inclusive, dos proporcionados pelo seu trabalho atual. Afinal, como tudo que você faz na vida, há riscos e oportunidades. É por isso que muitas pessoas ficam onde estão e optam por não evoluir suas carreiras.

DESOBEDEÇA: A SUA CARREIRA PEDE MAIS

Mesmo insatisfeitas, preferem permanecer em um presente infeliz do que avançar a um futuro incerto.

No entanto, durante ciclos de adversidade, a maioria da população sofre algum tipo de prejuízo, em maior ou menor escala. Negócios enfraquecem, rendas encolhem e mercados inteiros perdem força. Sempre que isso ocorre, o risco de tentar coisas novas diminui, pois o que você tem a perder também diminui. Assim, em circunstâncias desfavoráveis, assuma um compromisso de expandir o que você faz. Abra a sua cabeça ao novo. Muitos indivíduos se contraem diante da volatilidade externa. Param e postergam decisões. Em vez disso, amplie a sua atuação profissional. Vá atrás de aprendizados para aperfeiçoar seus conhecimentos. Experimente outras formas de agregar valor às pessoas. Ao adotar essa postura, você poderá descobrir coisas incríveis. Muitas, inimagináveis antes de a crise ter começado.

Em 2008, mesmo com o mundo mergulhado em um caos econômico, a XP não só lançou o maior treinamento de finanças pessoais já feito até então no Brasil, como também foi à TV, produziu um comercial pela primeira vez e redefiniu o posicionamento da sua marca. Na época, enquanto grande parte da concorrência se defendeu, nós partimos para o ataque. Criamos a campanha Transforme Crise em Oportunidade, realizamos mais de quinhentas palestras gratuitas em todo o país e orientamos a população sobre como gerenciar o seu dinheiro diante daquela crise sem precedentes.

Já na StartSe, em 2020, a covid-19 impactou profundamente a empresa. Antes da pandemia, o nosso negócio era baseado em cursos, eventos e conferências presenciais, tanto no Brasil quanto no exterior. Na medida em que o vírus se espalhou, tudo o que fazíamos foi suspenso por conta das restrições de viagens e aglomerações. Para você ter ideia, o nosso faturamento caiu para quase zero e perdemos 98% da receita da noite para o dia.[26]

Como praticamente nada mais vendia, passamos a não ter o que perder. Isso nos motivou a criar produtos que nunca havíamos criado. Entre eles, o Re.StartSe, um programa on-line de capacitação profissional para ajudar as pessoas a reposicionarem seus negócios e carreiras durante a pandemia. Em trinta dias, foram cem horas de conteúdo e mais de 100 mil

SUA CABEÇA, SEUS LIMITES

alunos. Ganhamos tanta repercussão que tivemos aulas com o publicitário Nizan Guanaes, o técnico de vôlei Bernardinho, a empresária Luiza Helena Trajano – fundadora do Magazine Luiza – e várias outras personalidades. Apesar de não resolver o nosso problema, pois o produto era gratuito, o Re.StartSe marcou o início da transformação do nosso negócio. Com ele, aprendemos o funcionamento do ensino a distância, entendemos as sutilezas do mercado digital e ampliamos o cardápio de cursos aos clientes.

Crises geram oportunidades. E essas oportunidades serão preenchidas por alguém. Se você quer ser esse alguém, não é se escondendo que vai conseguir. Muito menos se contraindo ou se limitando. Jogue no campo ofensivo. Expanda suas ações. Em períodos de instabilidade, melhor tomar uma decisão errada do que não tomar decisão alguma.

3) *FOLLOW THE MONEY*

Tensões geopolíticas fazem parte da vida americana. Em função do seu poder econômico e do impacto das suas decisões em outros países, é comum ver os Estados Unidos desagradarem nações e submeterem seus habitantes a eventuais crises de confiança. Além do mais, como o seu território é frequentemente atingido por furacões, terremotos e outros fenômenos da natureza, a população aprende desde cedo a se preparar para isso. No Vale do Silício, por exemplo, vários amigos têm uma espécie de bunker no quintal de casa, com alimentos, bebidas e remédios estocados para serem consumidos durante um potencial tremor de terra – a região fica em cima da falha de San Andreas, uma das mais ativas do mundo.

Por esses e outros motivos, enfrentar circunstâncias adversas é algo presente na cultura dos Estados Unidos. E, para superá-las, boa parte dos americanos faz uso da expressão *follow the Money*, que significa "siga o dinheiro" em português. Conheci esse conceito morando lá. E qual é o sentido dele? Bem, o pânico faz a sociedade gastar menos, pois, diante de incertezas, a tendência do ser humano é economizar mais. Nessas situações, você precisa

101

DESOBEDEÇA: A SUA CARREIRA PEDE MAIS

identificar quais são as poucas despesas que os indivíduos fazem, os escassos bens que eles adquirem. Na medida em que você "segue o dinheiro" e mapeia o caminho que esse recurso faz do bolso dos consumidores aos raros produtos que eles obtêm, você descobre o que é realmente prioridade às pessoas. O que elas não abrem mão de comprar mesmo diante de tanta instabilidade externa. Logo, ao constatar isso, você passa a ter melhores condições de construir algo para atrair não só a atenção do público, mas também uma fatia dos seus limitados gastos no decorrer do caos.

Em 2020, a covid-19 criou a chamada "economia da distância". Isoladas em suas casas, as famílias intensificaram o uso da internet para estudar, se divertir e fazer outras coisas, como reuniões de trabalho, compras de supermercado e pedidos de comida. O presencial deu lugar ao virtual. Além disso, houve um aumento na procura por álcool em gel, luvas e máscaras. Para evitar o vírus, os cuidados com higiene pessoal foram redobrados. Já na crise de 2008, as bolsas de valores desabaram mundo afora. Muita gente perdeu fortunas no mercado acionário. Consequentemente, a busca por investimentos mais seguros e assessoria financeira de qualidade ganhou força.

Adversidades alteram as prioridades de consumo da sociedade. Na StartSe, não havia lógica em oferecer educação presencial se a pandemia motivava a compra de cursos a distância. Na XP, não fazia sentido focar 100% na bolsa de valores se os clientes buscavam produtos mais conservadores. Seria um tiro no pé. Se tivéssemos feito isso, não teríamos obtido o fôlego financeiro necessário para cruzar a tempestade. Possivelmente, essas duas crises teriam levado ambas as empresas embora. Assim, ser capaz de *follow the money* permite não só reconstruir suas entregas e se manter relevante às pessoas em tempos difíceis, como também aumentar suas chances de sobreviver ao temporal.

4) OLHAR O QUE ESTÁ POR VIR

Em momentos de crise, mais vale olhar o que está por vir do que proteger o que você tem. Adversidades tornam menos demandado o que a maioria das

SUA CABEÇA, SEUS LIMITES

companhias oferece. Você já leu isso antes. Então, não há razão para erguer um muro e proteger suas soluções quando pouca gente se interessa por elas. É imprudência agir assim. Nessas situações, olhe para a frente. Dê ao futuro mais créditos que ao passado.

No caos de 2008, com o mercado financeiro acumulando perdas avassaladoras, os países anunciando pacotes de ajuda para salvar suas economias e os meios de comunicação compartilhando toneladas de notícias negativas, as pessoas não só se afastaram das aplicações de risco, como também passaram a exigir um olhar muito mais amplo sobre seus investimentos, um aconselhamento bem mais profundo sobre suas finanças – e não apenas uma indicação para comprar ou vender ações.

Claramente, "seguir o dinheiro" nos levava a esse caminho. Fomos, então, para o mundo. Queríamos saber o que empresas como a nossa fizeram em adversidades passadas. Na época, conhecemos a Charles Schwab, um ícone da indústria financeira americana.[27] Rapidamente, nos espelhamos nela. Tornamos a XP um "shopping de investimentos". Começamos a oferecer inúmeros produtos além de ações. Não só nossos, mas de outras instituições também. Por meio da sua conta na XP, os clientes passaram a investir em soluções de diversas marcas e bancos, algo inédito no Brasil até então.

Treinamos o time. Capacitamos a força de trabalho. O profissional que antes era corretor de ações e só falava de bolsa de valores virou assessor financeiro e passou a oferecer um escopo de serviços bem mais abrangente. A interação com as pessoas evoluiu, e começamos a gerenciar toda a vida financeira delas. Dos investimentos atuais à aposentadoria. Das reservas para pagar a faculdade dos filhos ao planejamento sucessório e patrimonial. Não gastamos energia blindando a XP que existia antes da crise, bastante afetada com o agravamento dela. Ampliamos o entendimento sobre o nosso próprio negócio, identificamos as novas exigências dos clientes e trabalhamos nessa direção.

Na StartSe, com os cursos presenciais suspensos pela covid-19, ficamos praticamente sem produtos. Tínhamos pouco a oferecer enquanto negócio. Proteger isso seria suicídio. Nossa sobrevivência dependia de mudanças. Junior

AS ADVERSIDADES REPRESENTAM A FUNDAÇÃO DA SUA CARREIRA.

SUA CABEÇA, SEUS LIMITES

Borneli, fundador da empresa, compartilhou com o time que precisávamos encontrar o nosso "álcool em gel". Ou seja, algo que fosse tão desejado como o álcool em gel era naquele momento de pandemia. Para alcançarmos isso, tudo apontava para o ensino a distância, e o Re.StartSe foi a nossa escola – como já falei antes. A partir dele, lançamos cursos por videoconferência, workshops pela internet e diferentes soluções de *e-learning*. Algumas funcionaram, outras não. Enfim, começamos a faturar novamente.

Como as aulas do Re.StartSe eram ao vivo, muita gente pedia a gravação para ver depois. Assim, lançamos o StartSe Prime: uma plataforma de educação on-line por assinatura. Com conteúdos de capacitação profissional para as pessoas assistirem a qualquer hora, atraiu 5 mil membros em três meses. Além disso, empresas começaram a assiná-la para seus funcionários. O PayPal – um dos maiores meios de pagamentos pela internet do mundo – foi uma delas.[28]

Queríamos nos diferenciar. Para isso, desenvolvemos um ambiente 100% digital para as nossas conferências, tudo feito em casa pelo time interno. Colocamos a experiência dos eventos presenciais dentro do mundo on-line. Além de assistir às palestras, por exemplo, os participantes podiam andar virtualmente por uma feira de negócios, conversar com expositores, fazer networking e muito mais. Na estreia, tivemos 45 mil alunos em um evento de varejo. Depois, 350 mil no Silicon Valley Web Conference, que trata das inovações criadas pelo Vale do Silício. Não demorou para sermos procurados por outras empresas que queriam usar essa tecnologia também.

Viu quanta coisa fizemos? Na normalidade, nada disso aconteceria em tão pouco tempo. Adversidades têm o poder de nos fortalecer. Tanto que, quatro meses depois de perder 98% da sua receita, a StartSe teve o melhor resultado da sua história. As recompensas de uma crise podem ser bastante positivas quando você se permite atacar em vez de apenas se defender.

Você não constrói uma empresa. Você constrói um time. E o time constrói a empresa. Essa foi a turma responsável por isso: Aline Milene, Amanda Krauss, Amanda Lopes, Ana Carolina Goes Machado, Ana Clara Cotrim Zuliani, André Lara, Andressa Rosa, Beatriz Vieira, Bruno Brunelli, Caio Giolo, Carlos Henrique, Caroline Dias, Caroline Oliveira, Cauê Machado,

Cláudia Backes, Cristiano Kruel, Eder Christian, Eduardo Glitz, Erick Jesus, Felipe Giannetti, Felipe Lamounier, Felipe Leal, Fernanda Bisso, Isabella Carvalho, Isabella Pugliesi, Jessica Crusco, Juliana Alencar, Julio Valerio Campos, Junior Borneli, Luan Oliveira, Luciano Schifino, Mafê, Marcela Nascimento, Marcelo Maisonnave, Marcelo Pimenta, Marcos Torres, Mariana Nery, Mateus Schaumloffel, Matheus Bellini, Nelson Nectoux, Pedro Englert, Pedro Lobel, Piero Franceschi, Rafael Peixoto, Renata Tomazeli, Renato Alves, Renato Martinez Costa, Rodrigo Freitas, Tainá Freitas, Thais Aquino, Theila Ribeiro, Thiago Barcelos, Tiago Maradei, Victor Hugo Bin, Victor Knewitz, Vinicius Vieira, Vinícius Weiler e Wilber Silva. Só feras.

4/10 Ps – PRIORIZAÇÃO

Se você está lendo *Desobedeça*, significa que a sua preocupação com o seu desenvolvimento profissional é enorme. E seja lá o que você faça ou pretende fazer, a sua felicidade é o que mais vale nessa Terra. Para mim, nada supera a força desse substantivo. Por essa razão, priorizo a "satisfação" que uma atividade proporciona antes de qualquer outra coisa. Antes – principalmente – de status, prestígio ou retorno financeiro. No começo do livro, falamos disso. Quanto mais satisfação um trabalho lhe dá, mais disposição você tem para acordar cedo, dormir tarde e se doar completamente a ele. Mais força há para questionar verdades, quebrar paradigmas e romper barreiras. Mais sede por conhecimento existe para aprender coisas novas, fazer descobertas e proporcionar experiências incríveis às pessoas. Quando algo lhe satisfaz, você se entrega de corpo e alma sem perceber, se dedica 100% sem notar. Não importa quanto já suou ou cansou. O comprometimento com as suas atividades passa a ser tão grande que quase nada é capaz de lhe parar.

Ao atingir esse nível de determinação com um trabalho, há mais chance de você virar referência no que faz e de o seu valor de mercado aumentar. Digamos, por exemplo, que você tem duas ofertas de emprego: a primeira

SUA CABEÇA, SEUS LIMITES

paga mais e não lhe satisfaz tanto, a segunda paga menos e lhe satisfaz muito. Se você perguntar o que eu faria, escolheria a segunda opção. Sem dúvida, colocaria todas as minhas fichas nela. A primeira até pode render um ganho financeiro maior. No entanto, por não lhe realizar no dia a dia, dificilmente lhe motivará. Além de essa falta de ânimo fazer de você um profissional comum, cujas ações e atitudes pouco surpreendem os demais, a sua importância ao negócio não será vital, e os seus aumentos salariais tenderão a ser tímidos. Já a segunda, pelo contrário, paga menos. Porém, a satisfação que ela gera em você acabará virando o seu combustível para buscar coisas novas, diferentes e ousadas, a sua faísca para conectar pontos desconexos, propor soluções criativas e impactar a companhia inteira. É esse comportamento que afasta alguém da normalidade, do habitual, do mediano. E, ao se distanciar da multidão, você não apenas se torna relevante à organização, mas também estabelece a contrapartida para a sua remuneração aumentar significativamente ao longo do tempo.

Se o retorno financeiro é a principal razão que conecta você a um trabalho, desistir passa a ser uma das primeiras escolhas quando um revés lhe atinge e diminui os seus ganhos. Afinal, para quem só trabalha por dinheiro, trocar de ocupação e continuar recebendo a mesma coisa é muito mais recompensador do que viver épocas de vacas magras. Na ausência de uma motivação maior, sua atividade profissional vira um peso nas costas e "carregar" esse ou aquele peso se torna indiferente.

Assim, investir seu tempo em tarefas que lhe realizam é um requisito essencial para construir carreiras bem-sucedidas. Ao fazer algo de que gosta, um emprego não parece "emprego", uma empreitada não parece "empreitada". Não é difícil trabalhar duro quando a sua exaustão lhe dá prazer e o seu cansaço lhe motiva. Se você reclama de tudo e odeia o que faz, me parece bastante prudente que uma fração do seu tempo seja dedicada à solução disso. A conversa que você precisa ter é com o seu próprio "eu". Há coisas que podemos controlar, coisas que não. E a sua situação profissional atual é puro reflexo dos seus atos. Respeito quem não pensa assim e prefere culpar o mundo pela vida que tem. Mas sejamos práticos. Dá para aceitar uma realidade ou se empenhar para evoluir. Dá para procrastinar uma mudança ou se esforçar para agir. Dá para lamentar uma adversidade ou se comprometer a melhorá-la, assim como os jovens de Indiaroba fizeram. Você é responsável pelas suas conquistas ou pela falta delas. Incriminar os outros não lhe ajuda em nada. Aproveite todos os recursos disponíveis hoje e faça algo para si. Certamente, você é muito mais forte que as suas melhores desculpas.

Uma vez que já exploramos a importância da satisfação para o seu desenvolvimento profissional, agora é possível falar sobre o quarto dos 10 Ps deste livro. No Capítulo 3, você aprendeu um jeito simples de identificar as suas principais competências, aquelas que o mercado mais valoriza em você. Por meio de uma pesquisa – que é o terceiro "P" – os seus grandes diferenciais são identificados sob a ótica do mercado, e não a sua.

No entanto, como você leu anteriormente, não dá para ser mais ou menos em tudo e ótimo em nada. O mundo atual privilegia quem é fora da curva em alguma coisa. Isso constrói autoridade. Quando um indivíduo é referência máxima em um, dois ou três talentos, e não só bom em uma dúzia, suas chances de diferenciação aumentam. Afinal, nossa força de trabalho é uma grande média, e alcançar nota 7 no que se faz é o padrão.

A pesquisa – o terceiro dos 10 Ps – apresenta uma lista com inúmeras qualidades que as pessoas admiram em você. Não duas ou três, mas várias. Logo, é preciso decidir em quais delas você investirá seus estudos para dominá-las profundamente. Contudo, você pode estar se perguntando: "Como escolher, entre essas competências, aquelas em que vou me especializar? As que eu irei melhorar? As que serão aperfeiçoadas por mim?". É aí que surge o "P" da priorização.

Com as habilidades classificadas pelo total de vezes que apareceram na pesquisa, do maior ao menor número, passei a considerar também o quanto elas me satisfazem. Para isso, dei uma nota entre 0 e 10 a cada uma delas, sendo 0 para representar algo que não me satisfaz e 10 para algo que me realiza plenamente. Comunicação, no meu caso, foi o item mais citado. Dezoito dos vinte entrevistados o mencionaram. Como falar, palestrar e me expressar de várias formas geram enorme felicidade em mim, atribuí nota 9 a isso.

SUA CABEÇA, SEUS LIMITES

Na sequência, veio a capacidade de inspirar pessoas, com dezesseis aparições. Nada me realiza tanto quanto saber que o meu trabalho motivou alguém a fazer alguma coisa. Logo, minha nota foi 10. Repeti esse exercício, então, até a competência menos indicada pelos indivíduos com quem conversei.

Depois, elaborei uma matriz simples. O eixo vertical mostra quantas vezes as habilidades apareceram na pesquisa. O eixo horizontal, o quanto elas me satisfazem.

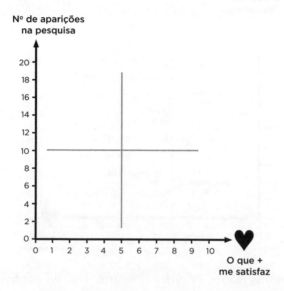

Com base nos números que eu tinha, tanto da pesquisa quanto da satisfação, inseri esses atributos no gráfico, um a um. Comunicação: 18 na vertical por 9 na horizontal. Inspiração: 16 por 10. Empreendedorismo, carreira e negócios: 14 por 8. E assim por diante.

Ao completar essa tarefa, a matriz destacou as competências que combinam maior reconhecimento social (com mais aparições na pesquisa) e maior satisfação pessoal (com as melhores notas). É nelas que seu esforço deve ser empregado. Essas são as habilidades a serem aperfeiçoadas. Ao priorizar atividades valorizadas pela sociedade e que geram realização em você, a tão sonhada felicidade pode ser encontrada em trabalhos vistos com excelência pelos outros onde o seu desempenho já é superior. Por que isso é importante?

Porque ao ser capaz de usar essa excelência para resolver um problema, você cria as condições para as pessoas não só consumirem seus produtos e serviços, mas também pagarem muito bem por eles. Quando uma dificuldade real, que muita gente enfrenta, é solucionada com entregas incríveis por profissionais com autoridade no mercado, boa parte das objeções dos clientes cai por terra. Os próximos Ps vão mostrar como construir isso.

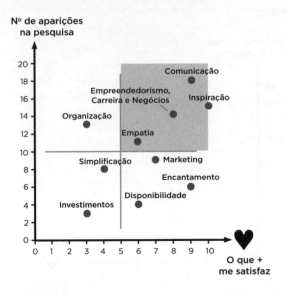

Olhe a minha matriz. Priorizei os quatro itens do quadrante superior direito. Como não encontrei uma maneira de trabalhar isoladamente a inspiração, uni esse elemento à comunicação. Para mim, fala, escrita e outras formas de expressão são ferramentas para inspirar as pessoas. Assim, o quarto dos 10 Ps definiu as três habilidades que eu passei a focar:

1. Comunicação e inspiração;
2. Empreendedorismo, carreira e negócios;
3. Empatia.

Observe, por exemplo, que organização foi o quarto item mais citado na pesquisa. Porém, por não me realizar tanto, ficou de fora. Já empatia,

SUA CABEÇA, SEUS LIMITES

mencionada menos vezes, entrou por me agradar mais. O importante é casar os dois eixos: as competências selecionadas precisam ter alto valor de mercado e gerar alta satisfação. Já expliquei o porquê disso antes. Veja outro caso: o do encantamento. Ele está ligado à criação de experiências e momentos marcantes com o objetivo de emocionar e mexer com o sentimento das pessoas. Já fiz muito isso, principalmente em eventos. Gosto de colocar a minha criatividade nessas coisas. No entanto, pouca gente valorizou essa aptidão, e ela também ficou de fora.

Agora que você já entendeu a dinâmica da matriz, é hora de montar a sua. Pegue a pesquisa feita por você no capítulo anterior e siga os passos aqui descritos para construir o seu gráfico. Selecione os três itens da grade que combinam o maior número de aparições nas entrevistas e a maior nota de satisfação. Eles estarão posicionados no canto superior direito. Se não conseguir escolher três, escolha, no máximo, quatro. No fim, veja se eles fazem sentido para você ou se é preciso juntar uns com os outros, como eu fiz. Depois de concluir isso, bata o martelo e vá para o capítulo seguinte. O "P" da preparação vai mostrar como é possível se capacitar nos dias de hoje para virar autoridade nessas habilidades priorizadas.

E volto a lembrar... Admiro a sua felicidade mais do que qualquer coisa no mundo. Se você está intimamente conectado a um trabalho simples e corriqueiro, seja ele qual for, que lhe paga um salário digno e lhe permite viver da forma que gosta... Se os seus maiores objetivos giram em torno do futebol com os amigos, do churrasco na praia ou dos programas de TV, e você é extremamente feliz com isso... O que há de errado? A sua felicidade é o ápice. Essa é a única coisa que importa para mim. Apesar de acreditar que seu mundo e suas preocupações podem ser bem maiores, respeito suas escolhas. Em contrapartida, se você deseja evoluir o que faz e colocar mais felicidade em sua vida profissional... Se você busca uma carreira mais sólida e rentável, com maiores possibilidades, nesse ambiente altamente competitivo em que vivemos hoje, as próximas páginas deste livro vão lhe dar ainda mais ferramentas para isso.

VOCÊ É MUITO MAIS FORTE QUE AS SUAS MELHORES DESCULPAS.

SUA CABEÇA, SEUS LIMITES

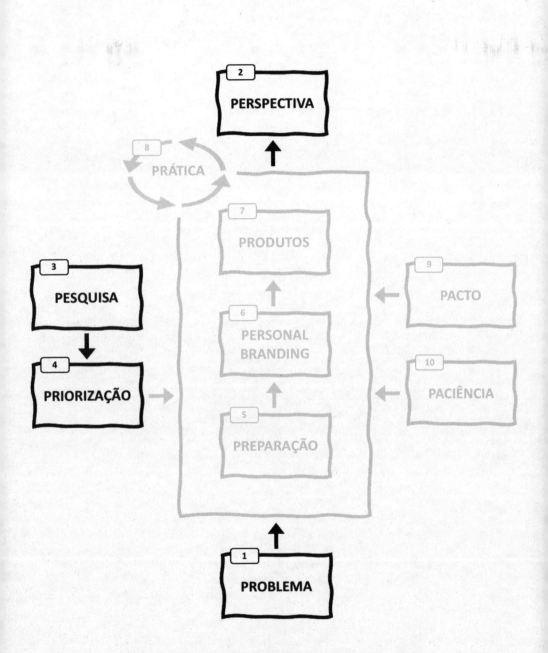

10 Ps: até aqui, você já leu quatro deles.

VO SALTIEL GUSTAVO SISANT GUSTAVO VINÍCIUS FERNANDES SILVA GUTEMBERG SILVA DOS SANTOS HALISSON PEREIRA FERMINO HALPH DINIZ PENTEADO HARLEM SANDRO TREVISAN HAROLDO BARBOSA LEITE HAYANA DA SILVA RODRIGUES HAYO COHEN HECTOR FELIPE CABRAL HEINZ ROTH HEITOR JORGE LUIZ SINHA HEITOR PETRUCCI PACHECO FLORES HELCLER GUTENBERG APARECIDO DOS SANTOS HELDER GALVÃO HELDER ROCHA FIGUEIREDO HELEN BRUNA DOS SANTOS CORRÊA HELEN COSTA BRITO HELENA HERDEIRO DE OLIVEIRA HELIMARI LUCIANNE SÁ DE SOUZA HÉLIO SOARES COSTA HELLEN COSTA ARANTES HELOISA DE ALMEIDA RAMOS NUNES HELOISA ZANDONA BARATO HELOIZA D'AGOSTINI AITA HELUANE HETHIELEM RIBEIRO HENRIQUE ALEXANDRE FERREIRA FERNANDES HENRIQUE DE FRANÇA CAVALCANTI HENRIQUE DOS SANTOS HENRIQUE FRANCO QUEIROZ HENRIQUE LAHR SACILOTTO HENRIQUE MANSUR DIAS HENRIQUE MASCA HENRIQUE SCHIMMELPFENG HERBERT LEVY HERBERT OLIVEIRA GUIMARÃES HÉRCULES LOPES DA SILVA HERMANN CLAY DE ALMEIDA LEITE HERSON GOMES DA CRUZ HIGOR LOPES MONTEIRO HITALO DOS SANTOS LARA HOJANA LÜDTKE DIEHL HORACIO KABBALAH HORST BÖCKLER JÚNIOR HUDSON DE OLIVEIRA VASCONCELOS HÚDSON OLIVEIRA HUDSON SABATA SANTOS DE MOURA HUGO ALVES DE SOUZA HUGO FONTES HUGO MARQUES OLIVEIRA HUGO RICARDO PIZZINI HUGO ROCA HUMBERTO CERQUEIRA GOBATTO I'VY DOS SANTOS PASSOS DE CASTRO IAGO GOMES IAN MOREIRA MAGALHÃES SOUSA IAN PALANOWSKI IANNARA SATURNINO DE MELO IARON AIRES CAVALCANTE IÊDA ALANA LEITE DE SOUSA IEDA CHRISTINA GUILHERMANO DE MELLO IEDA MARA LEITE ANBAR IGO PEREIRA BARROS IGOR ALVES LINO IGOR BENEVENUTO IGOR CAMPANI KLINGER IGOR DAMASCENO ASSUNÇÃO ARAÚJO IGOR DAMASCENO DI BUCCIO IGOR DANIEL TOLEDO CAMPOS IGOR DOS SANTOS REIS PELEGRINI IGOR FERREIRA ARANTES ÍGOR LINDEMAIER CAVALHEIRO IGOR RADUAN DE ALMEIDA GALHARDO IGOR SILVA DA SILVA IGOR SIMÕES HOSKEN ILDEU FANTINI JR INAIARA MILAGRES CARNEIRO DE SÁ INARA ESTEVAM DA SILVA INGRID BORGES INGRID NASCIMENTO ABREU INGRID REGGIANI VIDAL IRLEN LEAL BENCHIMOL ISAAC ATAÍDES LIMA ISABEL CRISTINA SILVA ISABELLA BARBOSA DA SILVA ISABELLA CUNHA ISABELLA MARQUES ISABELLA SILVEIRA DE OLIVEIRA ISABELLE FREEHAND ISAQUE MIRANDA ISIS GRAZIELE DA SILVA ISIS LUDIANE COSTA RODRIGUES ÍSIS PIRES MORARI ISMAEL DIAS DA SILVA ISMAR ANTONIO SCHWARTZ JUNIOR ISRAEL B DE ALMEIDA JUNIOR ISRAEL INÁCIO DA SILVA ITALO GARCIA MACIEL ÍTALO GUEDES ITALO ROGERIO ARNAUD REINALDO IURY ANDRADE MELO IVAN ANDRADE IVANA NOVAES CAROSO IVANCI MACIEL IVETE FABIANE DRAGO JACINTO LONGEN IVO DICKMANN IVONEI TREZENA SILVEIRA IZA PIANA IZABELLA ANGOTI IZABELLA SOUTO LIMA IZABOR DOLORES CRUZ GOMES DA ROSA JACKELINE DE AZEVEDO JACKES ANTÔNIO DA SILVA JACOBO DE CAL JACOBO DE CAL JACQUELINE LAMEZA JACQUELINE PARRA MUNGO JADE DE MELLO JADER FABIANO BATISTA MARQUES JADERSON ZUANAZZI JADSON DOS SANTOS SILVA JAFLETE RAQUEL FERREIRA PEREIRA JAIME DE LACERDA ROSA JAIME NETO JAIR DE OLIVEIRA JAIRO OBERZINNER JAKELINE JANUARIA G. DE SOUZA JAMILE ASSIS BAZAN DUARTE JANAINA CAMARGO SANTANA DA ROCHA JANAÍNA FLOR DE LELES JANAÍNA LIMA GUIMARÃES JANAÍNA LOPES MEDINA JANAÍNA LOUISE CRUZ RODRIGUES JANARA SILVA XIMENES MOURA DE OLIVEIRA JANILSON PEREIRA DOS SANTOS JANNIS SIMÕES-SEYMENS JAQUELINE BECKER JAQUELINE DA SILVA CERES JAQUELINE DEON BASSO JAQUELINE DEVENZ JARDEL COSTA DA SILVA JARDEL DA SILVA SANTOS JAZIEL ROSA GONCALVES JEAN FELIPE CALIL PERES JEAN FERRARI JEAN FUCHS JEAN HENRIQUE DE OLIVEIRA JEAN PETRI JEAN SANDRO PEDROSO JEAN-LUCA BERNARDI JECY NOGUEIRA DOS SANTOS JUNIOR JED CLEVYSON WANDERSON GOMES JEFERSON ALVES DA COSTA JEFERSON CANESSO JÉFERSON DAL' CASTEL JEFERSON DE SOUZA ALVES FERREIRA JEFERSON EDUARDO CORRÊA JEFERSON MACHADO DA SILVA JEFERSON MARQUES DOS SANTOS JEFFER STIGERT JEFFERSON DE SOUSA JEFFERSON SATURNINO DA SILVA JEISON LION JEOVANNE VALOIZ JERONIMO PINOTTI ROVEDA JERUSA BETINA

SCHROEDER JÉSSICA BARBOSA DA SILVA JÉSSICA BRENDA GUIMARÃES FERREIRA JÉSSICA CAVALCANTE DE LIMA JÉSSICA CORREIA PEREIRA JÉSSICA DOMINGUES JESSICA GHELFI JÉSSICA HEINECK JÉSSICA INÁCIA DE SOUZA SILVA JÉSSICA MÁRCIA RIBEIRO JESSICA ROCHA VIEIRA JÉSSICA ROMEIRO MOTA JÉSSICA SILVA FERNANDES JESSICA SPERATTI JÉSSICA SUDÁRIO JÉSSIKA RODRIGUES DE SOUSA JHENIFFER THIOKY REIS CAMPOS JHONY VAGNER JOABE DA SILVA JOABE SUTIL DE OLIVEIRA JOACIR SOUZA RAMOS JÚNIOR JOALDO VIEIRA JUNIOR JOANA DOS SANTOS DIAS MACEDO JOANDRA CARLA MACHADO COUTO JOANNA VALERIO BRETAS JOÃO ANTÔNIO GREGOSKI KAZMIRSKI JOÃO BAPTISTA JOAO BARROS DE OLIVEIRA JUNIOR JOÃO BATISTA SOARES PRUDENCIO JOÃO BOLZONI JOÃO CARLOS DE PELLEGRIN DE SOUZA JOÃO CARLOS FABRO JOÃO CARLOS FIRMINO DA SILVA JOÃO CORREIA DE LIMA NETO JOÃO DE DEUS DA SILVA NETO JOAO FRANCISCO SANTANA OLIVEIRA JOÃO GABRIEL RABELO FIRMINO JOÃO GUILHERME SCHMITT MULLER JOÃO GUSTAVO SILVA JOÃO GUSTAVO VALLIM VIEIRA JOÃO HENRIQUE DA SILVA JOÃO KLEBER GONÇALVES SETUBAL JOÃO LÁZARO DA SILVA MIRANDA JOÃO LOURENÇO DA SILVA JUNIOR JOÃO MANOEL LOGEMANN DE ALMEIDA JOÃO MANOEL SANTOS ANDRADE JOÃO MOURA JOÃO NELSON DA SILVA DONADELLO JOÃO NORBERTO DA SILVA JÚNIOR JOÃO PAULO DOMINGOS MOREIRA JOÃO PAULO MOREIRA RABELO JOÃO PAULO SORRATINI JOÃO PEDRO MIRANDA MATOS JOÃO PEDRO MIRANDA VAZ JOÃO RICARDO DOS SANTOS JOÃO ROBERTO CLAPIS JOÃO RODRIGO DE PAULA JOÃO RODRIGO LOPES SOUTO JOÃO TEIXEIRA DE MORAIS NETO JOÃO VÍCTOR CARVALHO VAZ E SILVA JOÃO VICTOR SILVA SOARES JOÃO VICTOR SILVEIRA MACEDO JOÃO VINICIUS DA CRUZ SOUSA JOÃO VITOR DE MAGALHÃES VILAS BOAS REIS JOÃO VITOR OSELAME JOAQUIM FACCHINI RAIMUNDO JOAQUIM VENANCIO JOBSON HENRIQUE SANTOS MACHADO JOCENI FORTKAMP JOCKTANIA GONCALVES DE SOUSA AQUINO JOELMA BATISTA DA SILVA JOHANN NOGUEIRA DANTAS JOHN SILVA JOHN TADAYUKI SATO JOHN VICTOR ALVES LUIZ JOHNNY MOTA PEREIRA JOICE BUTZKE REX JONAS DA SILVA DE VASCONCELOS JONAS GUERRA JONAS PEREIRA DA ROSA JONAS VIEIRA JONATAN RODRIGO KELLER GOETTEMS JONATAS COMPARIN ARALDI JONATHA BAPTISTA JONATHAN HARDER NEUFELD JONATHAN ROQUE MENDES DE SOUZA ONHATA STARRELLS DE OLIVEIRA LIMA SANTIAGO JONIEL ROCHA JONATHAN JONATHAS DATANA DA COSTA LOUREIRO JORDANA GARCIA DE OLIVEIRA JORDANE SALING KROHN JORGE ABREU NASCIMENTO JUNIOR JORGE ALEX FONSECA JORGE AMERICO MARFIM STAKOWIAK JORGE FERNANDO BRANDA SUBIABRE JORGE LUIZ BOTREL JUNIOR JORGE SILVA JOSANI GOULART RODRIGUES DE BARROS JOSÉ ALBERTO ARAUJO DE MORAIS JÚNIOR JOSÉ ALMIR MARIANO FIGUEIREDO JÚNIOR JOSÉ ALYSSON MIRANDA LÉO JOSÉ ANTÔNIO DA SILVA CALIXTO JOSÉ AUGUSTO FERNANDES DA SILVA JOSÉ AUGUSTO WANICK FILHO JOSÉ CARLOS DE CONCEIÇÃO MENEZES JOSÉ EDUARDO AZARITE JOSÉ EDUARDO DE ALMEIDA PIRES FILHO JOSÉ GERVÁSIO BARBOSA CORDEIRO NETO JOSÉ GOMES IBIAPINA FILHO JOSÉ GUILHERME FRANCO JOSÉ HÉLIO DE ARAUJO JUNIOR JOSÉ JORGE JOSÉ LEONCIO NETO JOSÉ LUCAS PAULINO "JOSÉ LUIS ""NINO"" DALLA COSTA" JOSÉ LUIZ ALVES PEREIRA JOSÉ LUIZ HAUBERT JOSE LUIZ LEONARDOS JOSÉ MARIA FREIRE ALMEIDA JOSÉ RÉGIS TEIXEIRA JOSÉ RENATO DE OLIVEIRA JOSE RICARDO PACHECO DA SILVA JOSE ROBERTO DE LAZARI JOSÉ ROBERTO LAURINDO SILVA JOSÉ ROQUE PEREIRA DOS SANTOS JOSÉ SIDNEI SILVEIRA JÚNIOR JOSÉ WILLAS DA SILVA JOSÉ WILLIAN DOS SANTOS JUNIOR JOSEANA PIRES WILTGEN JOSEANE BORGES DE AGUIAR JOSEANE CAMILO VIEIRA JOSIANE PEREIRA ASSIS DA ROSA JOSIE ALMEIDA JOSIELE BIANCHI JOSUÉ LISBOA DA SILVA JOVENILDO CARVALHO JOYCE CALDAS FRANCO JOYCE VITÓRIA MELLO DOS SANTOS DE OLIVEIRA JOZELIA PEREIRA JOZEMAR DE SOUZA JUAN CARLOS GERMANO JUAREZ FIGUEIREDO DE CAMARGO JUAREZ PEREIRA DE ARAÚJO JUCELI CÉLIA ADAMATTI JUCINEIDE LESSA DE CARVALHO JÚLIA JACINTO OLIVEIRA JÚLIA MELO DO VALE JÚLIA PETKOWICZ JULIA VERENA MICHELINI ABDALLA JULIA XAVIER JULIANA ALENCAR JULIANA ANTUNES MACHA

5
AUTODIDATA IMPLACÁVEL

AUTODIDATA IMPLACÁVEL

APRENDER POR CONTA PRÓPRIA

Tudo hoje se torna obsoleto mais rápido. Se você leu *Desobedeça* até aqui sem pular várias páginas, a sua consciência já sabe disso. Segundo a Deloitte, uma das grandes consultorias empresariais do mundo, a meia-vida de uma competência é de cinco anos nos dias de hoje.[28] Ou seja, o conhecimento que adquirimos agora perderá metade da sua importância em meia década. Esse é o conceito de meia-vida. Logo, buscar capacitação se tornou inevitável.

Ao mesmo tempo, nunca tivemos tanto acesso a informação, tantas formas de nos capacitarmos. Atualmente, com dez minutos de pesquisa na internet e um pouco de calma, qualquer pessoa pode ser exposta aos conteúdos mais densos e profundos que existem sobre os temas de seu interesse. A maioria, inclusive, de graça. Não há mais por que esperar um curso, uma certificação ou um MBA para se tornar alguém melhor. Você pode melhorar hoje mesmo, neste exato momento e instante. Com o planeta progredindo em alta velocidade, a educação é o único antídoto capaz de combater os efeitos das atuais transformações. E ser um eterno aprendiz, um autodidata implacável, se tornou essencial para qualquer sujeito evoluir na vida. Como disse Alvin Toffler, um dos maiores pensadores da era moderna, "os analfabetos deste século não são os indivíduos que não sabem ler ou escrever, mas os incapazes de aprender, desaprender e aprender de novo".[30]

DESOBEDEÇA: A SUA CARREIRA PEDE MAIS

Essa conversa não é romântica. A inovação transforma as coisas desde sempre. Sejamos práticos... Algumas pessoas até podem chorar por você quando algo desafia o seu emprego. Quando uma novidade torna o seu trabalho obsoleto. Entretanto, a verdade é que a vida continua. Essa é a real. A sociedade não vai se lamentar pela sua dificuldade. E a pequena parcela que se lamentará não o fará por muito tempo. Independentemente da sua ocupação, eu tenho convicção do seu entendimento – raso ou profundo – sobre as tendências que impactam o seu futuro. Sobre as novas tecnologias que vão lhe afetar. O ponto é o seguinte: você pode levar isso a sério e começar a se capacitar hoje para enfrentar os desafios que estão por vir. Ou você pode não fazer nada. Essa decisão é sua. Ninguém a tomará por você.

Em geral, somos condicionados a entender "educação" como um termo exclusivo a escolas, faculdades e instituições acadêmicas. Na verdade, o que esses lugares oferecem é apenas um tipo de educação – no entanto, não o único. O mundo atual disponibiliza infinitas formas de buscarmos instrução e aprendermos algo. Afinal, leitor e leitora, estamos no século XXI. Faz tempo que o monopólio do conhecimento não é mais das universidades. Assim como o da hospedagem não é mais dos hotéis, o da música não é mais das gravadoras, o dos filmes não é mais de Hollywood, o da informação não é mais das grandes mídias, o do transporte individual de passageiros não é mais dos táxis... Os avanços tecnológicos deram acesso ao que era restrito, democratizaram o que era caro. Em breve, a melhor educação disponível na Terra será entregue massivamente por meio da tecnologia. E quando isso acontecer, o ensino oferecido aos bilionários terá a mesma qualidade do oferecido aos cidadãos mais pobres do planeta.

Isso pode parecer loucura, mas não é. Veja o meu caso. Trabalho com educação. Meu produto chama-se conhecimento. Preparo profissionais e negócios para prosperarem nesse mundo extraordinariamente dinâmico no qual vivemos hoje. No fim do dia, sou remunerado por isso. Sendo honesto com você, assim como sou honesto com quem paga pelos meus serviços, boa parte dos conteúdos que ofereço são commodities. Ou seja, com uma dose extra de paciência para procurá-los na internet, cedo ou tarde você vai

A EDUCAÇÃO É O ÚNICO ANTÍDOTO CAPAZ DE COMBATER OS EFEITOS DAS ATUAIS TRANSFORMAÇÕES.

encontrá-los sem gastar nada. Tenho humildade para reconhecer isso. Só o seu celular, sozinho, lhe dá mais respostas do que a sua capacidade de processá-las ao longo da vida. Toda e qualquer informação deste planeta está se tornando disponível de uma forma sem precedentes.

Assim, ao construir um projeto, sempre se questione: "O que irei proporcionar aos meus clientes além do que é commodity? O que justifica eles pagarem pela minha solução?". Não é justo cobrar pelo que as pessoas já obtêm gratuitamente. Por isso, quando desenvolvo alguma coisa, invisto energia para potencializar o que é pouco acessível no dia a dia. Nos cursos da StartSe no Vale do Silício, por exemplo, temos uma plataforma de *networking* para os alunos se conhecerem antes de as aulas começarem, um sistema para identificar e aproximar quem tem interesses mútuos, dinâmicas em grupo para cada participante expor suas dificuldades e receber insights coletivos, práticas para conectar startups locais aos membros da turma, atividades imersivas nas empresas da região... Além das inúmeras experiências educacionais promovidas em nossa sede. Isso não só nos diferencia, como também promove entregas exclusivas – difíceis de serem consumidas de outra maneira – que nos deixam confortáveis em cobrar por elas. Afinal, sei que elas não existem *for free* por aí.

Algumas profissões exigem que você tenha diploma para que possa exercê-las, como medicina, engenharia e direito. Outras não. A força do hábito faz você concluir que um indivíduo formado em Administração por uma boa universidade é mais preparado que alguém formado "pela vida", que aprendeu a gerir seus negócios por vias não formais. Entretanto, dá mesmo para afirmar isso? É possível chegar a essa conclusão? Seus paradigmas provavelmente respondem que sim. A realidade responde que não. Estudar não significa fazer cursos ou receber diplomas. Estudar significa obter conhecimento. Ouvir um *podcast* é estudar. Ver um vídeo no YouTube é estudar. Pesquisar no Google é estudar. O mundo exterior à academia, com ilimitadas fontes de consulta revisadas em tempo real, se tornou bem mais atual que o interior dela.

Não questiono a educação superior. De forma alguma. As universidades constituem um dos pilares da formação humana. Questiono o modelo. No próprio curso que fiz entre 2015 e 2016 em UC Berkeley,[31] universidade

AUTODIDATA IMPLACÁVEL

localizada no Vale do Silício, escutei reflexões de professores sobre o seu tradicional formato de ensino. Mesmo fundada em 1868 e com enorme prestígio global, muitos falavam: "Não dá para ver essa revolução ocorrer em várias indústrias e achar que conosco será diferente". O conhecimento, antes restrito às faculdades, hoje está disponível para qualquer pessoa, a qualquer momento e em qualquer lugar. Basta estar on-line. O mercado de trabalho não será mais guiado por títulos acadêmicos. Em muitos setores, já não é. Será guiado por competências. Diplomas, na verdade, são atestados vitalícios para determinados conjuntos de habilidades. Além de criarem uma falsa sensação de segurança, perpetuam a ilusão de que as aptidões exigidas por um ofício são estáticas, quando efetivamente não são.

Desenvolver uma carreira virou uma jornada contínua e única para cada indivíduo. Logo, se você quer gerenciar esse percurso, é preciso aprender a aprender. Ou seja, dominar a arte de se capacitar por conta própria. Nos dias de hoje, a sua sobrevivência depende de como você adquire novos conhecimentos e os encaixa em sua vida profissional. Em 2020, durante um evento da StartSe, conversei com Marc Tarpenning,[32] co-fundador da Tesla, uma das mais valiosas montadoras de veículos do planeta. Como havia grande presença de jovens na audiência, perguntei: "Marc, o que você diria para alguém em início de carreira?". Sua resposta foi: "As pessoas devem praticar o hábito de serem *lifelong learners*". De serem eternas aprendizes. De conseguirem "hackear" as próprias experiências ininterruptamente para enfrentar essa realidade cada vez mais imprevisível.

É por isso que a graduação – o principal produto das universidades – não deveria ter início, meio e fim. Pelo contrário... Deveria ser interminável. Vejo mais relevância nessas instituições entregando serviços permanentes de ensino ao longo da vida do que cursos com aproximadamente quatro anos de duração. Afinal, quando alguém se forma, boa parte do aprendizado dos primeiros semestres já virou pó. Isso não é uma crítica. É a realidade. Um programador de sistemas, por exemplo. Você acha possível que ele estude pelas vias formais hoje em dia? É quase impraticável. Além de não acompanharem a velocidade do setor, as faculdades não foram construídas para ensinar algo

DESOBEDEÇA: A SUA CARREIRA PEDE MAIS

tão dinâmico. E veja que esse profissional é um dos mais requisitados no mundo atual, segundo a empresa global de recrutamento e seleção Michael Page.[33] Infelizmente, a capacidade da educação tradicional de atender às necessidades dessa turma é cada vez menor.

Em 2019, recebi médicos em um programa da StartSe no Vale do Silício.[34] Entre eles, radiologistas, que passam boa parte do tempo analisando raios-x e realizando diagnósticos por imagem. Quando perguntei por que tinham nos procurado, responderam mais ou menos assim: "A tecnologia fará o nosso trabalho de forma mais rápida, precisa e barata. Temos que nos reinventar. Quando nos formamos, não imaginávamos que nosso know-how, aprendido em um curso caro, difícil e concorrido, poderia se tornar ultrapassado". Não passava pela cabeça das instituições acadêmicas, na distante época da sua criação, quando o conhecimento que ensinavam valia para toda a vida, que seus graduados precisariam se atualizar um dia.

Em 1992, Bill Clinton – então candidato à presidência americana – declarou que, ao simplesmente "trabalhar duro e seguir as regras", você seria capaz de progredir, ter uma boa vida e preparar o caminho para seus filhos terem uma ainda melhor.[35] A mensagem é positiva e certamente impactou muitos eleitores. Infelizmente, porém, está desatualizada. Em 1992, a internet apenas começava, pouca gente tinha e-mail, e as enciclopédias ainda eram usadas como principal fonte nas pesquisas. Vivíamos em um sistema fechado, em um mundo entre quatro paredes, anterior à globalização e à tecnologia que transformou os negócios. O trabalho remoto era raridade, e muitas pessoas passavam a vida inteira em um único emprego.

Esse mundo acabou. As coisas mudaram. Inclusive, os requisitos para progredir. Hoje, você deve estar em constante adaptação, se desapegando continuamente das "regras" velhas e aceitando as novas. Isso exige não apenas questionar como as coisas funcionam, mas também desafiar antigos paradigmas e reaprender o que passa a ser importante em seu trabalho à medida que as coisas evoluem.

Assim, em função das limitações do ensino tradicional, da velocidade das atuais transformações e do volume imensurável de informações dispo-

AUTODIDATA IMPLACÁVEL

níveis hoje na ponta dos dedos, a aprendizagem autodirigida passou a ser uma das principais virtudes que diferencia as pessoas. A ciência mais atual é aquela que você adquire sem esperar. Essa característica separa precursores de seguidores, pioneiros de conformados. É por isso que muitas pessoas bem-sucedidas nunca foram à escola. Ou desistiram no meio do caminho. Essa turma aprende sozinha. Não precisa de ninguém. É disso que você deve se alimentar. Desse hábito de ser autodidata implacável, especialista em obter toneladas de conhecimento por si só.

Tão importante quanto trabalhar, cuidar do corpo e estar com a família é buscar capacitação por conta própria. Estudar estimula o questionamento, provoca o pensamento de ontem, desafia o modo atual de perceber as coisas. Faz você se abrir ao estranho, ao novo, ao diferente. Expande sua sabedoria, amadurece sua compreensão e fortalece suas armas para enfrentar as duras batalhas do cotidiano. Vá atrás de instrução todos os dias, sem preconceito sobre as vias pelas quais irá aprender. O importante não é se você aprendeu pelo Google ou por uma universidade, é se você aprendeu.

SE APROXIME DE QUEM VOCÊ ADMIRA

É impressionante o quanto podemos crescer ao interagir com outras pessoas. O ser humano é a melhor escola. Conhecer gente e criar novas conexões é uma ferramenta imprescindível para evoluir no trabalho e na vida. Seguramente, essa é uma das práticas que mais impulsiona a minha carreira.

No verão, muitos amigos me pedem sugestões de cursos e treinamentos. O objetivo deles é aproveitar as férias para ganhar conhecimento. Antes de responder, eu lhes pergunto: "Neste ano, quantas pessoas diferentes você conheceu? Quantas amizades você criou? Quantos 'prazer em conhecer' você disse?". A sociedade não costuma se expor. É mais conveniente manter as relações profissionais atuais do que criar novas. Embora cultivar o *networking* já existente seja importante, conviver sempre com os mesmos

DESOBEDEÇA: A SUA CARREIRA PEDE MAIS

indivíduos tende a levar sempre às mesmas soluções. A ausência de descobertas faz a imaginação se acostumar com o pensamento médio e perder a magia do acaso, da surpresa e da inovação. Para evitar isso, conheça gente, expanda contatos, se apresente a mais seres humanos. Esses são os melhores "treinamentos" da vida. Nada os supera. Se nesse momento tiver alguém do seu lado, se permita falar com essa pessoa. Considero isso tão importante que prefiro você apertando a mão dela do que lendo este livro. A experiência de se alimentar da alma alheia é um exercício transformador.

Tenho duas práticas que uso muito. A primeira é conhecer uma pessoa por dia. Independentemente de quem seja, como se veste, onde vive... Eu me dedico mesmo a falar com "estranhos". Não para dizer "olá, tudo bem?", mas para compartilhar histórias, desafios e opiniões. Por um lado, falo e tento ajudá-los. Por outro, escuto e recebo toneladas de informações. É incrível como esse encontro de ideias pode desafiar o seu modo de ver as coisas, expandir as suas possibilidades e ampliar as suas percepções em relação à vida. Dos encontros mais improváveis podem surgir as respostas que tanto procura.

Estranhos são apenas indivíduos com os quais você ainda não teve a chance de conversar. Qualquer situação pode transformar anônimos em conhecidos. Seja no mundo real ou virtual. Seja nas relações presenciais ou on-line. Todo lugar é lugar. Falo com clientes em eventos, com pessoas nas redes sociais. Puxo conversa com motoristas, atendentes e estudantes nas mais variadas ocasiões. Faço isso não só para me manter em constante exposição a diferentes visões e realidades, mas também para estimular minha mente a trabalhar, processar, transitar entre ideias normais e incomuns. Procure interagir com quem cruza o seu caminho para expandir seus pensamentos. É assim que o acaso acontece. Além de essa conduta ter potencial de gerar oportunidades inesperadas, ela minimiza o risco de você entrar em uma bolha e não ser capaz de enxergar o mundo além do seu.

No entanto, para alguém virar peça-chave na construção da sua carreira e interferir positivamente na ascensão dela, não basta adicionar esse sujeito na lista de contatos do seu celular. É preciso criar conexões legítimas e cultivá-las com transparência, confiança e apoio mútuo. Esse é o pré-requisito para

O SER HUMANO É
A MELHOR ESCOLA.

DESOBEDEÇA: A SUA CARREIRA PEDE MAIS

os seres humanos compartilharem oportunidades entre si. Se os laços superficiais não virarem profundos, nada acontece.

Logo, a segunda prática – que pode ser uma evolução da primeira – é me aproximar de quem admiro. Estreitar relações com quem me encanta. Certamente, há gente que lhe inspira. Que é espelho para você por alguma razão. Se aproxime desses indivíduos. Estabeleça vínculo com eles. Não importa se são líderes de organizações, atletas de alto nível, fundadores de startups, trabalhadores informais, especialistas da sua indústria ou simplesmente pessoas que você recém conheceu e passou a respeitar. Todos representam fontes únicas de sabedoria. Se esses profissionais são referência para você, é porque algo de especial eles têm. E o que dá para aprender com essa turma, só de estar perto dela, não se aprende de outro jeito.

Mas como se aproximar dos talentos que você tanto admira? Bem, há diversos caminhos. Dá para se colocar à disposição e ajudá-los, oferecer o seu trabalho de graça, apresentar-lhes outras oportunidades... O importante é achar meios para impactar suas vidas. Afinal, você não quer encontrá-los apenas uma vez, você quer encontrá-los várias vezes. Suas ações precisam beneficiá-los de alguma forma para eles também enxergarem o seu valor e se dedicarem minimamente a você. No momento em que isso acontecer, as portas que esses indivíduos podem abrir à sua carreira são desproporcionalmente maiores que quaisquer outras. Minha evolução profissional foi pura consequência das conexões feitas ao longo dos anos.

Sim. Em 2007, na cidade de Porto Alegre, no hotel Blue Tree Towers da Av. Coronel Lucas de Oliveira, fiz o curso Aprenda a Investir na Bolsa de Valores, da XP Investimentos. Tinha 26 anos. Rossano Oltramari – que era sócio da XP – foi o instrutor. Enquanto sua didática simples me impactava, sua fala emocionante me conquistava. Após o curso, ele virou minha inspiração. Em uma época em que não havia redes sociais, passei a segui-lo presencialmente. Aonde ele ia, eu ia também. Meu raciocínio era esse: quanto mais perto do Rossano eu estivesse, mais aprenderia com ele e maiores seriam as chances de trabalhar ao seu lado um dia. Virei cliente da XP e logo comecei a ajudá-lo. Como eu não sabia nada do mercado financeiro, só podia oferecer

AUTODIDATA IMPLACÁVEL

"vontade" e "disposição". Essas eram minhas moedas de troca. Indicava clientes a ele, convidava amigos para as suas palestras, mobilizava colegas da PUCRS – onde eu estudei – para irem aos seus eventos no LabMEC, o Laboratório de Mercado de Capitais da universidade, construído em parceria com a XP.[36] Sempre que Rossano dava aulas lá, eu fazia um "barulho" no campus para lotar o espaço.

Depois de meses nesse ritmo, acabamos nos aproximando. Criamos uma relação em que sabíamos dos nossos desafios. Certa vez, ele me convidou para almoçar. Fomos ao restaurante Dado Bier do Bourbon Shopping Country da capital gaúcha. Lembro que, nesse dia, o jogador de futebol Alexandre Pato também estava lá. Tremi por inteiro. Mal consegui comer. Rossano era uma das grandes referências que eu tinha na época. E nos encontrávamos ali, frente a frente. Na conversa, ele perguntou por que eu me dedicava tanto à XP sem – de fato – trabalhar nela. Minha resposta foi esse texto que você acabou de ler. O que aconteceu depois? Ele me convidou para entrar na empresa, pedi demissão do emprego que eu tinha – falei disso no Capítulo 2 – e participei da construção de uma das maiores instituições financeiras da América Latina.

Você é quem constrói as suas próprias oportunidades. Não dá para esperar por elas. Só assume o controle da própria carreira quem tem esse espírito perseguidor. Em 2014, ainda na XP, fui responsável pela Expert, hoje um dos maiores eventos da indústria de investimentos do mundo.[37] Durante uma conversa para escolher os palestrantes, meu amigo Rodrigo Fiszman sugeriu o nome de Pedro Janot.[38] O executivo, um dos principais do nosso país, ajudou a criar a Azul Linhas Aéreas Brasileiras, trouxe a Zara ao Brasil e liderou outros projetos de igual magnitude. Em 2011, um acidente o deixou tetraplégico. Com o objetivo de nos conhecermos, marcamos uma reunião. Na pauta, era para falarmos da Expert. Na prática, se tornou um dos maiores presentes que já recebi na vida. Uma aula inesquecível. Um momento incomparável.

Eu me encantei pelo Pedro. Aplaudido de pé, foi o ponto alto do evento. Dali em diante, nos aproximamos. Passei a ajudá-lo nos projetos que ele

DESOBEDEÇA: A SUA CARREIRA PEDE MAIS

queria desenvolver. Apresentei-lhe profissionais para produzir seus conteúdos on-line, bem como editoras para publicar o seu novo livro. Em paralelo, nossas conversas "mexiam" comigo. Suas palavras tocavam as minhas feridas, geravam reflexões e me encorajavam a agir. Além de falar as verdades que eu não queria ouvir, ele sabia fazer as perguntas certas, que eu precisava escutar. Resultado: Pedrão – como o chamo hoje – virou meu mentor. Meu ponto de equilíbrio. A primeira pessoa com quem falo antes de tomar uma decisão importante. Na vida, são raros os indivíduos que colocam uma amizade em risco para falar as poucas e boas que você merece. Ao encontrá-los, valorize-os. Não é sempre que eles aparecem.

Em 2016, Vinia Amaral, colega de curso em UC Berkeley, me levou para almoçar na sede do Airbnb em São Francisco. Felipe Lima, seu então namorado, era funcionário da empresa. Despretensiosamente, ambos me convidaram para um evento à noite. Eu topei. Ao chegar lá, encontrei Felipe jogando xadrez com Ricardo Geromel, um profissional que já admirava havia anos, mas que ainda não conhecia pessoalmente. Na época, ele era colunista da *Forbes* e estudava o comportamento dos sujeitos mais ricos do planeta[39] – seu livro *Bilionários* aborda isso. Também era empreendedor e apaixonado por futebol. Depois de criar um clube no estado americano da Flórida, junto com Ronaldo Fenômeno, ele tinha recém-lançado o San Francisco Deltas, considerado o primeiro time do mundo construído como startup.[40] Quando fomos apresentados, não paramos de falar. Rolou uma química incrível. O evento acabou, e seguimos a conversa em um bar. Em casa, antes de dormir, pensei: *seria incrível se ele trabalhasse comigo.*

A partir daí, fiz duas coisas. Primeiro, eu me coloquei à disposição do Ricardo. Passei a trabalhar de graça para ele. Virei porta-voz da equipe. Captei sócios para o Deltas. Estive na prefeitura de São Francisco para defender o uso do estádio municipal como "casa" do time. Fui voluntário em ações de engajamento com os fãs: de partidas de futebol infantil a passeatas pela cidade. Viver essa experiência me ensinou muito. E, segundo, comecei a tratar o Ricardo como se fosse um funcionário da StartSe. Ou seja, como se fizesse parte do meu negócio. Profissionais talentosos são os mais difíceis de atrair.

AUTODIDATA IMPLACÁVEL

Sabe por quê? Porque quase sempre já estão envolvidos em algum projeto incrível, em alguma iniciativa desafiadora. Essa turma não fica ociosa por aí. Só teríamos chances com o Ricardo se abríssemos as portas da nossa empresa e compartilhássemos tudo sobre ela. Das vitórias às derrotas. Dos lucros aos prejuízos. Por isso, ele acessava comunicados internos, atas de reuniões, elogios e críticas de clientes, informações sobre bônus, demonstrativos de resultados... Construímos uma relação radicalmente transparente entre nós. Essa é a premissa para qualquer profissional fora da curva querer trabalhar com você um dia.

No Natal de 2017, enquanto eu curtia meus pais em Vacaria, Ricardo me ligou. Depois dos cumprimentos, escutei dele: "Mauricio, como posso me juntar à StartSe?". Quase não acreditei. Passou um filme na minha cabeça. Mais de um ano depois daquele evento, eu teria o privilégio de trabalhar com ele. É magnífico o que pode acontecer quando você estreita relações com quem lhe encanta. Ricardo não só abriu a StartSe na China, como também a transformou em uma das principais áreas do negócio. Nesse período, ele ainda me apresentou Tainã Bispo, profissional do mercado editorial que me indicou a Editora Gente, empresa que publica meus livros, e Augusto Cury, um dos autores brasileiros mais lidos da história, que produziu um curso conosco.[41] Além de inúmeras outras pessoas e oportunidades. Um só indivíduo foi o gatilho para vários projetos fantásticos que ocorreram na minha vida.

Viu só? Deixe a timidez de lado. Aproxime-se de quem você admira. Além de esses indivíduos darem a você um conhecimento ímpar, dificilmente aprendido de outra forma, eles também são capazes de viabilizar conquistas inimagináveis à sua carreira. Trace um plano e vá conhecer gente. Minhas maiores conquistas surgiram das conexões profissionais realizadas ao longo dos anos. Tudo está ligado a alguém. As circunstâncias favoráveis não flutuam no céu como nuvens. Elas estão sempre vinculadas a um ser de carne e osso. Se você está procurando uma oportunidade na vida, você está procurando – na verdade – uma pessoa.

5/10 Ps – PREPARAÇÃO

É preciso se preparar. E se preparar muito. Nesse mundo abarrotado de opções, você tem que se diferenciar em algo. Caso contrário, sua carreira será invisível. Não chamará atenção de ninguém. Além de o mercado desconhecer a sua existência, dificilmente você convencerá alguém a lhe escolher. Afinal, nada lhe separará dos outros. E quando não há distinção entre as ofertas, a sociedade opta pela que custa menos. Ou seja, empresas contratam os candidatos mais baratos, consumidores compram os produtos mais em conta. Em alguma coisa você deve se destacar para as pessoas enxergarem o seu potencial.

Antes, você leu como identifiquei meus principais talentos. Depois, como selecionei os três mais valorizados pelo mercado e que mais me satisfazem. Agora, vou compartilhar como fiz para aperfeiçoá-los. Como me capacitei neles para aumentar as chances de o meu trabalho ser reconhecido. Isso pode parecer óbvio, mas não é. Para se tornar uma verdadeira autoridade em seu ramo de atuação, você deve – primeiro – ter o conhecimento para ser essa autoridade. Quando comecei esse processo de reconstrução profissional, percebi que meus anos de experiência não eram suficientes. Apesar das competências selecionadas no capítulo anterior, na opinião das pessoas, já serem as minhas melhores, seria necessário me jogar de cabeça para treiná-las e dominar extraordinariamente bem cada uma delas. Isso é o que diferencia craques de jogadores comuns. Indivíduos que se destacam dos que não saem da multidão. No entanto, esse processo requer tempo. Ele não acontece da noite para o dia. Tenha em mente que você precisará investir doses colossais de esforço e dedicação nisso.

Dividi a minha preparação, que é o quinto dos 10 Ps deste livro, em três etapas: internet, cursos e pessoas. Primeiro, estudava por meio de conteúdos on-line. Depois, aprofundava esse conhecimento em treinamentos específicos: presenciais ou digitais. Por fim, fazia ajustes finos com profissionais que eu admirava. É evidente que, em paralelo, lia muito. George R. R. Martin,

AUTODIDATA IMPLACÁVEL

criador da saga de *Game Of Thrones* (As Crônicas de Gelo e Fogo no Brasil), diz o seguinte: "Quem lê vive mil vidas antes de morrer. Quem nunca lê vive apenas uma".[42] Vou lhe mostrar o que fiz na prática.

Comecei a percorrer esse caminho dentro de um quarto, no apartamento 1.718 da Howard Street, número 88. Esse foi meu primeiro endereço em São Francisco. De lá, conectado à internet, o céu era o limite. Para fazer minha comunicação e capacidade de inspiração evoluírem, passei a ver vídeos de mestres da oratória. Centenas deles. Chegava a demorar horas para finalizar trechos de quinze minutos, pois, como eu anotava tudo, parava os filmes o tempo inteiro. Com Steve Jobs, por exemplo, descobri a "regra dos três" e por que conteúdos organizados em grupos de três facilitam o aprendizado das pessoas. Com Oprah Winfrey, conheci várias técnicas para me conectar emocionalmente com o público ao longo das apresentações. Com Barack Obama, aprendi como e quando fazer pausas em um discurso para a audiência melhor compreendê-lo. É impressionante o poder da web. O que você procura está ali.

Em função dessa experiência, criei o hábito de estudar uma hora por dia, quase sempre logo depois de acordar. Uso a internet para aprender assuntos relevantes ao meu trabalho. Em poucos minutos de pesquisa, estou lendo artigos de ganhadores do Prêmio Nobel, assistindo vídeos de professores renomados, escutando *podcasts* de empreendedores famosos... O universo on-line jamais me deixou sem respostas. O navegador do seu computador é uma porta ao infinito. Como diz Bill Gates, "a internet está se transformando na praça central da aldeia global do amanhã".[43] Saber utilizá-la como ferramenta de capacitação é fundamental.

Fiz ainda cursos de oratória. Acabei refinando aspectos bem específicos da fala em público. Estudei técnicas de respiração e expressão corporal. Passei a realizar exercícios vocais e faciais diariamente. Evoluí bastante com esses treinamentos. Também participei de eventos. Fui viver experiências imersivas. Queria observar como grandes palestrantes uniam suas falas a recursos audiovisuais para inspirar as pessoas. Foi fantástico me colocar no lugar do "cliente" e perceber como a comunicação deles me impactava.

DESOBEDEÇA: A SUA CARREIRA PEDE MAIS

Além disso, adquiri bagagem com quem admiro. Fernando Toti, um grande amigo e empreendedor que conheci no Vale do Silício, me apresentou o ator Jayme Matarazzo. Com ele, aprendi técnicas de interpretação, métodos para memorizar textos, dicas para melhorar a dicção... Coisas que uso em vídeos e palestras até hoje. Depois, conheci seu pai: Jayme Monjardim, um dos maiores diretores de cinema e novela do Brasil. Suas orientações me corrigiram em frente às câmeras, calibraram a velocidade da minha fala, ajustaram a minha postura – na época, eu andava um pouco curvado. Cheguei a usar, inclusive, um aparelho colado nas costas que dava "choques" quando minha coluna não estava correta. Quase fui à exaustão treinando o que ele me ensinou.

Também pedi ajuda ao Roberto Shinyashiki, um dos maiores palestrantes do país. Certa vez, falei para mil pessoas no espaço de eventos Hakka, em São Paulo. Depois de escutar os aplausos e achar que tinha mandado bem, ele me disse: "Mauricio, a estrutura do seu discurso está uma droga. Você gastou 95% do tempo falando de problemas e 5% de soluções. As pessoas saíram daqui mais angustiadas do que quando entraram. É preciso mostrar um caminho, orientá-las em relação ao que fazer". Foi um banho de água fria. Um soco na cara que serviu para eu melhorar o roteiro não só das minhas apresentações, mas também dos meus textos.

Apesar de eu ter citado profissionais conhecidos nacionalmente, ninguém precisa de personalidades para aprender. Você pode obter conhecimento com qualquer pessoa. Todo indivíduo com mais domínio que o seu em determinada competência é capaz de lhe ensinar muita coisa e lhe proporcionar oportunidades gigantes.

Veja isso... Comunicação já era uma habilidade valorizada em mim. Entretanto, para ela me diferenciar absurdamente no mercado, deveria conhecê-la como poucos. Lógico que há diversos meios de desenvolver suas competências, a estratégia que lhe mostrei é apenas uma. Você não precisa fazer o que eu fiz. Nem pegar pesado como eu peguei. O importante é assimilar o seguinte: as pessoas precisam levar você a sério. Em campo, com a bola rolando, sua performance deve provar ao público que você realmente

AUTODIDATA IMPLACÁVEL

entende o que faz. Sem muito esforço, a "arquibancada" deve perceber o seu talento. Não dá para "fazer de conta" que sabe. Nesse mundo saturado de gurus autoproclamados, é cada vez mais difícil separar você das massas. Por esse motivo, autoridade e credibilidade são qualidades indispensáveis atualmente. E dominar suas principais competências é o ponto de partida para conquistá-las.

Também segui essas três etapas – internet, cursos e pessoas – para fazer evoluir o meu entendimento sobre empreendedorismo, carreira e negócios. Não vou detalhá-las, pois a fórmula é a mesma. Mas, nesses temas, o Vale do Silício é uma escola a céu aberto. Apesar de eu ter estudado em UC Berkeley, o que aprendi de verdade veio das ruas. Do convívio com novas tecnologias, do contato com centros de inovação, do entendimento de como tudo isso impacta profissões e empresas. Comecei a frequentar *meetups*: eventos informais para estimular *networking* e troca de conhecimento entre os participantes. Passei a usar espaços de *coworking* para conhecer outros empreendedores, ouvir diferentes histórias, ter ciência de novas estratégias. Eu me alimentava diariamente do conhecimento real. Não do ensinado por teorias, mas do adquirido pela prática.

No fim de 2017, meu sócio Felipe Lamounier e eu recebemos em São Francisco a presidência do Grupo Cosan, um dos maiores conglomerados econômicos do Brasil. Entre várias atividades, levamos a turma para uma aula com Steve Blank, considerado o pai do empreendedorismo moderno e um dos criadores do movimento "A Startup Enxuta". O encontro foi na GSVLabs, um *hub* de inovação da região. Na época, fazia alguns meses que Emmanuel Macron tinha sido eleito presidente francês. Em seus primeiros dias no cargo, anunciou o seguinte: "Quero que a França seja uma nação-startup. Ou seja, uma nação que não só trabalha com startups, mas também pensa e se move como elas".[44] Na conversa com a Cosan, Blank mencionou que Macron ligou para ele. O político queria falar sobre essa nova maneira de construir negócios. Sobre como aplicar o "jeito startup de ser" em uma sociedade inteira. Sobre como sua equipe poderia se aprofundar no assunto. A resposta de Blank foi essa: "Se vocês querem realmente

DESOBEDEÇA: A SUA CARREIRA PEDE MAIS

dominar isso, é preciso mergulhar no underground, conhecer o submundo, visitar as trincheiras. É ali onde mora o melhor e mais atual conhecimento". Foi assim, então, que procurei me capacitar. Chegava em casa com a voz rouca de tanto falar, com as orelhas zunindo de tanto ouvir, com o tênis gasto de tanto andar. Compartilhei boa parte dessa minha experiência em *Incansáveis*, meu primeiro livro.

Quanto à empatia, estudei-a bastante pela web. Acessei conteúdos de *mentoring*. Fiz cursos de *coaching*. Acabei lapidando essa habilidade de me colocar no lugar do próximo. Apesar de já praticá-la no dia a dia, pois me relaciono com pessoas o tempo todo, jamais havia me debruçado sobre ela para entendê-la a fundo. Vindo da área de exatas, nunca imaginei investir tempo nisso. Aprendi técnicas para me conectar às pessoas, ferramentas para reconhecer suas expressões faciais, métodos para lhes fazer as perguntas certas... Esses treinamentos foram fantásticos. Também pedi auxílio ao Pedrão, meu mentor que você conheceu antes. Seus ensinamentos práticos me ajudaram muito.

Dessa forma, para se tornar autoridade em algo, não basta ter experiência e know-how. É preciso buscar a maior quantidade de conhecimento possível. Aprender o máximo que puder. Preparar-se sem limites e fronteiras. Essa é a matéria-prima básica para você ter alguma chance de se diferenciar no mercado. Assim, pegue suas competências priorizadas no capítulo anterior e se qualifique intensamente nelas. Vá com tudo nessa direção. Para lhe ajudar, fiz um resumo das dez lições que você leu aqui.

O que fazer para aperfeiçoar as competências priorizadas:

1. Criar um plano de capacitação para cada uma delas;
2. Ter o objetivo de dominá-las como poucos;
3. Usar a estratégia "internet, cursos e pessoas";
4. Interagir com "estranhos" e expandir a sua visão de mundo;
5. Aproximar-se de pessoas que você admira;
6. Criar o hábito de se capacitar diariamente por conta própria;

AUTODIDATA IMPLACÁVEL

7. Saber usar a internet para obter conhecimento;
8. Ir a lugares, até os atípicos, onde é possível se desenvolver;
9. Estudar não necessariamente pelas vias formais;
10. Ser aprendiz pela vida toda.

No próximo capítulo, você vai aprender a compartilhar o que sabe para começar a construir a sua reputação profissional. Será rápido? Não. Fácil? Também não. Tudo requer esforço. Qualquer conquista exige sacrifícios. Isso vale, inclusive, para seus estudos. A boa notícia é que, com a overdose de informações acessível hoje de qualquer lugar, os conhecimentos que você pode adquirir dependem unicamente da sua vontade de aprendê-los.

SE VOCÊ ESTÁ PROCURANDO UMA OPORTUNIDADE, VOCÊ ESTÁ PROCURANDO UMA PESSOA.

AUTODIDATA IMPLACÁVEL

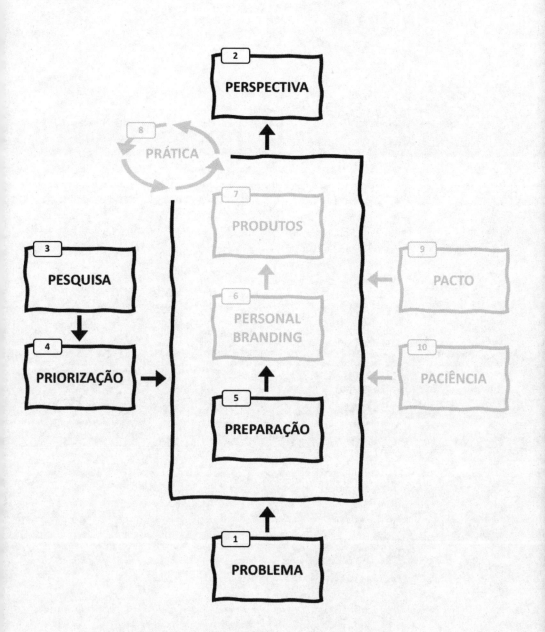

10 Ps: até aqui, você já leu cinco deles.

DO JULIANA BATISTA NOVAIS JULIANA CRISTINA ALVES FIGUEIRA JULIANA DA SILVA BARBOSA JULIANA DAMIANI DESTRO JULIANA DE OLIVEIRA SANTANA JULIANA FONTANEZI JULIANA FREITAS DOS SANTOS JULIANA KRUPP JULIANA SABOIA FONTENELE JULIANA SANTOS DE MENEZES JULIANA SANTOS OLIVEIRA QUEIROZ JULIANA TARGINO NOBREGA JULIANA TEBALDI PASSOS SARTORE JULIANA TEIXEIRA JULIANA TONINI JULIANE CORDEIRO PINTO JULIANO ARRUDA JULIANO COMETKI MENEGUZZO JULIANO LEÃO CORRÊA JULIANO SIMÕES JULIANO VIEIRA RIBEIRO JULIE MARIA RIBEIRO TEIXEIRA JULIEN ARIANI DE SOUZA LAUDELINO JÚLIO ALCÂNTARA TAVARES JULIO CESAR DE MENEZES DOS REIS JÚLIO CÉZAR CORRADINI FLEMING DIEBE JULIO DA MATA JÚNIA CONCEIÇÃO MAGALHÃES JÚNIO RODRIGUES VIEIRA JUNIOR ANDRIGHETTI JUNIOR DIAS JUNIOR GAINO JÚNIOR HONORINO BACH JUNIOR MEDICI JURACY SOARES KADU SILVEIRA KAIC FACHINETTI PEREIRA KAIO CÉSAR ALVES PEREIRA KAIQUE NASCIMENTO KAMILA LOPES KAMILA MOUZA SANTIAGO DA CUNHA KAMILLE HEY CHOMA KAREN BRAGA DE BEJAR KAREN CHRISTINE MITSUE OGASSAWARA KAREN MÜLLER RAMALHO KAREN PINHEIRO FERREIRA TENGUAN KAREN RARA KARIN RODRIGUES VIANNA KARINA AL ASSAL KARINA APARECIDA DE OLIVEIRA LIMA KARINA BRANCHER KARINA GOMES DIAS KARINA VIEIRA GALVÃO KARINE MARMITT KARINE ROCHA DE SANTANA KARLA COSTA BEZERRA FONTENELE OLIVEIRA KARLA DE MELO KARLA JENIFER DE SOUSA DUTRA KARLA PIRES DE SOUZA BENETTI KARLA RENNÓ KARLOS MORAIS KAROL CAMILLO KAROL, ACEITA SE CASAR COM ERICK RIBEIRO? KAROLAINE GOMES DOS SANTOS KAROLYNE FERRAZ KAROLYNNA MARINHO DE SOUSA KÁSSIO ARAÚJO KATHARINA DIAS ZANETTI KATHERYNE CURTY OLIVEIRA KÁTIA CILENE SIMÕES DA SILVA KATIA LOPES KATIA MEDEIROS KATIANA BENVENUTTI OLIVEIRA KATIUSSÉ SILVEIRA ANASTÁCIO KATLYN THAIS NALEPA KATSUREN MACHADO KAUAN VENTURA DA SILVA KAUÊ DUTRA SACHI KAUÊ KOPPE KAWE CORREA SALDANHA KAYRO SANTOS ALMEIDA KDU PEIXOTO KEILA CRISTINA PINTO DA SILVA KEILA ELEANDRA APARECIDA RIBEIRO KELLEN SCHIMITZ KELLY CATALDO DA COSTA KELLY CRISTINA BARUTI KELLY CRISTINA DE CARVALHO FIGUEIREDO TENEBRÃO KELSIMONE DE MATOS ALVES BRANDALISE KELVIA SARAIVA DE ALENCAR SOUSA KÊNIA MOREIRA KENNEDY SAMPAIO DE MELO KENNYA DANTUR GARBIN KEROLY MORGANA MENEZES FONTES FRANÇA KETLEM CHRISTINA SANTOS DA SILVA KETLEN BÖES RAMOS KEVIN LUIS WACHHOLZ KHALIL DUNA KIARA RADAELLI KISSA MARIA KÍSSILA ELLAYNE NUNES DOS SANTOS KLEBER BASTOS GOMES JUNIOR KLEBER PEREIRA FARIA LAÉRCIO DA CRUZ LOUREIRO LAFAIETE SOUZA REIS DE ATHAYDE LAIANE HECKLER LAIS DA PAIXÃO CARNIVAL LAISE DA SILVA FEITOSA LAJYAREA BARROS DUARTE LANYA LOUISE LIMA JÚLIO LARA AZEVEDO MATTOS LARISSA APARECIDA GOETTEN LARISSA ARANTES MATHOZO LARISSA BERNARDES VIANA LARISSA CAMPOS LARISSA CRISTINA SANTOS LARISSA DE ARAÚJO RONDI LARISSA DE SOUZA SUPPI DA SILVA LARISSA DOS SANTOS SILVA LARISSA FERREIRA BATISTA LARISSA VALLE DE CASTRO LARISSA VARGAS LARISSA VILELA RIBEIRO LAURA ALLEBRANDT REDI LAURA FRECCIA NERY LAURA GIRARDELLO LAURA PIMENTEL DA COSTA LAURA SILVEIRA COSTA LAURA TORRES SALIBA LAUREN CRISTINA DE MATOS PROVIN LAUREN RUSSO LAURO DE CAMPOS LAURO DINIZ MARQUES GUERRA LAURO MARTINS JR. LAWRENCE ABITH TEIXEIRA LAYANE BORGES DA SILVA LÁZARO PASSOS DE ALMEIDA LEANDRO CARPES LEANDRO CORREA MARTINS LEANDRO CORREIA DA SILVA LEANDRO LEMOS LEANDRO LIMA LEANDRO LUCAS ZEN LEANDRO LUIS GASPERI LEANDRO MARCANTONIO CAMARGO LEANDRO MAURICE GUAZZELLI BIN LEANDRO MONTEIRO DE CASTRO LEANDRO OLIVEIRA BUTURI LEANDRO OLIVEIRA DA SILVA LEANDRO PAVANIN MARTINS LEANDRO PEREIRA BASTOS LEANDRO PEROSINI LEANDRO POMPERMAIER LEANDRO SENA DE ANDRADE LEANDRO SILVA DA ENCARNAÇÃO LEANDRO SILVA DA SILVA LEANDRO SIMOES LEDO LEDA AGLIARDI LÊDA DE LOURDES PINTO CUTRIM MARTINS LEILA ABRAHÃO LEILA ARAUJO FALANI LEILA FABIANA DIAS RODRIGUES LELIA LILIANA BORGES DE SOUSA MACEDO LENE PISCIONERI LENUSA SANTOS LÉO FELIPE

TOBALDINI FRÖHLICH LEOMIR JOSÉ DOS SANTOS LEONARDO BONETTO CABER-
LON LEONARDO CANUTO BUENO LEONARDO CARAMORI LEONARDO CARDINELLI
DE ARAUJO LEONARDO CARDOSO REZENDE DOS SANTOS LEONARDO CARLET
DA SILVA LEONARDO COCOLETE LEONARDO DA SILVA LEONARDO DOS SANTOS
GADELHA LEONARDO DUTRA NANA VERÍSSIMO LEONARDO FEITOSA MOTA LEO-
NARDO FERNANDES MENDONÇA LEONARDO GOMES DA ROCHA LEONARDO
GREGIANIN LEONARDO HOKUMURA LEONARDO LOBATO FERNANDES LEONAR-
DO MACHADO PEREIRA LEONARDO MAGGI RIBEIRO LEONARDO MANTOVANINI
LEONARDO MARIA SOARES LEONARDO MEDEIROS BARBADO MACHADO LEO-
NARDO MENDES FANTINEL LEONARDO N CABRAL LEONARDO NOVAIS DE BRITO
PEIXOTO LEONARDO ROCHA LEONARDO RODRIGUES LEONARDO RUBINATO FER-
NANDES LEONARDO SOUZA DE OLIVEIRA LEONARDO VIEIRA DE OLIVEIRA LEO-
NILDO BENFICA CAMARGO LETÍCIA CARVALHO DE CASTRO LETÍCIA FIRMINO GAL-
VÃO AMORIM MAIA JACOME LETÍCIA HELENA FERREIRA MONTENEGRO LETÍCIA
LOURENÇO SANGALETO TERRON LETÍCIA MARLOVA MACHADO LETICIA MAZINI
FERREIRA LETÍCIA PEREIRA ALVES LETÍCIA PERONIO BASSIN LETÍCIA ROLI LETÍ-
CIA UPNECK PASSANEZI LEVI BARROS DE OLIVEIRA LEYDI APARECIDA BILEK LIA-
NA ANTUNES LIANE SEIBERT LIDIANE MARTINS LIDIANE PEDERSINI PRETTO LIDIE-
LE EVANGELISTA COSTA CÂNDIDO LIEGY DE SOUZA SOARES LÍGIA DUTRA
ZEPPELINI LÍGIA VERÔNICA MARROCOS ALMEIDA LILIAN BOCCIA LILIAN CRÍSTINA
CHURCHI BITTENCOURT DE FREITAS LILIAN DA SILVA GUEDES LILIAN SILEMAN
LILIAN TAINE REIS DE BRITO LILIANE DE MOURA BORGES LILIANE MARCELINO
CORREIA LILIANE QUEROZ DOS SANTOS LÍLLIAN HONORATO SOVETE LINCOLN
COSTA LINDALVA SOUSA LEITE SANTOS LINDERJANE MIRANDA PAIXÃO LINDJON-
SON SILVA DE SOUZA JÚNIOR LIRIA VALVERDE KNUTTI LISANDRA DE MELO LIMA
LISIANE BARRETO COGO LISIANE DE SOUZA FABRIS LISIANE MARÍLIA ANDRADES
DE MELO LISIANE MÜLLER LISIANE PADILHA MASO LISIANE SZECKIR BATISTA DA
SILVA LÍVIA LOUVEL LIVIA PAIM LIVIA RACHID LÍVIAN PAULA MONTEIRO DE ABREU
CARMO LOHRAN DOUGLAS DO NASCIMENTO SOUZA LORD MARCOS TARYEN LO-
RENA COLODETTE PESSANHA CAUS LORENA LACERDA LORENZO DELGADO
IBAÑEZ LORENZO EMANUEL CORDEIRO DOS SANTOS LUAN KAUÊ PRADO LUAN
MARTINS MELO RODRIGUES LUAN PARIS LUAN VICTOR DOS SANTOS CONSTANTI-
NO LUANA AMANDA DOS SANTOS LUANA BATISTA LIMA LUANA FARIAS LUANA
FERREIRA DOS SANTOS LUANA LOUSA DE ALMEIDA LUANA MACHADO FERNAN-
DES LUANA UBERTI LUCAS ADAM LUCAS AGUIAR ARAUJO LUCAS BERNARDES
LUCAS BEZERRA FONTENELE LUCAS BIANCO BERTANHOLI LUCAS CAPRA TOPA-
NOTTI LUCAS CORREA LUCAS CORTÉS ALVES SOARES LUCAS D'ANGELO M SEVERI
LUCAS DA SILVA ALMEIDA LUCAS DANIEL MENDONÇA LUCAS DANIEL PEREIRA
DE MOURA LUCAS DE PADUA MENDES GONÇALVES LUCAS EDUAR-
DO BRUSSOLO LUCAS EMANOEL SILVA PINHEIRO LUCAS GABRIEL LOPES LUCAS
HEIKO LUCAS HENRIQUE DE CARVALHO DOS SANTOS LUCAS JOZEFOVICZ LUCAS
JURADO LUCAS LUZ LUCAS MACHADO SOUZA LUCAS MARTINS BORGES LUCAS
MATEUS DA SILVA LUCAS MESSIAS DE SOUSA LUCAS PASSAMANI VIEIRA LUCAS
SANTOS RIETHER AZOUBEL LUCAS SILVEIRA DE AZEVEDO LUCAS TRENTIN LUCAS
VALAR BANDEIRA LUCAS XISTO SILVA SAMPAIO LUCCAS KELLER CURY LUCÉLIA
LOPES HARTMANN LUCÉLIE SLONGO BRAIDA ZANCANARO LÚCIA SARTORIO
FONSECA LUCIAN RAFAEL DO PRADO LUCIANA ANDRADE DA SILVA LUCIANA CA-
ROLINA FERREIRA LUCIANA CARVALHO DE CARVALHO LUCIANA CONTE ZANDO-
NÁ LUCIANA GRANDE LUCIANA HOFFMANN NUNES LUCIANA KENUPP PEROSINI
LUCIANA MARIOT LUCIANA NARDINI LUCIANA RODRIGUES THIAGO DOS REIS LU-
CIANE DE ARAUJO KESKISSIAN LUCIANE DONIN LUCIANE GUINELLE DO NASCI-
MENTO LOZORIO LUCIANE MARTINS LUCIANO BALABAN LUCIANO BORGES DE
MORAES LUCIANO BULLA LUCIANO FERREIRA DA SILVA LUCIANO KALIL LUCIANO
KOITI ABE LUCIANO MARTINS COSTA LUCIANO MARTINS TIZZO LUCIANO PEREIRA
DE ARRUDA LUCIANO RODRIGUES WATANABE LUCIANO SAMPAIO LUCIENE BOA-

6 CONSTRUIR AUTORIDADE

CONSTRUIR AUTORIDADE

MARCA

Nunca foi tão oportuno começar a pensar em você como uma marca. Ou seja, trabalhar a construção da sua carreira da mesma forma que uma organização trabalha a construção da própria identidade, do próprio conjunto de valores – tangíveis e intangíveis – que a diferenciam no mercado. Não é de hoje que isso é importante. No Antigo Egito, por exemplo, fabricantes de tijolos já esculpiam sinais em seus produtos como forma de identificá-los. Na Idade Média, comerciantes europeus personalizavam suas mercadorias para evitar imitações.[45] Na Revolução Industrial, fábricas passaram a usar nomes e símbolos para valorizar o que produziam. Práticas como essas, portanto, já são empregadas há séculos para garantir autenticidade, construir relações de confiança e conquistar o reconhecimento das pessoas ao longo do tempo.

Marca é tudo o que você sente quando interage com um negócio ou com alguém. Sei que existem várias definições para o termo. Essa é a que eu uso. No dia a dia, ao convivermos com empresas, desenvolvemos um conjunto de emoções em relação a elas. Se eu mencionar, por exemplo, Coca-Cola, que expressão resume as inúmeras sensações que se manifestam em você? Pode ser que a sua resposta seja "refrescante", "doce" ou "sede". "Festa", "Natal" ou "família". E se eu falar O Boticário? Talvez "romance", "surpresa" ou "cheiro bom". E McDonald's? Quem sabe "conveniência", "fome" ou "alegria". Bem, tudo isso é marca. As reações que surgem quando você se

DESOBEDEÇA: A SUA CARREIRA PEDE MAIS

relaciona com determinadas organizações representam as suas percepções – positivas, negativas ou imparciais – em relação a elas.

Isso vale também para nós, seres humanos. Caso você tenha que colocar em palavras os seus sentimentos em relação a mim, torço por uma resposta mais ou menos assim: "Mauricio, alguém que inspira o inimaginável, que me motiva a ir além e me faz buscar objetivos mais altos na vida". De coração, desejo muito que a sua reação vá nessa linha. Que você me reconheça como um profissional dedicado ao desenvolvimento humano. Que palavras como "simplicidade", "incansável" e "audaz" apareçam na sua cabeça. Afinal, esse é meu jeito. Busco entregar toneladas de conhecimento à sociedade, transmitindo mensagens diretas e sem rodeios sobre as reais exigências do mundo atual. Porém, as reações ao "Mauricio Benvenutti" podem ser outras. Inclusive, completamente opostas a essas. O ponto aqui é: independentemente de quais sejam, todas essas sensações representam a minha marca. Todas elas refletem como sou percebido na mente e no coração das pessoas.

Mirar a sua perspectiva futura – definida no Capítulo 2 – e trabalhar continuamente a construção da sua autoridade é essencial para atingir conquistas sustentáveis e duradouras. Afinal, sua marca pessoal é a sua reputação. E, na perpetuidade, sua reputação é a base da sua carreira. Muita gente não entende isso. Certamente, você conhece indivíduos que progridem no curto prazo sacrificando a sua imagem no longo. Isso é um engano. Em vez de paciência, essa turma vai atrás de retornos rápidos. Busca benefícios imediatos. Prioriza transações antes de relacionamentos, dinheiro antes de experiências. Não estou dizendo que vender e gerar resultados financeiros não importa. Claro que importa. No entanto, a sua marca pessoal é um bem valiosíssimo, e grande parte das pessoas deixa isso em segundo plano.

Ao investir em seu nome e sobrenome, ao fortalecer o próprio "passe", você é capaz de estabelecer relações únicas e conexões sólidas com a sua audiência. De fato, isso só lhe valoriza. Afinal de contas, o mercado conhecerá o indivíduo que existe por trás da empresa onde você trabalha, o ser humano que há por trás do negócio em que você atua. Não é segredo para ninguém que essa prática pode gerar inúmeras oportunidades, tanto à sua

SUA MARCA PESSOAL É A SUA REPUTAÇÃO. E, NO LONGO PRAZO, SUA REPUTAÇÃO É A BASE DA SUA CARREIRA.

DESOBEDEÇA: A SUA CARREIRA PEDE MAIS

carreira quanto à sua organização. Marcas pessoais captam a atenção do público, porque são capazes de propagar histórias. Desde os seus primórdios, a sociedade é atraída por narrativas humanas. Na verdade, há um aspecto neurológico para isso: o nosso cérebro lembra 22 vezes mais histórias do que fatos.[46] Ou seja, textos sobre como você criou um projeto – cheios de altos e baixos, desafios e superações – tendem a repercutir muito mais do que artigos relacionados ao que esse projeto faz. Contar a sua jornada, portanto, por meio de exposições autênticas e sinceras, é uma ferramenta excelente para você entrar na cabeça das pessoas e permanecer na memória delas por mais tempo.

Construir uma marca pessoal é um caminho para você obter autoridade em seu mercado e ganhar a confiança dos consumidores. O problema é que muita gente insiste em achar que a sua vida não é interessante o suficiente para ser compartilhada. Isso é um equívoco. Desconheço o que você faz, onde trabalha ou o segmento em que atua, mas o fato é que todo mundo tem algo a acrescentar a alguém. Sempre há um potencial público sedento pelo seu conhecimento. Um indivíduo pode ser enfermeiro, biólogo ou empreendedor. Mecânico, fazendeiro ou pintor. Não importa. Independentemente da atividade, nunca subestime o poder das suas experiências e o fato de que há pessoas dispostas a ouvi-las. Invariavelmente, isso gera oportunidades. Ao fazer a coisa certa, de forma genuína, essa exposição individual só lhe beneficia.

Até pouco tempo atrás, a maioria das pessoas não imaginava que alguém poderia compartilhar conteúdos relacionados aos seus hobbies e viver disso. Obter sucesso sem sair de casa era praticamente impensável. Várias personalidades do YouTube, que hoje faturam milhares de reais com seus "hobbies", eram motivo de risos e gargalhadas. E, apesar de todos os paradigmas que estão sendo quebrados pelas inovações em curso, ainda habitamos um mundo em que muita gente é cínica em relação a isso. Se você vive ao lado de um indivíduo que é pago para abrir pacotes de presente em frente às câmeras, a sua consciência acha essa situação – no mínimo – estranha. No fundo, você não acredita. Pensa que o trabalho dele é ilegal. Que seu dinheiro vem de fontes ilícitas. Agora, porém, é hora de dar o braço a torcer e acreditar.

CONSTRUIR AUTORIDADE

A verdade é que todos nós já temos uma marca pessoal, independentemente de investirmos nela ou não. Ao digitar o seu nome no Google, o que aparece? As informações que você compartilha nas redes sociais são consistentes? Hoje, somos altamente conectados e bem mais públicos do que antes. Querendo ou não, quando fazemos alguma coisa, produzimos pegadas virtuais e deixamos um rastro de evidências para trás. Antes de conhecer alguém ou ir a uma entrevista de emprego, por exemplo, é bem provável que essa pessoa pesquise sobre você na internet. E o que aparecer lá será a primeira impressão que ela terá a seu respeito. A pergunta é: você prefere que a sua reputação on-line tenha vida própria e seja construída de maneira descontrolada ou prefere ser responsável por essa narrativa e ter controle sobre ela? Com a popularização da web, cuidar da sua presença digital se tornou essencial.

Uma marca pessoal forte lhe diferencia da concorrência e permite que você estabeleça confiança com potenciais clientes e empregadores. Para corporações, incentivar seu time a virar referência no mercado as beneficia muito. Quando colaboradores representam suas empresas em eventos e conferências, eles não apenas se autodesenvolvem, mas também dão às organizações mais exposição e visibilidade. Afinal, ao serem reconhecidos como autoridades confiáveis em determinado assunto, esses profissionais podem ajudar suas companhias a captar novos clientes, talentos e oportunidades. É uma relação em que todos ganham. Por isso, há cada vez mais líderes se importando com suas marcas pessoais e investindo energia para intensificá-las. Embora a imagem institucional seja distinta da imagem individual, ambas estão cada vez mais interconectadas. Portanto, desenvolver o seu *personal branding* e incentivar que os funcionários desenvolvam os seus é uma estratégia poderosíssima para fortalecer tanto carreiras quanto negócios nos dias de hoje.

Eder Christian, por exemplo, é um dos programadores da StartSe. Frequentador assíduo de inúmeras comunidades de desenvolvedores do país, ele viaja para fóruns, vai a congressos, produz e distribui conteúdos sobre os assuntos que domina. Pouco a pouco, seu talento está conquistando a admiração de muita gente. E, além de inspirar esses indivíduos com as coisas incríveis que faz, Eder motiva parte deles a querer trabalhar na StartSe também. Já Caio Giolo atua em nossa área de treinamentos. Realizamos, aproximadamente, cem cursos por ano. De aulas presenciais para dez participantes a conferências virtuais para 350 mil. Graças à competência dele e do time, fomos convidados a participar do Lacte, o maior encontro da indústria de eventos e viagens corporativas da América Latina. Caio palestrou com representantes da Siemens e da Petrobras.[47] Ele ainda foi à Acte Academia Summit dividir o palco com a Maple Bear,[48] uma das principais escolas de ensino bilíngue do mundo. Sem contar vários outros seminários em que esteve presente da mesma forma. Sinceramente, quero que "Caio Giolo", "Eder Christian" e todos os membros da StartSe sejam os mais respeitados do Brasil em seus respectivos segmentos. Que suas reputações sejam as maiores possíveis. Que seus "nomes e sobrenomes" sejam reconhecidos além de qualquer fronteira. Quanto mais autoridade eles tiverem, mais autoridade a StartSe pode ter. Caso você lidere equipes, pense nisso. Estimular colaboradores a se manterem discretos não combina com o mundo atual.

A verdade é que empregos não oferecem segurança. Pouco a pouco, as pessoas estão mais conscientes de que precisam agir diferente se desejam criar algum tipo de estabilidade para si. E, nesse ponto, desenvolver o próprio "nome" é cada vez mais importante. Na StartSe, oferecemos um projeto de vida aos funcionários. Mas, se em algum momento a relação entre eles e a empresa acabar, nosso compromisso é entregar ao mercado indivíduos com "vida própria". Profissionais valorizados pelo que fazem independentemente da StartSe, capazes de assumir outros compromissos e desafios de forma rápida.

O ponto é o seguinte: a vida é longa, e esse jogo é eterno. Sua carreira não termina quando você deixa um trabalho. Ela apenas encerra um ciclo e começa outro. Vários profissionais vinculam o seu valor de mercado às organizações que lhes empregam. Isso alimenta um potencial problema. Afinal, empregos vêm e vão. E, ao agir assim, de tempos em tempos, eles precisarão migrar da sua marca "antiga" para a "nova". Lembre-se do Capítulo 1...

CONSTRUIR AUTORIDADE

Eu era o "Mauricio da XP". Minha reputação estava associada à empresa que acompanhava o meu nome. Quando a XP saiu da minha vida, demorei para provar que, longe dela, eu também poderia ser importante. Então, de lá para cá, desenvolvi o "Mauricio Benvenutti". E, apesar de ser um cidadão comum, sem milhões de seguidores, fui capaz de construir relevância e abrir inúmeras possibilidades em minha vida. Uma marca pessoal forte oferece mais segurança e independência à sua carreira ao longo do tempo.

Nesse mundo em rápida transformação, onde tudo é transparente, onde tudo o que você faz é capturado por celulares, câmeras e redes sociais, onde todos os seus movimentos são cada vez mais públicos... As pessoas íntegras, repletas de honestidade, são as que podem conquistar algo nessa vida. Entenda isso. A famosa expressão *fake it until you make it* – ou "finja até você conseguir", em português – já era. Cedo ou tarde, a verdade aparece. Não é mais possível ter múltiplas personalidades: uma para o trabalho, outra para casa, outra para as redes sociais... Acabou. Você é o resultado dos seus atos em todos os locais deste planeta. E a sua marca pessoal é reflexo disso. Tudo se resume em comunicar a sua história de maneira autêntica, não só para construir relações de confiança com o seu público, mas também para ganhar autoridade e credibilidade em seu setor.

OBSESSÃO EM COMPARTILHAR

Hoje, uma avalanche de dados entra diariamente em seus olhos. Em função disso, um dos maiores desafios de qualquer profissional é conquistar uma fatia da atenção das pessoas. Certamente, essa é uma das tarefas mais árduas da atualidade. Observe, por exemplo, o nosso comportamento nas redes sociais. Usamos os dedos para navegar tão rápido que mal conseguimos ler os textos e observar as imagens. Em quantas postagens você realmente presta atenção? Quantas vezes você vê um vídeo até o fim? Em geral, é cada vez mais raro nos concentrarmos em algo. Demoramos apenas alguns segundos

DESOBEDEÇA: A SUA CARREIRA PEDE MAIS

para decidir se vamos consumir um conteúdo ou não. Se você não é capaz de convencer alguém em pouco tempo, já era.

Em meio a tanta coisa que desliza em nossas telas, normalmente dedicamos mais tempo às informações compartilhadas por amigos, negócios ou profissionais que respeitamos. Em outras palavras, quando aparece uma publicação de alguém que você enxerga como autoridade, a sua tendência é dar mais chance a ela. Mas a pergunta é: como conquistar essa autoridade? Na minha visão, existem três caminhos.

1º) APROXIMAR-SE DE QUEM JÁ É AUTORIDADE

Uma alternativa consiste em se aproximar de indivíduos ou empresas que já possuem autoridade. Tanto celebridades ou influenciadores com seguidores fiéis quanto entidades ou negócios com marcas respeitadas. Ao estabelecer vínculos com essa turma e aparecer várias vezes ao seu lado, você se apropria – naturalmente – da referência que ela tem. Esse até é um caminho possível, sim. Entretanto, a grande maioria dos mortais deste planeta não tem acesso a personalidades ou empresas famosas. Logo, é melhor não contar com isso.

2º) APARECER PARA SEUS POTENCIAIS CLIENTES A TODO INSTANTE

Dá, também, para gastar um caminhão de dinheiro e se fazer presente na vida dos seus potenciais clientes em todas as ocasiões, independentemente do dia, momento ou lugar. Seja no mundo presencial ou virtual. Seja nas mídias físicas ou digitais. Quando você aparece muitas vezes para muita gente, é bem provável que a sua mensagem entre na cabeça do público em função da enorme quantidade de interações que você estabelece com ele. Porém, enquanto essa estratégia pode lhe tornar referência para algumas pessoas, ela pode ser extremamente invasiva para outras. E, além de a maioria

CONSTRUIR AUTORIDADE

da população não ser afortunada o suficiente para pagar o preço que essa superexposição exige, quando você deixa de investir nisso, a sua autoridade deixa de existir também. Basta lembrar o que acontece nas eleições, por exemplo. Em um intervalo curtíssimo de tempo, sua vida é tomada por imagens, nomes e números de candidatos. Depois, você os esquece.

3º) COMPARTILHAR CONTEÚDO

Já a terceira alternativa, que para mim é a melhor e mais sustentável forma de construir autoridade ao longo do tempo, baseia-se em compartilhar conteúdo. Em falar o que você sabe. Em dividir o seu conhecimento e as suas ideias. Nada é tão nobre quanto passar adiante os seus aprendizados e beneficiar a sociedade por meio deles. Isso é o que faz alguém lhe respeitar, lhe admirar. São suas crenças e convicções. Seus valores e princípios. Expor o que você acredita e oferecer o seu capital intelectual às pessoas é uma das mais poderosas armas para estabelecer laços legítimos e duradouros com elas.

Doar seu conhecimento não lhe torna menos importante. Profissionais notáveis são obcecados em compartilhar. Se você perguntar o que me dá mais prazer, responderei: oferecer o meu melhor de graça. Me entregar de forma ilimitada. Despejar rios de conteúdos e não exigir nada em troca. Falo tudo que sei. Absolutamente tudo. Não existe um muro que separa meu discurso gratuito do pago. A velha prática de dar esclarecimentos rasos *for free* e cobrar para aprofundá-los se tornou incompatível com o mundo de hoje, onde qualquer indivíduo encontra qualquer resposta sem gastar praticamente nada. Se você não fornecer argumentos minimamente razoáveis para a sociedade resolver os problemas dela, alguém vai fornecer por você. Afinal, as soluções já estão por aí, em algum lugar. Procure transferir a sua sabedoria sem criar contrapartidas para disponibilizá-la.

A maioria do meu conteúdo é gratuita. Você não precisa pagar para aprender comigo. Grande parte do que ensino é acessível a custo zero. Cerca de 75% da minha agenda é voltada para ações que não geram nenhum retorno

UMA DAS MAIORES VIRTUDES DO SER HUMANO É COMPARTILHAR O QUE SABE SEM EXIGIR NADA EM TROCA.

CONSTRUIR AUTORIDADE

imediato. Porém, me entregar ao máximo nessas atividades permite que eu remunere significativamente bem os outros 25% do meu tempo. Muita gente vai atrás de resultados meteóricos, de ganhos a qualquer custo. Essa turma não entende que primeiro é necessário obter a permissão das pessoas para – só depois – vender alguma coisa a elas. É por isso que não trabalho para o "Mauricio Benvenutti" estar próximo de transações de curto prazo. Pelo contrário. Passo semanas, meses e até anos desenvolvendo laços de confiança com potenciais clientes antes de pensar em monetizá-los.

Para que uma marca pessoal funcione, você precisa concordar com a ideia de transferir muito conhecimento relevante sem obter benefícios rápidos. Por quê? Porque conteúdo é o novo marketing. Hoje, você não conquista as pessoas pelo logotipo bonito ou pelas propagandas legais. Isso até ajuda, mas – isoladamente – esses elementos não criam relações fortes e sustentáveis com a sua audiência. O consumidor amadureceu e passou a exigir mais do que peças publicitárias. Agora, com acesso a inúmeras ferramentas para acreditar ou não em você, essa turma quer conversar contigo, escutar suas histórias, "sentar" ao seu lado – como se estivesse em um banco de praça – para lhe conhecer informalmente e ser capaz de identificar não apenas a sua essência, mas também as suas reais intenções. Esse é o tipo de interação que você deve estabelecer. Em uma realidade em que a transparência impera, cultivar diálogos autênticos e sinceros é vital ao sucesso de uma carreira. Em vez de simplesmente estampar a sua imagem em diversos lugares, contextualizar o seu trabalho aos outros é bem mais importante. Nizan Guanaes, um dos principais publicitários do Brasil, afirma que os melhores profissionais e negócios do presente se conectam com seus clientes por meio do conteúdo que geram. Isso virou a "propaganda" dos dias atuais.[49]

Na prática, cada habitante do mundo se transformou em uma empresa de mídia. Não importa a sua profissão ou seu negócio. Nem o setor em que atua. Hoje, você é uma mídia. Nunca foi tão possível produzir tantos materiais e distribuí-los a tanta gente quanto agora. Tudo a custo zero. As plataformas criadas recentemente permitiram que os indivíduos comuns

DESOBEDEÇA: A SUA CARREIRA PEDE MAIS

deste planeta estabelecessem conexões diretas e extremamente fortes com seus públicos. Você não precisa mais de jornais, rádios ou televisões para alcançar o consumidor final. Basta usar programas gratuitos e divulgar suas mensagens neles. É por isso que a barreira de entrada para alguém ser relevante na sociedade moderna chama-se conteúdo. Se você não compartilhar coisas capazes de agregar valor às pessoas, de causar nelas risos, reflexões ou emoções, sua presença será completamente anulada pelo desproporcional volume de informações que está sendo disponibilizado pelos profissionais e negócios da atualidade.

Em vez de simplesmente vender e sair falando "compre isso ou aquilo", como se fazia no passado, hoje você pode divulgar ensinamentos riquíssimos, capazes de empoderar, capacitar e tornar o seu público intelectualmente superior. Quando as pessoas percebem que não só estão aprendendo com seus conteúdos, mas também evoluindo graças a eles, você passa a ocupar um lugar especial em suas vidas. Isso abre caminho para essa turma lhe enxergar como referência e ser genuinamente receptível a potenciais produtos que você venha a oferecer. É dessa forma que um processo de vendas se sustenta ao longo do tempo. Se fosse para resumir o ciclo de geração de autoridade que estou compartilhando com você desde o primeiro capítulo do livro, este parágrafo seria perfeito.

Na XP, por exemplo, tínhamos a XP Educação para iniciar a jornada de capacitação das pessoas. Por meio de cursos e palestras, elas aprendiam sobre finanças. Depois, conheciam o time de especialistas da empresa. Em seguida, passavam a receber materiais a respeito de como gerir o seu dinheiro. Nossos assessores enviavam artigos, planilhas e relatórios. Esclareciam dúvidas, auxiliavam nos primeiros passos, explicavam os riscos e retornos de cada ativo financeiro. Em vez de ligarem para vender previdências, empréstimos consignados ou outros produtos, como parte dos bancos faz, eles usavam o telefone para oferecer ajuda. Repetiam isso durante meses. Quando uma pessoa, educada pela XP, tomava a decisão de investir o seu dinheiro, com quem ela investia? Conosco ou com outra instituição? Com o profissional que lhe acompanhou ao longo desse período ou com quem

CONSTRUIR AUTORIDADE

não esteve ao seu lado? Com o indivíduo que virou sua referência por lhe ensinar tudo de investimentos ou com quem pouco lhe orientou sobre isso? Algumas iam para a concorrência, claro, mas a grande maioria virava cliente da XP. Quase que naturalmente. Convidá-las a *aprender* antes de *investir* foi uma das estratégias mais importantes para o crescimento do negócio.

Qualquer sujeito ou organização pode se beneficiar disso. No entanto, você pode estar pensando: *Mauricio, em que formatos devo produzir os meus conteúdos? Em texto, áudio ou vídeo?* Bem, definitivamente, compartilhar não deve ser um empecilho para você. Portanto, opte sempre pelos estilos que mais domina. Escolha aqueles nos quais se sente mais confortável. Lembre--se do Capítulo 3 e aposte nas suas forças. Se sua escrita é boa, use textos. Se sua fala é ótima, use a voz. Se sua desenvoltura em frente às câmeras é excelente, use vídeos. Dedique-se às formas que você tem mais familiaridade. Maximize os canais de comunicação em que você entrega a melhor qualidade com o menor esforço.

Além disso, várias pessoas também perguntam: "Mauricio, e quais assuntos devo tratar?". Tudo o que você compartilha deve reproduzir a sua verdade. Ou seja, deve abordar temas que fazem parte da sua vida. Muita gente tenta descobrir os conteúdos mais "quentes" do momento para moldar a sua comunicação em cima deles em vez de reconhecer que o próprio conteúdo é o mais importante. Ele é o que funciona. Procure tanto em seu momento atual quanto em seu conhecimento os motivos para dialogar com a sua audiência. Você não precisa ir atrás de inspiração. Basta documentar o que faz. No início, eu só falava de empreendedorismo e startups. Essa era a minha realidade da época. Depois, na medida em que empresas e profissionais começaram a me procurar, agreguei ao meu vocabulário os tópicos de inovação e gestão de negócios. Em seguida, os de carreira também. Meus conteúdos não refletem fatos fantásticos que acontecem longe de mim. Refletem o que acontece comigo, os meus projetos, o que eu faço no decorrer dos anos. Apresentá-los, consequentemente, se torna algo espontâneo e natural. A sua autenticidade engaja mais do que qualquer outra coisa. Jamais a troque por uma tentativa de aprovação.

Todas as pessoas podem compartilhar toneladas de conhecimento. Poucas, porém, conseguem. Muita gente pensa demais em adaptar seus conteúdos para conquistar mais *likes* e ganhar mais *shares*. Esqueça isso. O público quer verdades. Sua maior força é ser você. Antes de publicar qualquer coisa, se questione: "Isso vai me beneficiar no longo prazo ou é apenas um caça-cliques?". Obter 5 mil curtidas é fácil. Construir uma reputação sólida, capaz de conquistar a atenção do seu público regularmente e sustentar a sua carreira ao longo do tempo, é a parte difícil dessa história.

Transparência gera confiança. E confiança é a moeda da atualidade. Em vez de pensar no que você pode conseguir, pense em quem você pode ajudar. Dê antes de pedir. Compartilhe antes de receber. O diferencial não está no que você faz para você. Está no que você faz para os outros. Profissionais de sucesso só geram valor para si depois de gerarem à sociedade.

6/10 Ps – PERSONAL BRANDING

Os melhores negócios e profissionais do mundo se concentram em vender. Eles se concentram em construir marcas, criar memórias, gerar um conjunto de sentimentos em relação aos seus nomes, imagens e citações. A Apple, por exemplo, não tenta "converter" você em um iPhone. Em vez disso, ela estabelece a "experiência iPhone". Assim como a Disney e tantas outras empresas admiradas pelos seus clientes.

Esse ambiente de rápidos avanços computacionais ilude as pessoas. Uma quantidade incontável de profissionais acredita que a tecnologia, por si só, garante vantagem competitiva. Sozinha, no entanto, ela não é suficiente. Hoje, com a completa democratização de tudo, não basta ser high-tech para ganhar a preferência do consumidor. É preciso ser mais. Você conhece, por exemplo, o Trader Joe's? Com frequência, essa rede de supermercados aparece entre as preferidas dos americanos nos principais rankings dos EUA.[50] Suas centenas de estabelecimentos estão entre os que mais vendem

CONSTRUIR AUTORIDADE

por metro quadrado do setor.[51] E, por incrível que pareça, eles não oferecem serviços digitais, vendas on-line ou delivery.[52] Nem durante a pandemia de covid-19 eles ofereceram.[53] Neste mundo cada vez mais digital, então, o que explica essa performance?

Além de não ter *e-commerce*, a empresa não contrata agências de publicidade e não produz propagandas. Por quê? Porque a maior parte da sua verba de marketing é gasta com amostras grátis. Isso permite que as pessoas degustem mercadorias à venda. Se você tiver dúvidas em relação a uma delas, basta chamar um funcionário. Intensamente treinado e na lista dos mais bem pagos do varejo americano, é bem provável que esse profissional abra o item na sua frente e lhe dê para experimentar.[54] Praticamente qualquer alimento pode ser provado, desde que não precise cozinhar.[55] Nas lojas, todas as artes são feitas à mão. Tanto as etiquetas das prateleiras quanto os painéis são criados com tinta, pincel e giz. Outra característica se refere ao número de produtos. Em vez de uma variedade enorme, seus estabelecimentos oferecem poucas opções. Para o Trader Joe's, os clientes se confundem quando há muitas alternativas. Enquanto um supermercado médio possui 50 mil artigos, eles só têm 4 mil.

Com o objetivo de garantir a qualidade e o menor preço, a maior parte dos itens é de marcas próprias. Para os que não são, a empresa dispensa o modelo tradicional e não se relaciona com intermediários, distribuidores ou revendedores. O contato é feito diretamente com produtores e fabricantes. Também não há descontos. Para eles, "promoção" é uma simples palavra de oito letras. Não há cupons, programas de fidelidade ou outras ações do gênero. Claramente, as estratégias do Trader Joe's são atípicas para o cenário tecnológico de hoje. Mas, ao mesmo tempo, evidenciam que os desafios empresariais vão muito além de coletar dados, desenvolver algoritmos e comprar equipamentos modernos. A supremacia dos negócios mais inspiradores da atualidade é construída com experiências, não com transações.

Contei essa história para apresentar o sexto dos 10 Ps deste livro. O do *personal branding*. Depois de me preparar exaustivamente para melhorar as minhas principais competências, como você leu no capítulo anterior,

155

DESOBEDEÇA: A SUA CARREIRA PEDE MAIS

a partir daqui eu comecei a testá-las. Ou seja, a colocá-las em prática para o mercado avaliar o meu desempenho. E qual é a melhor forma de as pessoas perceberem se você é sensacional? Se o seu trabalho é fantástico? Se as suas habilidades são realmente diferenciadas? Apesar de existir várias alternativas, a avaliação mais precisa ocorre quando um indivíduo degusta o seu conhecimento, interage com o seu talento e vivencia o seu potencial. Nada é mais convincente que a experimentação. Pode haver milhares de recomendações positivas sobre um restaurante. Ou vários comentários incríveis sobre um hotel. Não importa. A melhor forma de você constatar a qualidade do restaurante é almoçando nele, e a do hotel é se hospedando nele. Assim como o cliente do Trader Joe's ao receber o aperitivo de um produto: é provando que ele identifica se gosta ou não.

O objetivo desse "P" é construir e fortalecer a sua marca pessoal. Como? Expondo o seu talento às pessoas. Oferecendo amostras grátis dos seus serviços. Vou lhe contar algumas coisas que fiz. Para me organizar, foquei minha energia em duas frentes: tanto em trabalhar as mídias sociais e tradicionais quanto em realizar ações on-line e off-line.

Comecei a gravar vídeos sobre empreendedorismo e startups. Filmava na rua. Acordava cedo para pegar a cidade de São Francisco vazia. Como não tinha barulho, o áudio ficava melhor. Produzia com meu celular. Fazia tudo sozinho: do roteiro à edição. Depois, passei a entrevistar brasileiros que moravam lá. Eu me lembro de filmar com Elton Miranda, sócio da Contentools, empresa pioneira em marketing de conteúdo no Brasil; com Luiz Fernando Gomes, criador da Lotebox, plataforma de compartilhamento de containers para otimizar a logística marítima; com o investidor Pedro Sorrentino, uma das principais referências do nosso país na região. E com inúmeras outras pessoas. Buscava extrair delas o máximo de conhecimento possível. Apesar de não ter luz, microfone ou câmera profissional, o conteúdo era riquíssimo. Lembre-se disso: comece com o que você tem. Não espere a infraestrutura ideal e as condições perfeitas para iniciar algo. Reid Hoffman, fundador do LinkedIn, diz o seguinte: "Se você não tiver vergonha da primeira versão do seu produto, é porque você lançou tarde demais".[56]

CONSTRUIR AUTORIDADE

Publicava esses vídeos na internet. Por meio deles, comecei a usar as mídias sociais como ferramenta de trabalho. Sempre postei coisas pessoais e profissionais. Das viagens que fazia com minha esposa aos impactos das inovações na sociedade. Sei que muita gente prefere não misturar as coisas, mas percebi que esse nível de transparência foi capaz de mostrar com naturalidade o meu jeito de ser. Afinal, as pessoas enxergavam o "Mauricio" que falava de empreendedorismo, carreira e negócios. Mas também viam nele um ser humano como qualquer outro. Que tem família, se diverte, gosta de futebol e faz uma porção de coisas comuns como qualquer indivíduo. Leve a sério as redes sociais. Planeje-se para distribuir conteúdos ricos e de forma consistente. Você é uma "empresa de mídia" e precisará compartilhar a sua verdade obcessivamente para conscientizar o público do que você faz.

Foi essa exposição on-line, inclusive, que me levou à StartSe. Seis meses depois daquela minha caminhada pelas ruas de São Francisco, que iniciou o processo dos 10 Ps que você está lendo, Pedro Englert me ligou. Já mencionei ele aqui no livro antes, pois trabalhamos juntos na XP durante anos. Por acompanhar o que eu fazia, Pedro me apresentou João Evaristo e Junior Borneli, fundadores da StartSe. Eu me lembro da sua fala: "Mauricio, os dois têm um portal de startups, e você está em São Francisco. Alguma coisa boa vai nascer dessa conexão". A companhia era pequenininha, localizada na cidade mineira de Alfenas. Virei sócio muito mais pelo talento do João e do Junior do que pelo negócio em si. Apesar de ter entrado na StartSe em 2015, o primeiro retorno financeiro que obtive dela foi no segundo semestre de 2016, mais de um ano depois. Quem participa da construção de uma empresa sabe do que estou falando.

Também me ofereci a rádios para dar entrevistas e a jornais para escrever artigos. Foi árduo, confesso. Tomava um "não" atrás do outro. Como essas tentativas iniciais foram em grandes meios de comunicação do Brasil, decidi mudar a estratégia e atacar pelas trincheiras. Passei a falar com a imprensa do interior, de cidades menores. Nelas, minha receptividade aumentou. Mesmo assim, a maré seguia contrária: era preciso dez "nãos" para obter um "sim". Resolvi, então, pedir ajuda. Apresentei meu trabalho à jornalista Eliza

DESOBEDEÇA: A SUA CARREIRA PEDE MAIS

Grunglasse Warth, que viu valor no meu conteúdo. Por meio dos seus contatos, mostrei o que eu estava fazendo a vários repórteres de mídias importantes. Ter me preparado intensamente – como você leu no capítulo anterior – foi fundamental para motivar alguns deles a me darem visibilidade.

Apesar de esses canais tradicionais não lhe permitirem saber quantos indivíduos acessam seus conteúdos, quem são eles, onde vivem e por aí vai, assim como as redes sociais permitem, eles fortalecem a sua autoridade em função da credibilidade que possuem. A matéria de quase uma página ao meu respeito veiculada em 2016 no *Valor Econômico*, o mais importante jornal de economia e negócios do país, por exemplo, ajudou bastante a desenvolver a minha reputação no mundo corporativo.[57]

Por morar no Vale do Silício, um lugar não só repleto de startups bem-sucedidas, mas também de atrações turísticas maravilhosas, muitos amigos me visitavam. Vários, inclusive, perguntavam: "Mauricio, irei ao Vale... Como absorver o melhor dele?". Comecei, então, a montar roteiros e levá-los para conhecer a região. Passava um ou dois dias com eles. Compartilhava histórias, mostrava empresas e contava as características do lugar. Também telefonei para conhecidos com negócios no Brasil. Eu me ofereci para dar palestras de inovação aos seus funcionários. Ao contrário da estratégia frustrada de antes, nas rádios e jornais, essa funcionou bem. Só recebia retornos negativos quando não encontrávamos datas disponíveis. Independentemente do estágio de vida em que você se encontra, tenha sempre em mente a simplicidade com a qual começou. Nunca se incomode de pegar pesado. Nunca se importe de precisar sujar as mãos. Nunca se esqueça da sua humildade de principiante.

Em 2016, já na StartSe, aluguei uma mesa de trabalho em um coworking de São Francisco chamado RocketSpace. Na época, a Apex-Brasil – agência que promove exportações de produtos e serviços do nosso país – tinha um escritório lá e subsidiava parte do aluguel para as empresas brasileiras. Essa foi a primeira sede da StartSe no Vale. Todos os dias, a responsável pela Apex – Fernanda Baker – recebia muita gente. Pedi, então, para ela me apresentar algumas pessoas quando achasse conveniente. Não demorou para o meu fluxo de reuniões aumentar. Conheci inúmeros profissionais.

NUNCA SE ESQUEÇA DA SUA HUMILDADE DE PRINCIPIANTE.

DESOBEDEÇA: A SUA CARREIRA PEDE MAIS

Na maioria das vezes, eles não só pediam a minha opinião sobre seus negócios, mas também perguntavam o que eu faria em seu lugar. Aqui, precisei usar tudo o que aprendi sobre empatia. Tive que me colocar, de fato, no lugar do próximo. Tanto para ser certeiro nas perguntas, quanto para ser preciso nas respostas. Aos poucos, vi o impacto dessas conversas. O ápice foi quando encontrei Bárbara Minuzzi pela primeira vez. Ela morava em Miami e queria montar um fundo para investir em startups no Vale. Eu disse: "Se você quer trabalhar com isso aqui, terá que morar aqui". Semanas depois, vejo em suas redes sociais: "São Francisco, minha nova casa". Nós nos tornamos vizinhos, e ela lançou inúmeros produtos posteriormente.

A melhor forma de as pessoas perceberem se você domina o que faz é experimentando os seus serviços, interagindo com o seu trabalho. Usei amostras grátis para expor as três habilidades evidenciadas pela pesquisa e priorizadas por mim: comunicação e inspiração; empreendedorismo, carreira e negócios; e empatia. A partir de então, o mercado começou a reconhecer o meu potencial. Passei a virar referência para um determinado público. Sem querer, iniciei a construção de uma comunidade. Seja pela internet ou por interações físicas, indivíduos estavam sendo beneficiados pelo que eu entregava e estabelecendo conexões muito fortes comigo. Mais tarde, muitos viraram meus clientes ou me indicaram a profissionais e empresas que consumiram algo de mim.

Monte sua estratégia de amostras grátis. Defina ações capazes de compartilhar as suas competências priorizadas anteriormente. Isso cria condições para você construir a sua autoridade ao longo do tempo. Sei que muita gente vive sem escolhas e não consegue trabalhar em troca de nada. Você pode me falar inúmeros motivos que lhe impedem de fazer isso. Entendo. Porém, quem obtém uma quantidade substancial de sucesso dificilmente o alcança sem realizar algum movimento gratuito. Sem se doar *for free* para alguma coisa. Se você quer aumentar o seu valor de mercado e fortalecer a sua carreira... Se você quer construir uma marca pessoal respeitada e conquistar mais atenção das pessoas... Se você quer desenvolver relações de longo prazo em vez de simples transações com o seu público... Considere separar um tempo do seu dia, trinta minutos que seja, para se expor e fazer coisas

CONSTRUIR AUTORIDADE

de graça. São esses pequenos sacrifícios de hoje que abrem as portas para as grandes recompensas de amanhã. Fiz um resumo para você não esquecer o que leu aqui.

O que fazer para construir a sua marca pessoal ao longo do tempo:

1. Usar a estratégia de amostras grátis;
2. Transferir conhecimento sem exigir nada em troca;
3. Desenvolver a sua reputação assim como empresas desenvolvem o seu *branding*;
4. Trabalhar mídias sociais e tradicionais. Realizar ações on-line e off-line;
5. Começar com o que você tem;
6. Priorizar a qualidade do conteúdo antes da qualidade da produção;
7. Optar por formatos que você domina: texto, áudio ou vídeo;
8. Compartilhar valor às pessoas obcessivamente. Ser uma "empresa de mídia";
9. Utilizar as redes sociais de maneira consistente;
10. Ter a humildade de principiante.

Atualmente, a metodologia dos 10 Ps suporta toda a minha carreira. No entanto, foi preciso muita disciplina para executá-la. Eu poderia ter cobrado pelos meus serviços, ou ter sido mais agressivo em monetizar o meu público, não acha? O fato é que construir a minha marca pessoal no longo prazo antes de me preocupar em vender a qualquer custo trouxe incontáveis benefícios e possibilidades. Tanto que a maior parte do meu tempo passou a ser dedicada a iniciativas que não geram retornos imediatos.

E para dar o pontapé? Comece com o que tem. Iniciei sozinho, com meu celular, escrevendo meus próprios textos e produzindo meus próprios vídeos. A propósito, uso meu telefone até hoje para criar e editar boa parte das minhas publicações. Na StartSe, a história foi a mesma. Atualmente, possuímos um time de geração de conteúdo. Profissionais *full time* focados

DESOBEDEÇA: A SUA CARREIRA PEDE MAIS

100% nisso. Produtores de vídeos, designers, redatores... De fato, há uma "empresa de mídia" em nossa estrutura, que cria artigos, *podcasts* e diversos outros materiais diariamente. Entretanto, Junior Borneli, fundador do negócio, começou redigindo notícias em sua casa. As primeiras transmissões ao vivo da StartSe ocorreram no quarto do seu filho, onde o sinal da internet pegava melhor. É assim que se começa. Você não precisa de muito. A simplicidade é a sofisticação máxima, como disse Leonard Thiessen.[58] "Mas Mauricio, como vou transformar esse esforço todo em dinheiro?". Bem, o próximo "P" tratará disso.

CONSTRUIR AUTORIDADE

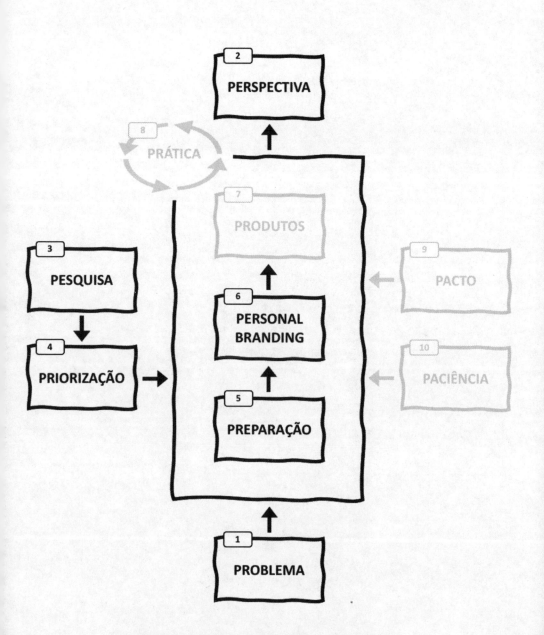

10 Ps: até aqui, você já leu seis deles.

FERREIRA SIMIÃO LUCY ISHIKAWA LUFRAN SANTOS LUÍS ADRIEL PEREIRA LUÍS ALBERTO BUSS WULFF JUNIOR LUÍS ALEXANDRE SIMPSON DO AMARAL LUIS AUGUSTO MELO ROHTEN LUIS CLAUDIO TOBARU TIBANA LUIS DE JESUS PEREIRA LUÍS DIONATAN DE OLIVEIRA FRANCO LUÍS EDUARDO DA ROCHA BATISTA LUIS EVALDO APPEL LUIS FELIPE PINTO VALFRE LUIS FERNANDO GUGGENBERGER LUIS FERNANDO GUGGENBERGER LUÍS GUSTAVO OLIVAL CAMBRAIA LUIS HELTON LACERDA SANTANA LUIS HENRIQUE BOTTON LUIS JORGE SOUZA DOS ANJOS LUIS PAULO BARROS DE MELO LUIS RODOLFO MENDES NASCIMENTO LUÍSA ESPER MARTINS DE ANDRADE LUISA PEREIRA MACEDO LUIZ ALBERTO CASER LUIZ ANTONIO CORREIA LUIZ ANTONIO MORAES DE AGUIAR LUIZ ARÊDES JR LUIZ AUGUSTO BARBOSA DA SILVA LUIZ CARLOS FERNANDES LOPES LUIZ EDUARDO CARDOSO CARVALHO LUIZ EDUARDO RAPHAEL DA ROCHA LUIZ FABIANO TAVES MARINHO LUIZ FELIPE BELÉM VILELA LUIZ FERNANDO PERONI MOZ LUIZ FERNANDO THEODORO MOTA LUIZ GLASENAPP LUIZ GUSTAVO GUND LUIZ HENRIQUE DELLA COSTA MADRID LUIZ HENRIQUE FERREIRA PEDROSO LUIZ INÁCIO LUIZ RENATO REINA MARTINELLI LUIZ RICARDO KRONE MARTINS CORATTI SARSANO DE GODOI LUIZ ROBERTO DE SOUZA JUNIOR LUIZ THIAGO SEMENSATO MESQUITA LUIZA CASTANHO LUIZA COMIN DA SILVEIRA LUIZA ELIANE DA SILVA NOGUEIRA GIFFONI LUÍZA MACIEL DO AMARAL LUIZA MARIA PEREIRA DOS SANTOS LUIZE COSTA LUKASZ ANDRZEJ KOSVOSKI LUMARA ROCHA DA SILVA LUNA BOUZADA FLORES VIANA LUNNA DIAS LUSINEI LANG LÚZIA HELENA DOURADO MARQUES LUZIA MAIARA DE MEDEIROS LYANA THYCIARA DE CARVALHO MÁXIMO BOLINA MABYLE FELIX MACY DE PAULA MAELI CECILIA NERI DA SILVA MAGALI CRIVELARO MAGALI MACULAN FERNANDES MAGALY PIRES MAICON CRHISTIAN RAMOS DA SILVA MAICON GELATTI MAICON GUILHERME COELHO DIAS MAICON LONGEN MAICON RODRIGO DIAS PAIS MAICON WILLIAN PEREIRA DE ALMEIDA MAIKOL QUINTANA PARNOW MAIKON DIEHL MAIQUEL LEITE DE OLIVEIRA MAIQUIEL BALDASSINI DE OLIVEIRA MAÍRA AZAMBUJA MANOEL LUCAS SILVA COSTA MANOELA DE FREITAS MANUEL JUNIOR FARIAS TOLEDO MANUELA BATISTA GRECHI MANUELA NEPOMUCENO AZEVEDO MANUELA RECODER RIBEIRO MANUELA TORRES COSTA VILELA MARA GEORGINA CORBELLINI MARA REGINA SCHUCH MARCEL CÁMARGO MARCEL MARCHIORI DE SENA MARCEL SOARES MARCEL WARS MARCELA ANDRESSA MAIA FONSECA MARCELA BRANDALISE GRAZZIOTIN MARCELA DARIO EL MOOR MARCELA KOSTELNAKI FRANCO MARCELA RONCELLI PAHL MARCELA TATIANE MOREIRA MARCELA TAVEIRA FLAUZINO MARCELL FERREIRA MARCELLE SARMENTO PATRONE MARCELLO EUGENIO BORGES ASSI MARCELLO FERNANDES PIRES MARCELLO FERNANDES PIRES MARCELO AGOPYAN MARCELO AMBRÓSIO CINTRA MARCELO CARRATO DE SOUZA MARCELO DE OLIVEIRA CAROTA MARCELO DOMINICALI MARCELO FERREIRA DA SILVA MARCELO FREIRE MONTEIRO MARCELO FRENHAN MARCELO GASPAR MARCELO GODOI VIEIRA MARCELO GUERRA LAGES MARCELO HENRIQUE DE CAMPOS SILVA MARCELO MARCON DE VARGAS MARCELO MARTINS PATRUS MARCELO MIRANDA MARCELO MOLINA MARCELO PAIM CIPRIANI MARCELO PAIVA MARCELO PAIVA HOFMEISTER MARCELO PETERS MARCELO PRISCO MARCELO RENATO FERRÉIRA RIBEIRO MARCELO ROSSI GOMES MARCELO SALES GONZAGA MARCELO SCHARRA MARCELO SOUZA PINHEIRO MARCELO WENDLING MARCELO WILTGEN DE ALMEIDA MARCIA BORGES DAMETTO VERRONE MÁRCIA CONCEIÇÃO DA SILVA NOGUEIRA MARCIA CORNELSEN FERREIRA MÁRCIA CRISTINA GOMES MARCIA DE SOUZA MARCIA DOS SANTOS ARAUJO MÁRCIA FÁTIMA TONIN MARCIA FERREIRA IGNACIO MARCIA GONÇALVES MARCIA HONÓRIO CODECCO MARCIA LIMA MARCIA MARGARIDA DE ZORZI TARTARO MÁRCIA PEREIRA DA SILVA MÁRCIA REGINA SCHNAIDER MÁRCIA RODRIGUES CAPELLARI MÁRCIA ROTH MARCIA SANTOS MENDES MARCIA SAVINO MARCILENE SCANTAMBURLO MARCÍLIO CARNEIRO MÁRCIO ANTONIO ALVES TRINDADE MÁRCIO BRASILEIRO MÁRCIO COSTA DE MENEZES E GONÇALVES MARCIO JOSE PEREIRA MARCIO JUN MURUZAKI MÁRCIO MARQUES VIEIRA MARCIO MINIZZI MARCIO MINUZZI MARCIO OMAR VILELA MÁRCIO ROBERTO DE OLIVEIRA MÁRCIO

ROCHA NOÉ MÁRCIO ROGÉRIO BERNARDINO MARCIO XAVIER DO NASCIMENTO MARCO ALMEIDA MARCO ANTÔNIO DE ABREU ABILHOA MARCO ANTONIO MILASIO MARCO ANTONIO PEIXOTO FERREIRA MARCO VITTORIA MARCONE DRUMOND JACOB MARCONI FRANCO DA SILVEIRA MARCONI TORRES FERREIRA MARCOS ANDRADE MARCOS ANDRÉ RODRIGUES DIAS MARCOS ANTÔNIO CALHEIROS DE SIQUEIRA MARCOS ARAÚJO MARCOS AURÉLIO PINTO DE SOUZA JÚNIOR MARCOS CLEYTON JOSÉ SILVIA MARCOS FLAMARION MARCOS GABRIEL DE OLIVEIRA MARCOS GASPARIN MARCOS GOMES MARCON MARCOS LIMA DE ARAUJO (BRAD) MARCOS NOGUEIRA MARCOS OLIVEIRA DA SILVA MARCOS PAULO SILVA SANTOS MARCOS RIZZATTI CELEPRIN MARCOS ROJAS MARCOS VINÍCIUS ABREU DA SILVA MARCOS VINICIUS DE LIMA MARCOS VINICIUS SIMOES MARTINS MARCUS DUARTE LABARTHE MARCUS NUNES MARCUS VINÍCIUS BARBOSA DE MELO MARCUS VINICIUS MÁXIMO MARCUS VINICIUS NUNES BONDEZAN MARGARETE TERESA PINTO DE QUEVEDO MARGARETH VIEIRA RIBEIRO MARIA ALDETE JUSTINIANO DA FONSECA MARIA ALDINETE DE ALMEIDA REINALDI MARIA ALICE JOVINSKI MARIA AUGUSTA RODRIGUES OROFINO MARIA BEATRIZ ARAUJO RIBEIRO SILVA MARIA BEATRIZ RAMOS MARIA BRASIL MARIA CAROLINA LAURENTINO LINS MARIA CAROLINA PARREIRAS GONÇALVES PEIXOTO MARIA CAROLINE ZUCHETTI DE SOUZA MARIA CHILOVANDA DA CRUZ MARIA CLARA MONETA CABRAL DE VASCONCELOS MARIA CRISTINA BOGUCHEVSKI NOGAS MARIA CRISTINA SILVA PEREIRA MARIA CRISTINA WOLF BARBOSA MARIA DA CONCEIÇÃO GERMANO DE LIRA TERRA MARIA DE JESUS DAS CHAGAS PROTACIO MARIA DE LOURDES DACAR DA SILVA PEREIRA MARIA EDUARDA AMARAL DA COSTA PINTO MARIA EDUARDA AMORIM LEÃO MARIA ELISA DE LIMA DE BARROS MARIA EUGÊNIA PONCET BORTOLON MARIA FERNANDA DE OLIVEIRA MARIA FERNANDA GIACOMAZZO ALVES MEYER DALMAZ MARIA FERNANDA MACHADO CARDOSO MARIA FLÁVIA PAULA DE LIMA MARIA GABRIELA DOS SANTOS SILVA MARIA GLESIA DE JESUS SANTOS MARIA ISABEL BARRETO MARTINEZ MARIA ISABEL DOMINGOS MOREIRA SALLES MARIA ISABEL LOPES DE MENDONÇA MARIA ISABEL TEÓFILO NUNES SANTOS MARIA IZABEL DE OLIVEIRA PINHAL MARIA JOSE COSTA BEHRNDT MARIA JULIA SCHMITZ MARIA JULIANA ANTERO DA SILVA DO AMARAL MARIA LÍDIA OLIVEIRA VALIM COUTINHO PEREIRA MARIA LÚCIA MAINART CARLOTTÃ MARIA LUIZA MOURA DE ASSIS MARIA LUIZA NELZRA ESPINDOLA MARIA MELISE DOS SANTOS ORSI VOLTAN MARIA PAULA PIMENTA MENEGHETTI LACERDA MARIA SYLVIA FERREIRA DA SILVA DIAS MARA VALENTINA FACCHIN RAIMUNDO MARIA VERÔNICA BATISTA DE LIMA MARIA VITORIA DA ROSA NELLI MARIA ZULINAR DOS SANTOS NETA MARIANA ANCHIETA ARAUJO DE QUEIROZ MARIANA BELEM RODRIGUES DE ALMEIDA MARIANA DE ANDRADE BASSO MARIANA DOS SANTOS MARIANA FERREIRA SALES MARIANA GABRIJELCIC MARIANA MARCELO COSTA LIMA MARIANA MAROUELLI CASTILHO MARIANA MARTOSO MARIANA RODRIGUES JACOMINO MARIANE CARPES NICOLOSO MARIANE GAUDIO MARIANE NATERA MARIANNE VORRATH MARIELI B. FERREIRA GOLIN MARIELLE MACEDO BARCELOS MARÍLIA MEDEIROS DE MATOS MARÍLIA PROVIN MARILYNN BORGES GONZALEZ MARINA BASSO MARINA DE OLIVEIRA RODRIGUES MARINALVA SANTOS ARAUJO MARINHO GONÇALVES PALMA MARIO OLIVEIRA MARIO RENATO CHAVES LIMA MARISA AILIN HONG MARISA RUSSO MARISSANDRA GOMES SILVEIRA MARISTELA RAMALHO MARISTELA REBONATO MARISTELA WINTER FOREST MARLI LÚCIA RAZERA SECCO MARLON JOSÉ PERING MARLON PAULA DO NASCIMENTO MARLON VEIGA MARLY QUEIROZ MIRANDA MARTA LUIZA SALIB MARTA MARINA SILVA GIORDANO MARZORATTI CRUZ MATEO KIM MATEUS BARBOZA REZENDE MATEUS HENRIQUE TORRES DE OLIVEIRA MATEUS KOZIAK CORSI MATEUS MITSUO ASADA MATEUS TESSARO MATHEUS APOLONIO SOARES MATHEUS BALBI GONÇALVES MATHEUS BASTOS FREIRE MATHEUS BORGES FERREIRA MATHEUS CAPOANI MATHEUS DE ASSIS MAIA MATHEUS DELA PORTE BETINELLI MATHEUS FELIPE ZIERMANN VIEIRA MATHEUS FERREIRA DOS SANTOS MATHEUS GOUVÊA TEIXEIRA DO NASCIMENTO MATHEUS HENRIQUE DE LIMA MALACCO MATHEUS HENRIQUE GARCIA MATHEUS

7 MONETIZAÇÃO

MONETIZAÇÃO

VENDER SIGNIFICA AJUDAR

Como falamos no capítulo anterior, a estratégia de amostras grátis permite que você compartilhe as suas competências e dê forma aos seus talentos. Ao entregar valor à sociedade, as pessoas podem criar laços de extrema confiança contigo. Muitas, inclusive, a ponto de pagar pelo que você oferece e lhe recomendar a outros indivíduos e empresas. Em paralelo, na medida em que as suas habilidades são colocadas à prova por meio dessas ofertas, é possível validar se elas fazem ou não sentido aos potenciais clientes. Se verdadeiramente resolvem problemas enfrentados pela população. Com isso, é possível medir a "temperatura" do que você está criando no próprio mercado real.

Porém, nada acontece por acaso. No começo, é preciso se expor e entregar muitas amostras grátis para desenvolver a sua reputação com o tempo. A monetização é consequência disso. Não se preocupe em ganhar dinheiro cedo, logo no início. Construa uma base sólida e rentabilize-a depois. Vale lembrar que se tornar autoridade não significa ganhar fama. De forma alguma. Significa que você é respeitado pelo trabalho que realiza. Ao se importar menos com o seu status e mais com a sua intenção de melhorar, progredir e ajudar as pessoas, pouco a pouco elas vão querer se aproximar de você.

Na minha lista de prioridades, construir uma marca aparece antes de obter lucro. E o motivo é simples. Ao tentar monetizar 100% dos seus esforços e exigir que todas as suas ações produzam receitas imediatas, você limita o crescimento da sua carreira. Na prática, é isso que acontece. A razão pela qual indivíduos e organizações pagam caro pelos meus serviços é porque eu não ofereço toneladas de coisas com o meu nome. Não tento lhe empurrar mil produtos em troca do seu dinheiro. Não foco em vender a qualquer custo. Foco, sim, em construir a minha reputação a qualquer custo. Prefiro me doar gratuitamente a uma empresa hoje para ela perceber que faz sentido investir alto em mim amanhã.

Em 22 de agosto de 2018, por exemplo, fui ao Rio de Janeiro e passei o dia na brMalls, uma das maiores administradoras de shopping centers da América Latina. De manhã, estive com as áreas operacionais da organização, que trabalham no Norte Shopping. De tarde, fui ao escritório da empresa no Leblon. Dei duas palestras, me reuni com funcionários e lideranças, gravei vídeos... Passei cerca de oito horas com eles. Não cobrei nada, não vendi nada, não ofereci nada. Poderia, mas não o fiz. Construí grandes amizades. Fortaleci relações pessoais e profissionais. Me aproximei de Ruy Kameyama, presidente da companhia; Bianca Bastos, diretora de RH; Mariane Wiederkehr, diretora de novos negócios. Além de todas as demais pessoas incríveis que conheci lá. De fato, desenvolvi um carinho especial por aquele time. Resultado: a brMalls virou uma grande parceira da StartSe. Nos meses seguintes, o total de contratos que ela assinou conosco somou um valor muito maior do que o meu preço por um dia. Portanto, não tente monetizar a sua audiência logo na largada. Mostrar o seu potencial primeiro pode lhe proporcionar retornos bem superiores depois.

Mas, vamos lá. Sejamos práticos. Não existe estratégia de sucesso sem vendas – a não ser que você viva de doações. Em geral, as vendas curam tudo. Elas tiram o peso dos ombros, aliviam a pressão e afastam a dor. De fato, você precisa dominar isso. Porém, ao contrário do entendimento comum, vender não é uma tentativa de convencer alguém. Vender é ajudar. Muita gente, particularmente quem não tem histórico em áreas comerciais ou está oferecendo algo pela primeira vez, pensa que vender é um jogo de técnicas, sacadas e argumentações que faz um indivíduo tomar a decisão de comprar

MONETIZAÇÃO

algo de alguém. Ou que grandes vendedores são aqueles bem articulados, rápidos e objetivos. O fato é o seguinte: se você não for capaz de auxiliar uma pessoa, dedicar tempo para ensiná-la e mostrar por que o seu trabalho pode impactá-la positivamente, dificilmente ela fará negócios contigo. Independentemente de você ter o dom da oratória ou de usar abordagens incríveis. Para vender, é preciso entender as necessidades dos seres humanos, se colocar no lugar deles e servi-los. Quando você vende, você ajuda.

Sempre que menciono ajudar, quero dizer "ajudaaar". Deixe-me explicar. Todas as pessoas que desejam construir relações profissionais de confiança deveriam compartilhar conteúdos para seus consumidores não precisarem delas. Para seus clientes serem capazes de aprender as suas técnicas e fazer o que elas fazem por conta própria. Quando as suas atitudes vão nessa direção, a chance de você virar a opção número um do seu público aumenta demais. E a de vender também. Essa é a minha definição de "ajudaaar". Se você trabalha com aparelhos de ar condicionado, por exemplo, que tal produzir materiais sobre como fazer a manutenção deles? Como realizar a limpeza, como trocar o filtro... Se você é chef, que tal ensinar o passo a passo das suas melhores receitas? Mostrar os detalhes do preparo, contar onde os ingredientes são encontrados... Ao fazer isso, é bem provável que mais gente procure os seus serviços quando o ar condicionado quebrar ou o seu restaurante quando a fome apertar. Por mais estranha que essa estratégia possa parecer, ela é uma das minhas favoritas. Diariamente, compartilho tudo o que sei. Não tenho medo de "entregar" o meu DNA. Até porque, se você não obtiver de mim o que necessita, vai obter de alguém. É insensatez achar que guardar o seu tesouro a sete chaves ainda funciona nos dias de hoje. Dê mais para receber mais. As mais generosas doações produzem as mais generosas colheitas. Quanto mais ensino, mais vendo. Quanto mais me exponho, mais vendo. Quanto mais ajudo, mais vendo.

Até alguns anos atrás, os profissionais de vendas dominavam a maioria das conversas comerciais. Não é difícil entender por quê. Você, como cliente, tinha acesso a poucas informações sobre o que desejava comprar. Para tomar uma decisão, era necessário procurar alguém que entendesse as

AS MAIS GENEROSAS DOAÇÕES PRODUZEM AS MAIS GENEROSAS COLHEITAS.

MONETIZAÇÃO

especificações de um produto, as vantagens de um serviço, as condições de uma oferta. Esse alguém, geralmente, acabava sendo um vendedor. Com a inexistência da internet, esse indivíduo – muitas vezes – era a única fonte de consulta que as pessoas tinham. Logo, você precisava contatá-lo, ou por telefone ou indo até ele. No entanto, essa dependência gerava gargalos. Não era raro aguardá-lo finalizar o atendimento de outros clientes até chegar a sua vez. Ficar na fila fazia parte da rotina.

Hoje em dia, essa realidade mudou. Como consumidores, passamos a ter acesso ilimitado a conhecimento. Não somos mais reféns de uma única fonte de informação. Nem precisamos ficar em uma sala de espera para esclarecer as nossas dúvidas. Agora, a internet nos explica praticamente tudo, 24 horas por dia, quase sempre de graça. Isso impacta não só o trabalho dos profissionais de vendas, que exercem um dos ofícios mais antigos da humanidade. Impacta o trabalho de todo mundo. Essa democratização das coisas tornou a sociedade muito mais preparada para enfrentar de igual para igual qualquer tipo de conversa. Inclusive, para reconhecer os diálogos verdadeiros e desconfiar dos oportunistas.

É por isso que vender, para mim, significa ajudar. Em razão de o aprendizado ter se tornado commodity e de o consumidor já sanar a maior parte dos seus questionamentos pelo celular, enquanto você não se colocar no lugar das pessoas, entender seus sentimentos e compreendê-las de maneira genuína, sua relevância profissional será mínima. Tenha isso em mente. O cliente tornou-se mais exigente. Ao falar contigo, o entendimento desse indivíduo sobre certas soluções que você oferece pode ser muito superior ao seu. Afinal, é possível que ele tenha acessado dezenas de materiais, lido inúmeras avaliações e mergulhado nos prós e contras de cada opção existente no mercado. Isso porque os aspectos técnicos de quase todos os produtos e serviços atualmente à venda se tornaram públicos. Não é para discutir esses pontos que alguém vai até você. E mesmo se for, conversas dessa natureza não lhe diferenciam. É necessário colaborar e contribuir com o seu público. Ouvir e fazer perguntas. Ser capaz de conhecer seus problemas, assimilar a origem deles e se abrir a diversas possibilidades para mostrar o melhor caminho possível.

DESOBEDEÇA: A SUA CARREIRA PEDE MAIS

Para aumentar as vendas, grande parte das pessoas acha que é preciso estudar novas técnicas de prospecção, negociação e fechamento. Ou novas abordagens comerciais testadas e aplicadas com sucesso por alguém. Isso ajuda, sim. Inclusive, qualquer um de nós pode obter esse conhecimento nos dias de hoje. Há excelentes livros, ótimos conteúdos on-line... Experimente pesquisar na internet por "técnica de vendas" e ver o que aparece. Você aprenderá lições fantásticas sem gastar praticamente nada.

Porém, há outro ponto. O autor britânico Peter Sage costuma citar uma pesquisa de Harvard para mostrar o que faz alguém ser capaz de vender mais.[58] Esse estudo dividiu vários vendedores, de diferentes indústrias, em dois grupos. De um lado, os que apresentavam resultados extraordinários. Do outro, os medianos. O objetivo foi comparar o passo a passo das suas estratégias, desde as ações iniciais para criar empatia e conexões fortes com as pessoas, chamadas de *rapport*, até o trabalho para entender as suas demandas, apresentar as soluções, superar as objeções e concretizar a venda. O resultado foi o seguinte: os melhores vendedores seguiam as mesmas etapas dos intermediários. Exatamente as mesmas. Mas com uma diferença: eles investiam muito mais tempo nas primeiras fases do processo. Ou seja, nas atividades destinadas a conhecer o seu público, identificar as suas dores e construir relacionamentos baseados em confiança. Em outras palavras, eles demonstravam um sincero nível de apreciação pelo que os clientes queriam.

Os profissionais que agiram assim enfrentaram poucas resistências dos consumidores. Na maioria das vezes, a venda foi uma evolução natural. Em contrapartida, os que passaram rápido pelos estágios iniciais e tentaram logo oferecer alguma coisa, além de realizarem uma quantidade menor de negócios, precisaram gastar muito mais tempo respondendo dúvidas da audiência – para compensar a falta de entendimento sobre ela – e acabaram construindo uma relação bastante truncada com seus clientes. Ao se comprometer a conhecer um público profundamente, não só seus resultados podem aumentar, mas também a riqueza de quem você é pode aumentar. Para obter o respeito das pessoas, não basta convencê-las a comprar algo. É necessário compreendê-las na sua essência.

MONETIZAÇÃO

Na cabeça de muita gente, uma abordagem comercial bem-sucedida deve ser agressiva e repleta de discursos "infalíveis", com técnicas em cima de técnicas e promoções em cima de promoções para cercar os indivíduos e fazê-los comprar de qualquer jeito. Esqueça isso. Agir assim é voltar no tempo. Busque captar as reais necessidades dos consumidores e se antecipar às suas perguntas. Ajude-os. Alimente-os com o seu conhecimento. Invista tempo construindo elos de confiança antes de propostas comerciais. Não efetive uma venda só pela comissão. Seus clientes precisam levar as soluções que melhor resolvem os seus problemas. E você é responsável por isso. Já falei para várias pessoas que meus serviços não lhes atendiam. Que eu não era o profissional mais indicado para servi-las. Mesmo elas querendo pagar. Lembre-se: vender é ajudar. E – quando for o caso – dizer que você não é o indivíduo ideal para entregar algo também é ajudar.

SE COLOQUE NO LUGAR DOS OUTROS

Construir uma carreira de sucesso não é fácil. Nem se tornou fácil. Hoje, o fato de haver inúmeras alternativas, possibilidades e caminhos para se desenvolver profissionalmente não significa que as coisas são mais simples do que antes. O "difícil" sempre esteve entre nós. Independentemente da época, uma das qualidades de quem conseguiu superar essas dificuldades e alcançar grandes conquistas diz respeito à capacidade de se colocar no lugar dos outros. De cultivar a empatia e praticá-la diariamente. Essa foi uma das competências que surgiram em minha pesquisa – apresentada no Capítulo 3 – e uma das principais razões para eu ter evoluído até aqui. Faço questão de compartilhar mais sobre isso com você.

A primeira vez que eu percebi o valor da empatia foi na XP. Em minha equipe, havia uma pessoa talentosíssima chamada Thainá Cabral. Ela criava todas as artes e comunicações que fazíamos para os assessores de investimentos espalhados pelo Brasil. Tínhamos uma sintonia incrível. Fazíamos reuniões, definíamos estratégias e, em poucas horas, os materiais já estavam prontos. Thainá fazia tudo. Certo dia, porém, ela decidiu trocar o mercado financeiro pelos seus projetos pessoais relacionados à moda. Esse era o seu sonho. Dei todo o apoio. Em nossa última conversa antes de ir embora, ela me disse: "Mauricio, você tem a capacidade de entender os outros, de dar espaço às pessoas e fazê-las brilhar. Agradeço por ter me ensinado tanto". Definitivamente, essas palavras me marcaram para sempre. Dali em diante, entendi o poder dessa competência e passei a inseri-la em minha vida.

Empatia é a habilidade que você tem de obter e assimilar informações para entender profundamente quem lhe cerca. Isso acontece à medida que duas partes do cérebro trabalham juntas. Enquanto o centro emocional tenta perceber o que os outros sentem, o centro cognitivo busca compreender as diferentes perspectivas dos seres humanos, as inúmeras razões que dão origem aos seus sentimentos e as possíveis formas de ajudar.[60] E qual é o objetivo dessa teoria? Bem, ao se esforçar para "sentir" as pessoas, ser capaz de mergulhar em seus pensamentos e ter a maturidade de respeitar as suas crenças, você poderá identificar-se genuinamente com um indivíduo e entendê-lo tanto quanto ele entende a si mesmo. Nada pode ser mais empático do que isso.

Quem não tem intimidade comigo pode pensar que eu falo o tempo todo, pois é assim que, em geral, apareço em público. No entanto, se você me conhece, sabe que escuto mais do que falo. Observo mais do que opino. A empatia me permitiu entrar na vida de muita gente. Desconhecidos viraram conhecidos. Conhecidos viraram clientes. E clientes viraram amigos. Na StartSe, temos um grupo com todos os alunos que já participaram dos nossos programas internacionais. Dos que foram ao Vale e estiveram em turmas que eu acompanhei, desenvolvi relações estreitas com a maioria. Todos têm meu telefone, boa parte sabe onde eu moro, e converso com vários regularmente. Cultivar laços fortes com os seus consumidores é o ponto de partida para você calçar os sapatos desses indivíduos e viver o que eles vivem. Isso lhe possibilita compreender profundamente os seus desafios – inclusive os menos aparentes – e oferecer as melhores soluções para ajudá-los.

MONETIZAÇÃO

No livro *Líderes se servem por último*,[61] Simon Sinek afirma o seguinte... Para muita gente, liderança significa poder e prestígio. Para os fuzileiros navais, significa "colocar as necessidades dos outros acima das suas". Além de priorizar as pessoas, você precisa enxergá-las como seres humanos, não como ferramentas para realizar tarefas. A empatia constrói relações nas quais a palavra "servir" vem antes de "vender". E isso pode ser expresso por meio de perguntas simples, tais como: "Está tudo bem?", "Há algum problema?", "Posso ajudar?". Colocar-se no lugar do próximo faz você ser um indivíduo mais atencioso e mais conhecedor não só das necessidades alheias, mas também das várias oportunidades resultantes disso.

No entanto, isso representa muito mais do que um benefício pessoal. Enquanto sociedade, ganhamos demais com essa prática. Empatia e compaixão são cruciais para o desenvolvimento de um futuro sustentável e humano. Quando me mudei ao Vale do Silício, em 2015, pousei antes da *San Francisco Pride*,[62] a primeira parada LGBTQIA+[63] a ser reconhecida globalmente e uma das maiores do mundo.[64] Novato na área, fui buscar moradia. Ao andar pelas ruas, visitar imobiliárias e procurar apartamentos, observei algo em todo lugar: a bandeira do arco-íris.[65] Ela representa o orgulho LGBTQIA+ e foi criada na região em 1978. Seja em outdoors, postes ou praças, lojas, restaurantes ou edifícios: para onde eu olhava, o colorido desse símbolo estava lá.

Antes de continuar essa história, vale mencionar que o Vale do Silício abrigou inúmeros eventos importantes. Em 1849, quando foi descoberto ouro naquelas terras, milhares de chineses, europeus e latinos foram para lá e nunca mais voltaram. De um vilarejo de tendas, São Francisco virou um centro próspero e agitado.[66] Mais tarde, a cidade difundiu globalmente o movimento hippie. A geração "sexo, drogas e rock'n roll", o slogan "paz e amor" e o desacordo ao capitalismo formaram o ícone da contracultura que ganhou o mundo nos anos 1960.[67] Na mesma época, o município de Berkeley – também situado na área – viu os estudantes da sua universidade realizarem um enorme protesto em favor da liberdade de expressão. Foi o primeiro ato generalizado de desobediência civil em um campus americano.[68]

DESOBEDEÇA: A SUA CARREIRA PEDE MAIS

Há ainda a tecnologia que atrai talentos, as startups que reescrevem indústrias e os megainvestidores que injetam, nas empresas do Vale, grande parte do capital de risco global.[69] Além disso, Stanford forma mais empreendedores do que qualquer outra instituição acadêmica do planeta, UC Berkeley está entre as faculdades com mais Prêmios Nobel do mundo[70] e o centro de pesquisa da NASA – chamado Ames Research Center – emprega milhares de cientistas, doutores e pesquisadores.[71] Para completar, 50% da população nasceu fora dos Estados Unidos, 25 milhões de turistas visitam a região por ano[72] e mais de 150 idiomas são falados diariamente[73] por lá. É uma mistura enorme de raças, crenças e religiões. Princípios, valores e culturas. Tudo dentro de uma geografia minúscula, em que menos de 100 quilômetros separam uma extremidade da outra.

Essa é a fotografia do Vale. Mas por que escrevi isso? Bem, para voltar à celebração LGBTQIA+. Agora, você entenderá sobre ela. No dia da parada, que ocorre anualmente em junho, fui até a Market Street, a principal rua de São Francisco – aquela mesma que mencionei no Capítulo 1. Ela é fechada ao trânsito, já que ali ocorrem as comemorações. Além de mim, uma multidão também estava lá. Gente com diferentes orientações sexuais, culturais e religiosas. Indivíduos de todas as idades, raças e cores. Rapidamente, percebi que o evento não suporta só uma causa. Mas, sim, a diversidade de uma sociedade inteira.

Ao longo do dia, pessoas desfilam nessa rua e espectadores assistem das calçadas. É um formato que lembra o nosso Carnaval. Porém, quem desfila? As próprias empresas da região, que formam alas e caminham em sequência, uma após a outra. Funcionários da Apple, Google e Microsoft. Facebook, Tesla e Neflix. Colaboradores da Amazon, Levi's e GoPro. Walmart, Visa e Disney. Membros de universidades, hospitais e companhias aéreas. Órgãos públicos, polícia e bombeiros. De chineses a indianos, católicos a muçulmanos, homossexuais a héteros.[74] Enquanto há indivíduos que ainda cultivam preconceitos inúteis, outros festejam as multiplicidades, a espécie diversa que somos e os ideais variados que cultivamos. Não são as diferenças que nos dividem, mas a nossa incompetência de reconhecê-las,

MONETIZAÇÃO

aceitá-las e celebrá-las. Se você leu *Audaz*, meu segundo livro, deve ter se lembrado dessa parte.

Viu como esse lugar vive de contrastes? A discordância de escolhas é imensa. A variedade de opiniões é enorme. De fato, o Vale tinha tudo para ser um caos. No entanto, ele soube desenvolver o respeito ao próximo e transformar a divergência em matéria-prima para se tornar a região mais inovadora do mundo. O atípico não surge da harmonia. O inusitado não se manifesta na obediência. Para obter vantagem competitiva nos dias de hoje, é preciso compreender o real sentido das diferenças. Ao se colocar no lugar dos outros, um indivíduo não só melhora o seu entendimento sobre as pessoas, mas também sobre ele mesmo. Exercer a empatia nos faz crescer como seres humanos e evoluir enquanto espécie.

Em outubro de 2018, estive na Bahia. Fui falar na convenção da cooperativa de crédito Uniprime. Sinval, um motorista para lá de simpático, foi quem me pegou em Salvador e me levou até o evento na Praia do Forte. Durante o trajeto de uma hora, ele me abriu as portas do seu mundo. Contou sobre a dura realidade dos seus primeiros anos, a infância perdida, o que fazia para sobreviver. Falou também sobre como transformou um emprego de carregador na oportunidade da sua vida. Doou-se tanto que virou motorista de caminhão. Depois, motorista geral. Por fim, motorista particular. Conquistou coisas que jamais imaginou conquistar. Para cada história que escutei, busquei "visualizá-la" em minha mente para assimilar pedaço por pedaço do que ele enfrentou. Absorvi ensinamentos riquíssimos. Aprendi lições fantásticas. Muitas, inclusive, usei no projeto social de Indiaroba – apresentado no Capítulo 4 –, que realizamos um mês depois. No dia seguinte, Sinval me levou de volta ao aeroporto de Salvador. Quando nos reencontramos na recepção do hotel, recebi dele um forte abraço e as queridas palavras: "Mauricio, meus amigos do Ceará me viram contigo em sua rede social ontem. Fiquei muito feliz. Gratidão". Na verdade, fui eu quem agradeci. Situações como essa alimentam a minha paixão pelo potencial de superação do ser humano.

Na grade de produtos da StartSe, há o Master Program. Nele, acompanhamos um grupo de profissionais – geralmente líderes de empresas – ao

DESOBEDEÇA: A SUA CARREIRA PEDE MAIS

longo de um ano. São vários encontros presenciais e virtuais, individuais e coletivos. Em doze meses, os participantes desenvolvem os seus projetos conosco. Mas por que escrevo isso? Porque, no início de 2020, realizamos a aula inaugural desse curso. Foram dois dias em São Paulo. No primeiro, tudo correu bem. No segundo, porém, as atividades da manhã deixaram a desejar. Rapidamente percebemos isso. Para resolver, falamos com a turma. Nós nos colocamos em seu lugar. Queríamos compreender o contexto dos alunos, as suas expectativas e o que gostariam de ter visto. Ao longo do almoço, reunimos o time da StartSe e mudamos a agenda da tarde inteira. Na volta, nos desculpamos com a audiência, fomos transparentes com a situação e mostramos sabe o quê? Os 10 Ps. Peguei um pincel azul e pedi para todos se sentarem perto de um quadro branco. Em companhia de Junior Borneli, desenhamos a estratégia, aprofundamos as dez etapas e discutimos como os negócios ali presentes poderiam utilizá-la. Foi incrível. Virou um dos pontos altos do evento. A "leitura" do sentimento dos clientes nos fez abandonar o que havíamos planejado para aquela tarde e compartilhar um conteúdo 100% diferente capaz de melhor atender os interesses deles.

A empatia lhe permite não só evoluir enquanto indivíduo, mas também alinhar as suas entregas às expectativas da sua audiência. Hoje, muita gente foca em conduzir os seus contatos por um funil de vendas e acaba não investindo tempo para compreendê-los como humanos... Como sujeitos que possuem emoções, motivações e perspectivas distintas. Ao pular as etapas que visam entender o próximo, dificilmente você obterá a confiança necessária para influenciar os outros. Portanto, preste atenção à turma que lhe cerca. Sinta quem está ao seu redor. Empatia tem a ver com pessoas. Essa é a força que move carreiras e negócios à frente. Como você leu antes, vender é ajudar. E, para ajudar, você precisa captar minimamente as angústias da sociedade à sua volta.

Toda essa conversa, porém, deve se transformar em compaixão e ação. Empatia é perceber as dores de alguém e oferecer ajuda. É apreciar o ponto de vista alheio e buscar um debate saudável para construir soluções melhores. É considerar as perspectivas de um funcionário e sugerir algo diferente

MONETIZAÇÃO

para beneficiar a empresa inteira. Como dizem por aí, as pessoas podem não se lembrar das suas ações, mas jamais se esquecem do que você as fez sentir. Ao se colocar no lugar dos outros, você é capaz de transformar essas suas ações – que podem ser esquecidas – em sentimentos memoráveis ao longo do tempo.

7/10 Ps – PRODUTO

Até aqui, você definiu o problema e a perspectiva. Realizou a pesquisa e a priorização. Começou a preparação para se tornar excepcional nas competências priorizadas e o oferecimento de amostras grátis para construir o seu *personal branding*. Resumidamente, esses foram os seis primeiros Ps. No entanto, você pode estar se perguntando: "Mas como ganho dinheiro com isso? Como recompenso financeiramente o trabalho feito até aqui? De que forma monetizo os 10 Ps?". Bem, esse é o tema de agora.

Vender faz parte de um longo processo. O que realizo antes das minhas ações comerciais impacta diretamente o resultado delas. Não tenho obsessão em transformar um indivíduo em cifras. Tenho obsessão em entregar o máximo de valor ao meu público e construir laços de extrema confiança com ele. Trabalho para que as pessoas comprem de mim em função do relacionamento que elas estabelecem comigo, não em resposta a promoções agressivas ou ofertas "matadoras".

Separo a minha estratégia de monetização em duas partes. Primeiro, vem o conteúdo. Ou seja, tudo o que você já leu até aqui. Invisto a maioria do meu tempo nisso. Depois, vem a venda propriamente dita. Veja essa sequência de fatos... Quando resolvi mostrar o meu potencial por meio de amostras grátis, comecei a me expor. Gradativamente, isso construiu uma história e uma marca associada ao meu nome, que não só transformou o "Mauricio da XP" em "Mauricio Benvenutti", mas também criou as bases para eu ser visto como autoridade por um determinado grupo de pessoas.

179

EMPATIA É A FORÇA QUE MOVE CARREIRAS E NEGÓCIOS À FRENTE.

MONETIZAÇÃO

Algumas, inclusive, passaram a confiar tanto em mim a ponto de pagarem pelo meu trabalho. Com isso, as amostras grátis deram origem a produtos. E esses produtos começaram a remunerar as minhas iniciativas.

Viu como uma coisa leva à outra? Não lanço algo no mercado e pergunto se você quer comprar. Não aguardo a sua resposta positiva ou negativa. Não ofereço mil descontos caso você não queira. Nem brindes e mimos para tentar lhe convencer. Definitivamente, esse não é o meu jogo. Como já escrevi antes, dou o meu melhor sem exigir nada em troca, sem esperar "sim" ou "não", sem criar expectativas financeiras em relação a isso. Disponibilizo o que sei via amostras grátis e observo dois indicadores. Primeiro, a *satisfação* dos que consomem as minhas iniciativas gratuitas. Para quem não gosta, peço ajuda com o objetivo de melhorar. Para quem gosta, peço que me recomende a outras pessoas. Depois, avalio a *demanda* dessas amostras. Ou seja... Ela aumenta? Há mais procura? O engajamento é crescente? Quando *satisfação* e *demanda* são altas, há grande chance de você cobrar pelo que hoje é entregue de graça.

É nesse momento que começo a "vender", a mostrar meus produtos, a comentar sobre eles. No capítulo anterior, mencionei que me ofereci para palestrar gratuitamente em empresas, lembra? Ao colocar isso em prática, tanto o número de feedbacks positivos quanto o de pessoas me procurando aumentou. Logo, montei uma página na internet, dei um preço à palestra e apresentei-a como produto. Ao receber novos convites para falar, comecei a direcionar boa parte deles a esse site. Não demorou para companhias e bancos de palestrantes solicitarem orçamentos e me contratarem. De lá para cá, já estive nas maiores empresas e conferências do Brasil, inclusive no TEDx, a versão independente do TED Talks, um dos mais importantes eventos do mundo. Fui convidado por Éder Monteiro, que faz parte do time de organizadores do TEDx em nosso país. Apesar de não ganhar nada para palestrar nele, estar ali criou diversas outras oportunidades.

Investi tempo para estudar o Vale do Silício e compartilhar conteúdos sobre a região. Gradativamente, a interação do público com esses materiais avançou bastante. Em agosto de 2015, publiquei o meu vídeo de estreia.

DESOBEDEÇA: A SUA CARREIRA PEDE MAIS

Gravei-o na recepção do prédio onde eu morava em São Francisco. Falei sobre criação de startups e obtive pouquíssimas visualizações. Já em maio de 2016, outro vídeo – chamado "Uber foi só a ponta do iceberg" – viralizou tanto que passou a circular em grupos de WhatsApp do Brasil. Em paralelo, na StartSe, todas as amostras grátis relacionadas ao Vale também geravam procura. A audiência era crescente, bem como os elogios. Isso nos deu autoridade para criarmos o primeiro produto na região. Tratava-se de uma "Missão internacional de negócios", que aconteceu em agosto de 2016, um ano depois daquele vídeo inicial. E, mesmo custando o preço de um carro popular, interrompemos a sua comercialização porque vendeu mais que o esperado. Não lançamos algo esperando um "sim" ou "não". Antes, desenvolvemos a nossa reputação. Focamos doze meses isso. Depois, resolvemos "vender".

Da mesma forma, meus textos fizeram a minha voz ter mais alcance. Aos poucos, criei uma comunidade ao redor deles, que passou a participar ativamente de discussões, sugerir temas e me recomendar a mais pessoas. Fiz dessa comunidade um "bairro" para cada indivíduo se sentir parte insubstituível daquela família. Quando escrevi meu primeiro livro, por exemplo, ele se tornou o mais vendido do Brasil na categoria "negócios" logo no lançamento.[75] E esse "bairro" foi o grande responsável por isso. Depois, quis rodar o país para promover a obra. Fui atrás de patrocínio. Meu amigo Fernando Campos me apresentou Christiano Oliveira, então presidente da Flytour, uma das maiores agências de viagens da América Latina. Ao entrar na sua sala e cumprimentá-lo, Christiano falou: "Mauricio, acompanho o seu trabalho e consumo os seus conteúdos. Parabéns". A Flytour pagou todos os custos de transporte e hospedagem dos quarenta e cinco dias que fiquei viajando.

Ao mesmo tempo, também recebia avaliações fantásticas das mentorias gratuitas que eu dava. Decidi, então, transformá-las em "produtos". Acabei virando conselheiro de empresas, mentor de carreiras e *advisor* de novos negócios. Muitas vezes, nos surpreendemos com os resultados de alguém, mas pouco valorizamos o trabalho de formiguinha que é realizado anteriormente.

Exercite as suas amostras grátis. Ofereça-as para bastante gente. Quando *satisfação* e *demanda* estiverem altas, comece a "vender". Isto é: crie um

MONETIZAÇÃO

produto, defina um preço e continue fazendo o resto que você já faz. Agora, porém, adicionando ao seu discurso o produto recém-criado. Deixe-me compartilhar cinco pontos em relação a isso:

1) ALINHAR AS EXPECTATIVAS DOS QUE LHE CERCAM

Não sei o que você faz... Se você tem um negócio próprio ou trabalha para alguém, se está no mercado há anos ou começou agora, se quer trocar de emprego ou permanecer no atual, se você criará algo desassociado da sua profissão ou vinculado a ela. De fato, não tenho a mínima noção disso. Porém, ao pensar em monetizar os 10 Ps, é fundamental alinhar as suas expectativas com a dos indivíduos que lhe cercam.

Se você é funcionário de uma organização, reúna seus superiores. Fale o que está fazendo. Ao manter suas atividades paralelas em "sigilo", além de limitá-las, você corre o risco de gerar uma série de mal-entendidos, sobretudo com quem paga o seu salário. Afinal, a sua omissão alimentará dúvidas sobre as suas reais intenções. Seja transparente. Essa é sempre a melhor escolha. Já se você tem a sua própria empresa, converse com seus sócios. Enquanto alguns preferem direcionar os ganhos gerados pelos 10 Ps aos seus negócios, outros direcionam a eles mesmos. Não existe um formato melhor ou pior. Ambos funcionam. Só é preciso acordá-lo previamente com as pessoas que se relacionam contigo.

2) ESTABELECER A FUNDAÇÃO QUE CAPITALIZARÁ OS SEUS ESFORÇOS

Vários indivíduos constroem reputações fortes, mas não conseguem monetizá-las. Ou seja, não são capazes de transformar essa autoridade em dinheiro. Em grande parte, isso acontece porque eles não direcionam a sua audiência para algum lugar. Não estabelecem uma estrutura mínima para absorver a demanda que as suas amostras grátis geram. Pense em todas as iniciativas gratuitas,

DESOBEDEÇA: A SUA CARREIRA PEDE MAIS

em tudo que você faz para criar uma marca ao longo do tempo... Essas ações devem conduzir as pessoas a um destino, a um ambiente onde os produtos e serviços que remuneram o seu trabalho podem ser facilmente acessados.

É imprescindível possuir uma fundação para capitalizar os seus esforços. Um negócio para rentabilizar o seu tempo. Esse "negócio" pode ser a organização que lhe emprega, o seu próprio empreendimento ou até um site pessoal. No meu caso, ele é a minha empresa. A StartSe é o destino de tudo que eu faço. Sempre que eu me exponho, faço referências a ela. Seja em minhas entrevistas e palestras, conteúdos e livros ou qualquer outra situação. O público deve saber aonde ir quando quiser se aproximar de você.

3) DEFINIR PRATOS PRINCIPAIS E GUARNIÇÕES

Uma vez que você passa a ter múltiplos produtos, é preciso definir suas fontes primárias e secundárias de monetização. Seus pratos principais e guarnições. Para isso, tenha em mente o seguinte: foque onde você tem mais controle, não onde há mais dinheiro. Deixe-me explicar. Certa vez, fechamos uma parceria entre a StartSe e uma das maiores plataformas de aprendizado on-line do mundo. Passamos meses construindo um plano para distribuir o nosso curso "Startup de A a Z" dentro dela. No entanto, as vendas foram péssimas. A verdade é que a StartSe não era tão conhecida a ponto de levar milhares de pessoas à plataforma. E as vendas não foram grandes o suficiente para essa empresa se importar conosco. Claro que você pode disponibilizar suas soluções via parceiros e obter sucesso. Mas não se iluda que alguém com mil outras prioridades vá dar às suas iniciativas a atenção que elas merecem.

As suas maiores oportunidades estão nos produtos sobre os quais você tem mais controle, ou seja, aqueles cujas vendas dependem de você, não de terceiros. Meus livros, por exemplo. Eles são "guarnições". Por mais que eu faça lançamentos e a Editora Gente construa estratégias comerciais incríveis, há inúmeros fatores que fogem do meu alcance: exposição nas livrarias, exemplares em estoque, posicionamento em sites de *e-commerce* e por aí

MONETIZAÇÃO

vai. Já as palestras, em contrapartida, fazem parte do meu "prato principal". Como as vendo diretamente aos clientes, consigo ditar o ritmo das ações. Idem para os cursos, eventos e demais programas da StartSe. O sucesso depende de nós e dos nossos próprios canais. Esses são os produtos que representam o oxigênio da sua carreira.

4) PRECIFICAR O SEU TRABALHO

Toda vez que penso em preço, penso em quanta influência eu tenho. Quanto maior é a influência, maior é o preço. Você pode ser fenomenal em algo, mas se o mercado não reconhecer isso, dificilmente ele lhe pagará o quanto você acha que merece. Afinal, não importa o que você pensa sobre você, importa o que o mercado pensa. Por isso, não dá para precificar o seu trabalho acima do valor que as pessoas aceitam pagar.

Sempre que eu não sei quanto cobrar por algo, uso a clássica lei de oferta e procura.[76] Primeiro, coloco um preço baixo nas amostras grátis com alta satisfação e demanda. Depois, acompanho as vendas. Se elas forem crescentes, aumento o preço. Se continuarem crescentes, aumento de novo. Faço isso até atingirem um equilíbrio. Ou seja, até o total de vendas se manter estável durante um intervalo de tempo. Muita gente tem medo de cobrar mais e perder clientes. Entretanto, se o consumo de um produto estiver em ascensão e a avaliação for positiva, é bem provável que o seu preço esteja abaixo do "valor" que você realmente entrega. Nesse caso, há espaço para cobrar mais.

Para produtos que exigem a minha presença física – como as palestras, por exemplo –, vou além do ponto de equilíbrio e defino preços ainda maiores. Afinal, dar dez palestras por 500 reais ou cinco por mil reais gera o mesmo resultado financeiro. Porém, na segunda opção, tenho mais tempo para fazer outras coisas – usei 500 e mil reais apenas como valores fictícios para facilitar o entendimento.. Já o que é escalável – como os cursos digitais – pode ter um preço inferior ao que equilibra a oferta e procura, pois uma turma com cem ou mil alunos a distância requer quase o mesmo esforço.

DESOBEDEÇA: A SUA CARREIRA PEDE MAIS

Assim, independentemente da estratégia que você irá adotar, o importante é definir uma política racional para precificar o seu trabalho.

5) TRATAR EXPOSIÇÃO COMO VANTAGEM

Quanto mais gente souber que você tem profundidade, melhor para a sua reputação. Toda exposição representa uma chance para o seu conhecimento ser disseminado, para as suas ideias serem difundidas. Ao compartilhar o meu aprendizado, mais pessoas conhecem a StartSe, mais empresas procuram as nossas soluções, mais pedidos de palestras chegam, mais solicitações para dar entrevistas eu recebo... Consequentemente, meu valor de mercado aumenta e minha carreira é impactada como um todo. No momento em que você se expõe de forma consistente, o Retorno sobre o Investimento (ROI) pode ser enorme.

Ao tratar a exposição como vantagem, fica fácil enxergá-la como um investimento. Muitos indivíduos, quando começam a monetizar as suas ações, usam os lucros para comprar coisas supérfluas, se divertir e aproveitar a vida. Outros, porém, reinvestem em anúncios para fortalecer a sua marca e ganhar mais influência nos anos seguintes. É esse último comportamento que sustenta uma carreira ao longo do tempo.

Fiz um resumo do que você leu neste capítulo.

O que considerar no momento de monetizar as suas iniciativas:

1. Vender significa ajudar;
2. Colocar as necessidades dos outros acima das suas;
3. Desenvolver a empatia. Sentir o que as pessoas sentem;
4. Compartilhar conteúdos a ponto de os seus consumidores não precisarem de você;
5. Começar a "vender" quando satisfação e demanda das amostras grátis forem altas;

MONETIZAÇÃO

6. Estabelecer a fundação que capitalizará os seus esforços;
7. Focar onde você tem mais controle, não onde há mais dinheiro;
8. Definir pratos principais e guarnições;
9. Precificar o seu trabalho sem medo de cobrar mais;
10. Tratar exposição como vantagem e enxergá-la como investimento.

Esse foi o "P" do produto. Veja que não falamos em fazer reuniões, montar fluxos comerciais ou elaborar discursos "matadores". A internet está cheia de materiais sobre isso. O ponto aqui é o seguinte: construir "marcas" é a melhor estratégia de monetização. Uma marca fala por si só, vende por si só. Entretanto, demora para ser desenvolvida. Note quanto tempo eu levei para colocar em prática o que você está lendo. Não foi da noite para o dia. Foi aos poucos que os 10 Ps agregaram valor às pessoas e criaram as condições para elas confiarem em mim e se sentirem confortáveis em pagar pelos meus produtos.

É por isso que o estilo "quer pagar quanto?" não combina comigo. Não sei vender assim. Vou atrás de casamentos em vez de paqueras, de longo prazo em vez de curto. Ao desenvolver uma reputação sólida, respeitada e admirada pelas pessoas, você poderá vender mais do que qualquer profissional de vendas em qualquer dia ou mês do ano. Pense nisso antes de começar o próximo capítulo. Nós nos vemos lá.

CONSTRUA ELOS DE CONFIANÇA ANTES DE PROPOSTAS COMERCIAIS.

MONETIZAÇÃO

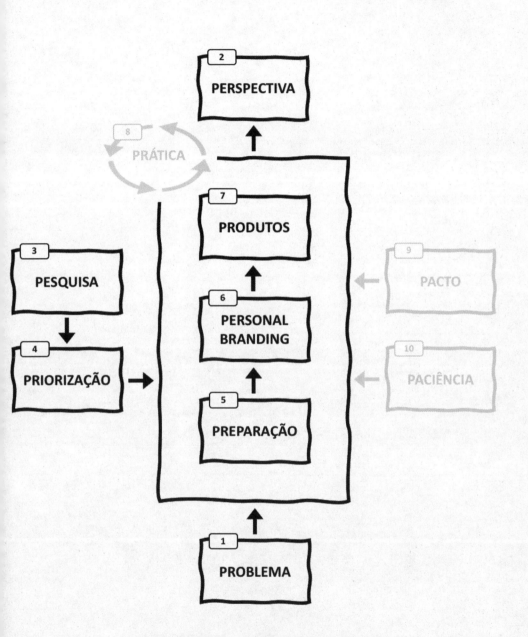

10 Ps: até aqui, você já leu sete deles.

ISOPPO PAIM MATHEUS MACEDO GARCIA DA SILVA MATHEUS MORAIS SCHNEIDER MATHEUS NATAN RODRIGUES GROSSI MATHEUS NISHIYAMA MORAIS ALVES MATHEUS RAMOS FROTA MATHEUS SILVA GOMES MATHEUS SOARES PAÉ BARROS MATHEUS VIEIRA COUTO COSTA MATHEUS VILLA DE MORAES MATHEUS WILLIAN BARBOSA LIMA MAUREN DOELER DUMONCEL MAURICI DIAS GOMES MAURICIO COSTELLA MAURÍCIO CRIVELIN ZANATTA MAURICIO DE LIMA MICHELON MAURÍCIO DOS SANTOS CASTRO MAURÍCIO HENRIQUE RAMBO MAURÍCIO JOSÉ PEREIRA DA SILVA MAURICIO ROBERTI RINCON MAURICIO ZUGNO MAURÍLIO FERREIRA MATOS FILHO MAURO ROBERTO MARTINS JUNIOR MAURO RODRIGUES MAX DAN AFFONSO BORGES MAX FORTE MAX NEGRINE DE FREITAS MAXSUEL CRUZ DA SILVA MAXSWELL FAUSTINO FONSECA MAXSWELL LIMA DA SILVA MAYARA CECÍLIA DA SILVA MAYARA PEGORARO MAYARA TONETT GALIASSI SCHEID WEIRICH MAYCON DE LIMA VIANA ANDRADE MAYKA SALOMÃO MAYKE PORTO MAYKOL RYPKA MAYKON HENRIQUE LOPES SOARES DIAS MAYRLA NEVES SILVA MAYSA ROBERTA DE SOUZA PEREIRA MEIRIAN TEIXEIRA RIGOTTI MEL OLIVEIRA MELANIE COELHO MELISSA ARANTES SILVA MIRANDA MELISSA MAKHOHL MAMONE MELISSA PERIN MELISSA POLETTO MERIELLE DE SOUZA ALMEIDA MICHEL ALBINO SILVA MICHEL MARCHI MICHELE DE ALMEIDA CALMON MICHELE DOS SANTOS SIMÃO MICHELE KELLERMANN CARDOSO MICHELE RITA DE CASSIA DE ALMEIDA MICHELI GONÇALVES ZAMARCHI MICHELI THIESEN MICHELLE AZEVEDO MAGADAN MICHELLE BATTANI DA CUNHA ARAÚJO MICHELLE CRISTINE PENTEADO DE LIMA MICHELLE DE CASTRO DA SILVA VITOR MICHELLI ANDRADE MICHELY CARPANI FERREIRA MICHELY PEREIRA DE SOUZA MIGUEL ANGELO DE CASTRO YAZEJI MIGUEL ANGELO PRICINOTE MIGUEL BARRELLA NETO MIGUEL FARIA MIGUEL MAURÍCIO ISONI MIKAEL MALANSKI MILENA AGUIAR DOS SANTOS MILENA DE AQUINO DIAS MILENA RUSSO MILENE ALMEIDA LEITE MILENE GALLAS MILLENA CRISTINA DA SILVA TEIXEIRA MILLENY MARIA TIAGO MILLER WELIAN LO MILTON JOSÉ DA SILVA MINELVINADOLAGONETA MIRELLA BALBINOTTI LUNARDI STUMPF MIRELLA DA COSTA ANDREOLA MIRIAM GODOY MIRIAM MENEZES MIRIAN MOTTA MELO MIRZIA MONTEIRO DE JESUS MISAEL AMARAL MISAEL DA ANUNCIAÇÃO MARTINS MISAEL PAULO MONTANA MISTÊNIO BERTULEZA DE ARAÚJO MOISÉS DE SOUSA GIFFONI MOISÉS DOS SANTOS CAVALCANTE MÔNIA ZORAIMA CÂMARA MAGALHÃES MÔNICA MATIAS DE MAGALHÃES MONICA SCANDIUZZI VALENTE TOMOMITSU MONIKA ARANTES MONIQUE BODIN MONIQUE DE SOUZA BLOISE MORGANA TONHÁ FLORES MORGANA TURCATTI MUNIQUE LAMOUNIER MURILLO LIMA MURILO CARVALHO CAETANO MURILO PRATAVIEIRA MURILO SOUZA RIBEIRO MYLENA MERLO NAAMÃ MENDES JUNIOR NAGIANE PAGANELLA ZANOTTO NANCI SOARES DA SILVA NANDÉRIA DE SOUZA LEMOS NATALI ALVES SANTANA NÁTALI AZEVEDO NATÁLIA CARVALHO NATÁLIA CESINO AVELINO NATALIA CRISTINA VERZA FERREIRA NATÁLIA DIAZ TAVARES NATÁLIA MEDEIROS NATÁLIA REDIN NATAN PEREIRA BARBOSA NATANAEL NOGUEIRA COSTA NATÂNIA TAVARES NATHALIA FERNANDA MARQUES DE LIMA TOZIN NATHALIA JULIANA VANZELA NATHALIA KOWALSKI FONTANA NATHÁLIA VERONEZI NATHAN BUENO BRAGA NATHAN GUILHERME DOSSIATTI FERREIRA BRANDÃO NATHAN RITTER BATISTA NATIELI BOEIRA FERNANDES NAYANE SANTOS SIQUEIRA NAYARA FIGUEIREDO DE NEGREIROS NAYUM TEIXEIRA CARDOSO NAZARÉ DA SILVA ATAÍDE NAZARENO CARVALHO DE LIMA NEEMIAS DA SILVA NASCIMENTO NEIDE DE SOUSA CARDOSO NEIDIANE PEREIRA DO NASCIMENTO NEIVA FINGER DE VARGAS NELIO SANTOS MARTINS NELMA DE BARROS COSTA FIDELIS NELSON FELIPE BUENO NELSON GUARANHA NELSON NOGUEIRA MARTINS NELSON ROCHA NELSON SIQUEIRA RANGEL NETTO NELSYCLEIA NUNES GRASSI NEUCI APARECIDA HOPKA SILVA NEUSA LOPES DE OLIVEIRA NEUSELI ANTUNES PEREIRA CHICOLTE NEUZA CAROLYNE SARMENTO DE OLIVEIRA NEYMAR CABRAL DE LIMA NÍBIA GARCIA NÍBIA GARCIA FRANCO DE LIMA NICOLAS FERNANDES NASCIMENTO NICOLAS PEREIRA JOSÉ NICOLE LOSCHI NIÉLEM APARECIDA MARTIMIANO ARRUDA NILSON PERINAZZO MACHADO NILSON SÁ COSTA FILHO NILSON SILVA NILTON LUÍS BRIESE NINA

MAGAGNA NITIELE ARCENIO SANTOS NOAH FERNANDES ARANTES MIRANDA NÚ-
BIA MEIRA PEREIRA DE FREITAS NYCOLAS JAMIELNIAK NYCOLLAS HAWIER ALVES
LOUREIRO DA SILVA ODERSON PANOSSO ODILO SCHWADE JUNIOR ODINEI ZANO-
TO JUNIOR OLAVO TARRAF OLGA COHEN OLINO ALBERTO ALEXANDRE FAGUN-
DES OLÍVIA BORGES DA COSTA OLIVIA FERNANDES BORETTI ORISVALDO MAR-
TINS IARESKI ORLANDO SOARES OSCAR JABOSKI GROTH OSCAR SOLARTE
MONTES OSWALDO LUIZ INGARANO OTÁVIO DE OLIVEIRA CORRÊA OTÁVIO TIVES
DE OLIVEIRA PABLO RECH PIONER PABLO RICARDO DOS SANTOS PABLO ROCHA
OBAC PABLO SALINAS PABLO TADEU DA SILVA PEREIRA PAMELA FERRAZ MEIRA
PORTELLA PÂMELA HAYARA ROCHA DE ARAÚJO PAMELA SÍLVA DA SILVEIRA PA-
OLA PACHECO DE OLIVEIRA PAOLA SANTOS DA SILVA PATI ROSSI PATRÍCIA ARAÚ-
JO DE ABREU PATRICIA BARBOSA PATRÍCIA BARBOSA PEREIRA PATRICIA BEN-
VENUTTI PATRICIA CADECARO PATRÍCIA CAMPOS ANTONINO PATRÍCIA COCOZZA
PATRÍCIA DE CARVALHO BORBA CAMPOS PATRÍCIA DE FARIAS OLIVEIRA PATRÍCIA
DE SOUSA BEZERRA PATRÍCIA EMMANUELLE DA CRUZ PATRICIA FERNANDES PA-
TRÍCIA GODOY GUIMARÃES PINTAÚDE PATRICIA GUIMARÃES PATRICIA HASMANN
PATRÍCIA HELENA ZAGO PATRÍCIA LOUISE FRIDERICHS ROSA PATRÍCIA MARQUES
AMORIM HAJDU PATRÍCIA MENDLOWICZ PATRÍCIA MOREIRA DE FREITAS PATRÍCIA
MOTA ALVES PATRÍCIA NORA BOLSONI PATRÍCIA PAULINELLI SEBÁ PATRÍCIA PE-
REIRA PATRÍCIA REGINA DE OLIVEIRA VENDRAMIN ROSSA PATRÍCIA SARTORI PA-
TRICIA SCARPARO PATRICIA SOUSA ROCHA PATRICIA ULBRICHT HOMEM DE
MELLO PATRÍCIA VIVIANE DE ANTONI PATRICK VERFE SCHNEIDER PATTY HARUMI
IMANO PAULA CAROLINE PASSOS PAULA DANIELA DA SILVA FANTINEL PAULA DE
PIERRO PAULA DO VALE MÁXIMO OLIVEIRA PAULA IGNEZ PILAR LEMOS BARBOSA
PAULA MARQUES SANTANA PAULA REICHERT LEITE PAULA TATIANE CALDOVINO
PAULA VALDUGA PAULO AFFONSO SOARES GAETA PAULO ALEXANDRE DA GRA-
ÇA CUNHA PAULO ANDRÉ GOMES GIGANTE PAULO AUGUSTO GOMES PAULO BET-
TIO PAULO CÉSAR LOPES MENDES PAULO CHEBERLE PAULO CONDE PAULO EDU-
ARDO DE CASTRO SALDANHA PAULO FALCIROLLI PAULO FERNANDO WETZEL DE
MATTOS PAULO FRAGA PAULO HENRIQUE DIAS PAULO HENRIQUE FERREIRA DE
FARIAS PAULO HENRIQUE GALO PAULO HENRIQUE HARTMANN SALES PAULO
HENRIQUE PEREIRA DE MELO PAULO JOEL VEDANA PAULO MÁRCIO DE FREITAS
PAULO RICARDO BARROS PEREIRA DA SILVA PAULO ROBERTO SIQUEIRA PINTO
JUNIOR PAULO ROBERTO ZORZELLA PAULO ROSS DE SANTANA PAULO SÉRGIO
CHANAN PAULO TAPAJOS BARBOSA SENA PEDRILSON DE SOUZA MAGALHÃES
PEDRO ALCÂNTARA FERNANDES DE CARVALHO PEDRO ARTHUR BUENO SILVA
PEDRO ASACC PEDRO AUGUSTO MENDONÇA JUNIOR PEDRO AUGUSTO SILVA DE
JESUS PEDRO AVELAR SOARES PEDRO CALLENO MENDES PEDRO CORRÊA LEITE
PEDRO EDUARDO PEREIRA DA SILVA PEDRO ENGLERT PEDRO FAMA PEDRO HEN-
RIQUE FRICKE PEDRO HENRIQUE MALAVASI PEDRO HENRIQUE OLIVEIRA SANTOS
PEDRO HENRIQUE SEVERINO FERREIRA PEDRO LUIS MELO CORRÊA DA COSTA
PEDRO MENEZES PEDRO PANOS MOURADIAN PEDRO PAULO NASCIMENTO DE
LIRA PEDRO PEPERAIO PEDRO VINICIUS SÁ DE LIMA E LIMA PEDROPAULOMOURA-
MATOS PETERSON ORCY PETRA GEROMEL BEZERRA DE MENEZES MOURÃO PE-
TUNIA REIS FARIA OLIVEIRA PIETRO GUASTI PISTA NEWS PREMBIRALA PRICILA
GAMA DA CUNHA PRISCILA ANDREZA DE OLIVEIRA BARBOSA PRISCILA ANN CAR-
VALHO NOGUEIRA PRISCILA BANQUERI PRISCILA BATISTA IZIDORO PRISCILA DA
SILVA RAMOS PRISCILA EMI OHNUKI NAGANO PRISCILA KANNENBERG PRISCILA
MARIA DE FARIAS BEZERRA PRISCILA PIANA PRISCILA SOUZA RIBEIRO PRISCILA
STIEHLER PRISCILLA DA SILVA COELHO PRISCILLA HERRERA PRISCILLA MENE-
GHETTI PRISCILLA OLIVEIRA DE SOUSA PRISCILLA SILVA QUEILA DA LUZ SAMIS-
TRARO QUELIS FABIANA DA COSTA QUELLI DOS SANTOS MEDEIROS QUÉZIA CO-
ELHO RAMOS RACHEL COSTA RACHEL SIQUEIRA NASCIMENTO RAFAEL ARAÚJO
DE SOUZA RAFAEL BENITO RAFAEL CALMON RANGEL RAFAEL CAMPOS RAFAEL
DA SILVA FRANCISCO RAFAEL DE AFONSECA E SILVA RAFAEL DOS SANTOS TO-
NIETE RAFAEL EDUARDO GROSSL RAFAEL EDUARDO SETE RAFAEL FARIAS DA

O 8
EXECUÇÃO
CONSISTENTE

EXECUÇÃO CONSISTENTE

PLANEJAR-SE EXECUTANDO

S e você busca construir uma carreira diferenciada, capaz de causar impacto e transformar vidas, é preciso ser consistente. É preciso investir seu esforço diário em atividades e tarefas que lhe aproximem dos objetivos traçados. Só assim as coisas acontecem. Muita gente adora usar pesquisas e análises para disfarçar a falta de ações. Não escrevi este livro pra lhe contar teorias e planos. Escrevi pra lhe contar o que eu fiz. Esse é o jogo atual. Enquanto alguns superestimam a estratégia, outros valorizam a execução.

O que torna um profissional excepcional? Por que alguns superam tanto os outros? Quem alcança resultados acima da média reconhece que a qualidade da prática determina o calibre da performance. Não basta só "trabalhar". Tem que "trabalhar bem". Executar as coisas certas. Colocar energia no que importa. O principal ativo das pessoas não é o seu tempo. É o que elas fazem com ele, com as 24 horas que têm. É como elas usam cada momento do seu "hoje", do seu "presente", do seu "agora". Não se trata de cumprir determinada carga horária, mas de investir cada suor do seu corpo em tarefas que realmente contribuem para a ascensão da sua carreira.

Quando você faz algo e percebe que está evoluindo, há um ganho enorme de motivação e confiança. Os profissionais fora de série sabem que seus segundos são preciosos. Por isso, os usam com inteligência. Trabalhar o dia inteiro sem enxergar crescimento é indício de estagnação e eventuais frustrações.

DESOBEDEÇA: A SUA CARREIRA PEDE MAIS

Trabalhar metade disso e notar progresso é sinal de sabedoria e potenciais conquistas. E conquistas geram satisfação, renovam o otimismo e fortalecem a autoestima do ser humano. Pessoas felizes são pessoas motivadas, capazes de contagiar todo um ambiente com a sua energia e determinação.

É inegável que a maioria da população está sobrecarregada e cheia de obrigações até o pescoço. Muita gente, inclusive, não consegue parar um instante sequer para refletir se está de fato fazendo as coisas certas. De que adianta um indivíduo estar atarefado, mas escalando o Monte Everest errado? É preciso mudar a chave de "complexo e ocupado" para "simples e focado". Concentre-se nas jogadas capazes de alcançar o gol. Não desperdice energia em atividades capazes de ocupar o seu tempo, mas incapazes de lhe transportar ao seu propósito, à sua perspectiva futura definida no Capítulo 2. A clareza é um dos princípios da vida. Compreender que o seu trabalho se conecta com os seus objetivos é um dos aspectos mais importantes da nossa rotina. Veja as pessoas que obtêm crescimento e tração na direção dos seus sonhos... Elas investem uma quantidade extraordinária de energia em poucas frentes. Essa turma tem uma obsessão tremenda em relação às prioridades que sustentam o desenvolvimento da sua carreira. E por que isso é importante? Porque a consistência inteligente é o DNA da maestria. As horas que os distraídos perdem, os focados ganham.

Sinceramente, não dá para deixar momentos como esse passarem em branco. Você, por exemplo, chegou até aqui nesta leitura. Investiu dias nestas páginas. Deixou de se divertir, de se relacionar com pessoas, de se dedicar a projetos... E não vai fazer nada? Eu me surpreendo com isso, pois, por mais que eu escreva livros e artigos, grave vídeos e treinamentos, dê cursos e palestras... Por mais que eu receba milhares de profissionais no Vale do Silício e passe uma semana com eles... Por mais que eu viaje pelo Brasil para participar de eventos, falar com jovens, assessorar empresas... Por mais que eu me doe por completo para capacitar o meu público de várias formas, são poucos que resolvem agir e usar o que aprendem no dia a dia. Alguns começam e param. Outros nem começam. De coração, espero que você me ajude a mudar isso. Obter instrução é só uma parte do processo. Executar é a outra.

A QUALIDADE DA PRÁTICA DETERMINA O CALIBRE DA PERFORMANCE.

DESOBEDEÇA: A SUA CARREIRA PEDE MAIS

Ler livros, ir a conferências, fazer cursos... Tudo isso lhe dá conhecimentos incríveis. Porém, o que lhe permite alcançar qualquer coisa na vida é a sua capacidade de transformar esses conhecimentos maravilhosos em atos, em condutas. Nada acontece a menos que você arregace as mangas e ponha a mão na massa. É preciso ter fome de praticar, de fazer, de colocar a cavalaria em campo. Rica Perrone, um dos jornalistas esportivos que mais admiro, me falou um dia: "Mauricio, na maioria das vezes, não é o sujeito mais intelectual que chega lá. É o mais teimoso. É aquele que mais tenta, rala e se sacrifica". Para você ter ideia, Rica foi quem idealizou no Brasil o trabalho independente em seu setor, lá nos anos 2000. Hoje, quando repórteres deixam corporações e seguem carreira solo, a "culpa" é dele. Quem disse que para ser jornalista é necessário atuar em empresas de comunicação? Rica é a sua própria mídia há décadas. Além de ter quebrado padrões da sua indústria, ele conquistou tanta autoridade – por vias não formais – que foi o único jornalista credenciado pela FIFA na Copa do Mundo de 2014 sem ter vínculo com nenhuma instituição.[77] Assim, se *Desobedeça* estiver mesmo lhe impactando, faça algo com isso. A leitura, isolada, não muda uma realidade. É a sua teimosia para converter estas letras em ações que poderá modificar algo em você.

No Vale do Silício, nunca fui apresentado a um tradicional plano de negócios tal qual eu aprendi na faculdade – possivelmente, o mesmo que você também aprendeu. De fato, as iniciativas que suportaram a evolução da minha carreira não foram detalhadas no papel. Nem as da XP e da StartSe. Essas duas empresas que ajudei a erguer não nasceram de um documento perfeito. Nem de um PowerPoint. Construímos o que construímos fazendo, testando hipóteses, validando suposições na prática. Não nos debruçamos sobre um arquivo de texto. Pelo contrário, fomos para a rua. Planejamos enquanto executamos. Steve Blank, considerado o pai do empreendedorismo moderno, fala que os profissionais de hoje precisam *get out of the building,*[78] isto é: sair do prédio. Ao encontrar seus potenciais clientes, interagir com eles e entender as suas reais necessidades, além de obter um diagnóstico preciso e acurado do seu setor, você terá condições de criar produtos e serviços que as pessoas efetivamente queiram comprar.

A CONSISTÊNCIA INTELIGENTE É O DNA DA MAESTRIA.

DESOBEDEÇA: A SUA CARREIRA PEDE MAIS

Sabe qual é o principal motivo de as startups falharem? Na média, 42% desses negócios ficam pelo caminho por não encontrarem demanda para os seus produtos.[79] Em outras palavras, por construírem algo que ninguém quer consumir. Esse é o risco de se planejar demais nesse mundo em alta velocidade: quando você for tirar do papel o que elaborou, o ambiente pode ter mudado tanto a ponto de o seu planejamento não servir mais, de as suas premissas e suposições não serem mais corretas. Mesmo assim, muita gente segue confinada entre quatro paredes, investindo doses colossais de tempo e esforço para produzir planos perfeitos. Quando, na verdade, planos perfeitos não existem, pois o mercado é sempre mais "perfeito" do que eles. Nada é mais palpável, legítimo e convincente do que experimentar no campo e validar no mundo real. Tomar decisões baseadas em fatos, não em expectativas, minimiza consideravelmente os seus riscos. Por isso, em vez de fazer previsões, faça pequenos testes com potenciais clientes, avalie os resultados, realize os ajustes necessários e teste de novo. A maioria dos profissionais de sucesso não começa com um esboço enorme. Eles começam com intenções e ações. A evolução disso é que gera projetos maiores. Ter um plano de negócios bem feito é bacana. Vai impressionar várias pessoas. Contudo, é na execução que o seu sonho se torna realidade. É na prática que a magia acontece.

Em dezembro de 2019, saí na capa da *Revista Perfil*.[80] Fiquei muito honrado e feliz com o convite. Afinal, além da apresentadora Ana Maria Braga, do escritor Augusto Cury, do tenista Gustavo Kuerten, da atriz Grazi Massafera e da empresária Luiza Helena Trajano, várias outras personalidades brasileiras que tanto admiro já passaram por lá. Na entrevista comigo, uma das perguntas foi sobre como os erros e acertos impactaram o meu planejamento para 2020. Respondi exatamente assim:

> *Quem não falha não inova. Tenho medo de não ter medo. De não sentir frio na barriga. Conveniência é tudo que não pode existir na minha trajetória profissional. As falhas fazem parte do meu aprendizado contínuo. Quanto a 2020, não faço planos profissionais para anos, mas para trimestres. Esse é meu longo prazo. Atualmente, o risco de se planejar para os próximos 365 dias é enorme, pois as premissas de hoje*

EXECUÇÃO CONSISTENTE

precisam suportar a realidade imprevisível de amanhã. Prefiro ser sincero comigo mesmo. Ninguém é capaz de afirmar o que acontecerá daqui doze meses. Afinal, tudo que era considerado inovação há um ano já se tornou comum. Não é surpresa ver o clássico planejamento estratégico de cinco anos em desuso pelas empresas. Investir tempo nisso virou um puro exercício de futurologia.

Quando a pandemia da covid-19 foi declarada pela Organização Mundial da Saúde (OMS) três meses depois dessa entrevista, a maioria das pessoas precisou "rasgar" seus planos para 2020 – feitos no fim de 2019 – e reconstruir suas vidas às pressas. Claro que eventos como esse são raros, mas eles reforçam quão imprevisível o mundo é. Não dá para se iludir com prognósticos. Muito menos utilizá-los para se planejar e sustentar as suas iniciativas. Atualmente, soa quase como irresponsabilidade fazer isso. Você precisa adicionar a variável "imprevisibilidade" em seu dia a dia e atuar de modo apropriado à dinâmica de hoje. Esse é o normal dos nossos tempos. Durante a pandemia, meus negócios tiveram problemas. Passamos por sérias dificuldades. Inclusive, você leu sobre o que aconteceu na StartSe no Capítulo 4. No entanto, o fato de estarmos próximos dos clientes para validar as nossas entregas, de nos apegarmos às suas respostas para determinar as nossas ações, de nos organizarmos mês a mês – em vez de ano a ano – para definir as nossas atividades... Tudo isso faz com que o time e a estrutura da empresa sejam extremamente flexíveis e capazes de mudar rápido, algo cada vez mais demandado nos dias de hoje. Temos objetivos para os próximos um ou dois anos, sim. Mas o que fazemos para chegar lá não é cravado em um plano de negócios. É cravado em tempo real.

Deixe-me ser claro... Sim, você deve planejar. Sim, estratégia é importante. Mas as coisas mudaram. As ferramentas são outras. No passado, organizações guiavam suas ações com planejamentos para três, cinco e dez anos. Pessoas construíam suas carreiras com empregos para a vida toda. No entanto, os avanços tecnológicos destruíram isso. Negócios e profissões estão agora em constante mudança, exigindo que você seja ágil para mudar o rumo da sua vida ao longo do tempo. E agilidade não coexiste com planos rígidos. Preparar uma estratégia durante meses e executá-la durante anos deixou de funcionar nesse ambiente em que "botar no papel" e "botar em prática" precisam rodar em paralelo, e não mais em sequência, como rodavam antes. Planejar-se executando virou um hábito indispensável no mundo atual.

BAINHA DE MIELINA

Por que a prática é importante? Vou lhe dar dois motivos. Primeiro, porque, quanto mais você exercita as suas competências, mais você as desenvolve. Isso é o que lhe conduz à excelência. Infelizmente, muitas pessoas só observam o dia passar. São meras passageiras desse trem chamado "vida". Investem as melhores horas dos seus melhores dias produzindo pouco e se distraindo muito. Há quem desperdice um caminhão de tempo em conversas no cafezinho, redes sociais e sites de notícias. Tudo isso custa fortunas de produtividade. Ao evitar as interrupções que tiram a sua atenção e investir os seus esforços em objetivos específicos, você tem uma chance real de se tornar excepcional em alguma coisa.

Sempre que fazemos algo pela primeira vez, parece extremamente complicado, não é? Lembre-se da época em que você aprendeu a andar de bicicleta, amarrar o cadarço, dirigir... No início, tudo é difícil. Mas, depois de inúmeras tentativas, "pegamos o jeito" e acabamos enfrentando essas situações de maneira bem mais natural. Isso acontece porque quando você pratica uma atividade nova, um caminho neural é criado em seu cérebro. Ao continuar praticando, esse caminho se fortalece e você passa a executar com mais facilidade a mesma atividade que antes era complexa. Vou direto ao ponto... Um caminho neural é constituído por uma sequência de neurônios que se comunicam entre si. À medida que você repete uma tarefa várias vezes, uma espécie de tecido chamado "bainha de mielina" se forma e passa a revestir a região dos neurônios que conduz os impulsos nervosos. É isso que torna um caminho neural robusto.

EXECUÇÃO CONSISTENTE

A mielina é uma espécie de isolante que permite a transmissão muito mais rápida e eficiente dos sinais em nosso cérebro.[81]

Muita gente diz que esse tecido é o "segredo da genialidade". O exercício constante de qualquer coisa, como falar em público, escrever artigos ou jogar videogame, por exemplo, aumenta a presença de mielina nos caminhos neurais responsáveis por essas atividades e faz com que a execução delas se torne mais espontânea com o tempo. Em outras palavras, imagine que você está em frente a uma "mata virgem" e precisa atravessá-la. A primeira tentativa de cruzar essa floresta ainda inexplorada exige um empenho enorme, pois é necessário abrir uma "trilha" entre árvores, pedras e por aí vai. Porém, à medida que você passa várias vezes por essa trilha, ela vai ficando mais visível e consolidada, sendo possível percorrê-la com maior velocidade e menor esforço. Nos seres humanos, essa "trilha" é o caminho neural, que fica mais forte toda vez que é usado.

A ciência já mostrou que o nosso cérebro é incrivelmente plástico.[82] Isso significa que ele não "endurece" em certa idade e permanece assim pelo resto da vida. Embora algumas coisas sejam mais facilmente aprendidas durante a infância, como falar uma nova língua, por exemplo, há evidências de que até os idosos podem estimular transformações reais em seus circuitos neurológicos. Claro que as crianças são verdadeiras máquinas geradoras de mielina. No entanto, os adultos, mesmo com um ritmo de geração mais lento, podem se valer não só da prática, mas também de doses extras de esforço e dedicação para desenvolver novas competências e aperfeiçoar as atuais.

Uma pesquisa da Universidade de Oxford selecionou indivíduos que jamais haviam praticado malabarismo e os separou em dois grupos. Um deles passou seis semanas treinando essa atividade durante trinta minutos por dia. O outro não teve contato com ela. Para identificar as prováveis mudanças no cérebro dos participantes, exames de ressonância magnética foram realizados antes e depois do estudo. Resultado: todos os integrantes do grupo que praticou malabarismo foram capazes de manipular três objetos ao mesmo tempo. Alguns, até cinco. Além disso, eles também apresentaram aumento de 5% na substância branca localizada na parte posterior da

DESOBEDEÇA: A SUA CARREIRA PEDE MAIS

cabeça, relacionada às tarefas de alcançar e agarrar objetos em nosso campo de visão periférica.[83] E o que é "substância branca"? É justamente a mielina, que possui essa cor esbranquiçada por ser um tecido gorduroso.[84] Assim, segundo uma das médicas que liderou o teste, "é possível que o cérebro adapte o próprio sistema de conexões para operar de maneira mais eficiente".[85]

Ao repetir uma tarefa, mais mielina é formada no caminho neural responsável por essa tarefa, mais rápidos os seus impulsos são transmitidos e mais você a desenvolve. Ao praticar várias vezes alguma coisa, seja uma ação, habilidade ou forma de pensar, seu cérebro assimila que você está tentando fazer disso uma nova rotina em sua vida. E quando uma atividade é executada por muito tempo, mais precisamente por sessenta e seis dias, segundo a ciência, ela se transforma em um hábito.[86] Ou seja, ela passa a ser realizada de modo bem mais natural, espontâneo e automático.

Apesar disso, você pode estar se perguntando... Como vou estudar e aperfeiçoar as minhas competências se me falta tempo? Como vou produzir conteúdos se eu jamais fiz isso? Como vou oferecer amostras grátis se eu tenho vergonha? Lembre-se: no início, tudo é pior. Ter dificuldade para criar hábitos não é uma opção. É uma necessidade. Inclusive, uma necessidade neurológica, pois o seu cérebro deve construir e pavimentar todo um novo caminho para que uma situação atípica se torne familiar a você. Experimente, por exemplo, acordar mais cedo para se capacitar, produzir conteúdos nas redes sociais ou dar palestras por aí. Faça isso durante sessenta e seis dias todos os dias. Seguramente, na 67ª vez, não será tão complexo quanto foi na primeira. Assim, espero muito que *Desobedeça* esteja sendo um estímulo para você elaborar diferentes iniciativas em sua carreira ou seu negócio. Contudo, elas só produzirão resultados sustentáveis quando se tornarem um hábito em sua vida.

Por isso, ser um "praticante" é fundamental para qualquer indivíduo. Quando escrevi *Incansáveis*, meu primeiro livro, travei uma verdadeira batalha comigo mesmo. Demorei para criar o roteiro, produzir os textos e pegar o jeito da coisa. Já este, o meu terceiro, tem sido diferente. As palavras surgem naturalmente em minha cabeça. Consigo contar as histórias com muito mais facilidade. O mesmo vale para meus conteúdos de empreendedorismo,

O ESTÍMULO FAZ VOCÊ COMEÇAR. O HÁBITO FAZ VOCÊ VENCER.

DESOBEDEÇA: A SUA CARREIRA PEDE MAIS

carreira e negócios. Eu os vivencio diariamente. Sou um lutador nessa arena, tomo pancada de todos os lados. Construo empresas e projetos – ao lado de pessoas incríveis – usando as minhas próprias mãos. O que quero dizer com isso? Que pratico esse jogo em vez de assisti-lo. Que disputo essa guerra em vez de acompanhá-la. Isso não só me fortalece ao longo do tempo como me dá total segurança para dividir o que aprendo com você. Afinal, esse conhecimento não se baseia no que alguém fez. Baseia-se no que eu faço. Tenho absoluta ciência das causas e consequências do que compartilho por experimentá-las a todo instante. Quanto mais ponho a mão na massa, mais me desenvolvo. Para você ter ideia, das minhas milhares de postagens nas redes sociais, não houve uma que não tenha sido feita e publicada por mim. Muita gente reclama que não consegue evoluir em uma habilidade, mas pouco se dedica a ela. Aí, não dá. A execução intensa é um treinamento incomparável.

Esse, então, é o primeiro motivo para a importância da prática. Quanto mais você exercita uma tarefa, mais você a potencializa. Já o segundo motivo diz respeito ao seguinte: o mundo muda. As exigências de amanhã serão diferentes das de hoje. Você deve saber o momento certo de abandonar um hábito e adquirir outro. Ao atuar na linha de frente, executando consistentemente o seu trabalho, sentindo na pele a efetividade das suas ações e vendo com seus próprios olhos a reação das pessoas, você é capaz de ter não só o conhecimento preciso e detalhado do seu mercado, mas também o timing correto das coisas. Rapidamente, o seu olhar consegue identificar tendências e corrigir o seu rumo sempre que preciso.

A prática mantém você perto das novidades, dos movimentos, das mudanças. Ao ser necessário aprender novos aspectos de uma competência, alterar um produto ou descontinuar um serviço, você perceberá cedo e saberá como e quando fazer isso. Afinal, o seu foco está no dia a dia, no presente, no agora. Nas atividades do seu trabalho e nas respostas dos seus consumidores. Isso lhe permite enxergar para onde as coisas estão indo. Evita que você desperdice energia em iniciativas já em declínio. Como tudo pode se transformar em um instante, estar em sintonia com o mercado possibilita observar essas alterações com antecedência.

EXECUÇÃO CONSISTENTE

Vou lhe contar uma história. Você já ouviu falar da ponte Choluteca?[87] Com 484 metros de comprimento, sobre o rio Choluteca, ela é localizada em uma área de Honduras conhecida por enfrentar tempestades e furacões. Em 1996, sua construção foi aprovada com a condição de que fosse capaz de resistir às severas condições da região. Uma empresa japonesa foi contratada e a estrutura ganhou forma, repleta de força para suportar as adversidades da natureza. Em 1998, ela foi aberta ao público e se tornou um motivo de alegria e orgulho à população do país.

Pouco depois, em outubro do mesmo ano, o furacão Mitch atingiu Honduras. Choveu, em quatro dias, o volume esperado para seis meses. Foi uma devastação total. O rio Choluteca encheu tanto que alagou a região inteira. Cerca de 7 mil pessoas morreram.[88] O então presidente do país estimou que a catástrofe retrocedeu a economia nacional em cinquenta anos. Diversas pontes de Honduras foram destruídas, mas a nova ponte Choluteca permaneceu lá, imponente, sem ser afetada. Porém, havia um problema. Enquanto a estrutura estava intacta, a estrada que levava até a ponte desapareceu dos dois lados. Não havia sinal de que antes passava uma rodovia por ali. Além disso, a enchente foi tão violenta que acabou forçando o rio Choluteca a mudar de curso e criar um novo canal. Após a cheia, ele passou a correr ao lado da ponte, sem passar mais embaixo dela. Assim, enquanto a obra foi resistente o suficiente para sobreviver ao furacão, ela virou uma construção sobre o nada, que não leva ninguém a lugar algum.[89]

Faz tempo que isso aconteceu, mas a história continua atual. A ponte Choluteca é uma metáfora do que pode acontecer com sua carreira ou seu negócio se você não se adaptar ao longo dos dias, meses e anos. Revisitar as suas competências, as suas estratégias para construir autoridade, as soluções que monetizam o seu esforço... Tudo isso é essencial. Não dá para focar a construção de estruturas 100% fortes sem pensar que um dia elas podem se tornar obsoletas. Afinal, o ambiente muda. Assim como o rio que mudou de curso e inutilizou uma ponte, o tempo também pode mudar a rota das suas decisões e dispensar as suas iniciativas.

DESOBEDEÇA: A SUA CARREIRA PEDE MAIS

O mundo é imprevisível. Na natureza, há coisas difíceis de antecipar. Desastres naturais, crises globais, fenômenos inesperados... Eventos assim acontecem e exigem mudanças rápidas. Nos negócios, novos concorrentes surgem diariamente, cópias das suas soluções aparecem a todo instante, profissionais invadindo o seu espaço são cada vez mais comuns. É impressionante a quantidade de fatores que demandam o constante aprimoramento do seu trabalho.

Por esse motivo, audite as suas horas. Esteja ciente de que você investe boa parte do seu tempo colocando a mão na massa. Isso permite não só fortalecer as suas iniciativas, mas também identificar o momento certo de atualizá-las ou descartá-las. Use com sabedoria cada minuto que você tem, seja ficando até mais tarde no escritório para testar novas soluções aos seus clientes, seja chegando mais cedo em casa para construir aquele projeto que não sai da sua cabeça. É com a prática que as coisas evoluem. A teoria é maravilhosa. Você precisa dela. Mas é executando-a que seus sonhos viram realidade.

8/10 Ps – PRÁTICA

Por que falei tanto sobre execução neste capítulo? Porque esse é o "P" da prática. A partir de agora, você vai revisar constantemente os três Ps anteriores: preparação, *personal branding* e produto. Todas as ações que envolvem esse trio não têm início, meio e fim... Elas são contínuas. Nunca terminam. Como o seu conhecimento e as suas técnicas perdem valor ao longo do tempo, você deve ser capaz não só de lapidar as suas habilidades regularmente, mas também de manter as suas iniciativas de monetização e construção de autoridade sempre atuais. Para cada frente de trabalho que você estabelece nesses três Ps, é preciso identificar quais devem ser mantidas, alteradas ou descontinuadas. Quando prosseguir, pivotar ou parar. Explicarei em detalhes a seguir.

EXECUÇÃO CONSISTENTE

1) PROSSEGUIR

Sempre que as suas ações funcionam direito... Ou seja, sempre que elas gerarem resultados, promoverem engajamento e encantarem os consumidores, dobre a sua dedicação nelas. Se der, triplique. Esse é um dos principais equívocos das pessoas. Muitos profissionais deixam as suas iniciativas bem-sucedidas apenas em modo "rodando" e investem a maior parte do tempo na resolução de problemas. Isso não é culpa deles, já que herdamos esse hábito do próprio sistema educacional. Por exemplo: se você era uma criança que tirava nota 10 em Física e nota 3 em Geografia, suas manhãs, tardes e noites transformavam-se na disciplina "Geografia". Afinal, o 3 deveria virar 6, 7 ou 8. A escola lhe cobrava isso. A sua família lhe cobrava isso. E você acabava se cobrando isso também. A Física, por sua vez, ficava de lado.

Claro que é necessário apagar os incêndios do dia a dia. Não há dúvida sobre isso. Entretanto, as apostas mais claras devem ser feitas nas coisas que já vão bem. As oportunidades mais nítidas estão nas estratégias que já satisfazem o seu público. Nelas é que você deve se concentrar. Por exemplo: caso um produto tenha vendido bastante e obtido várias recomendações positivas, que outras variações podem ser criadas? Se uma amostra grátis alcançou altos níveis de engajamento, como é possível intensificá-la? Como você consegue melhorar a sua preparação para maximizar o que já gera bons resultados? São essas atividades que, além de atrair novos consumidores, podem transformar os atuais em verdadeiros fãs do seu trabalho, capazes de lhe promover espontaneamente.

No Vale do Silício, a StartSe realizou a primeira imersão de negócios em 2016. Levamos treze brasileiros para lá. Foram cinco dias de intensidade máxima. Das 7 horas da manhã às 10 horas da noite. No fim, todos os participantes estavam exaustos. Literalmente, acabados. A surpresa veio depois, quando assisti o depoimento deles em vídeo.[90] Vi relatos do tipo: "Foi um programa fora de série", "nada vai se equiparar a essa experiência", "semana transformadora que mudou a cabeça e a vida". Não bastassem os elogios, esses treze indivíduos nos recomendaram para muita gente. Para você ter ideia, a segunda turma lotou sem fazermos nenhuma divulgação. O passo seguinte, então, foi mergulharmos nisso. Começamos a oferecer esse produto mensalmente. Construímos cursos segmentados por tipo de indústria. Ou seja, só para profissionais da saúde, do agronegócio, da construção civil e por aí vai. Passamos a disponibilizar versões customizadas para empresas que desejavam enviar seus funcionários em turmas exclusivas. Lançamos um curso on-line. Montamos uma conferência no Brasil. Realizamos variações dessa imersão em Portugal, China, Índia e Israel. Tudo como consequência daquela primeira tentativa que deu certo lá atrás.

Outro caso foi o meu livro *Audaz*. Logo após o lançamento, ele entrou na lista dos mais vendidos do país. Permaneceu lá durante meses. Foi para a segunda edição em sessenta dias. A repercussão foi tão grande que chegou a ser citado no jornal *Valor Econômico*.[91] Também apareceu na revista *IstoÉ Dinheiro*[92] por ter sido mencionado por Elie Horn, fundador da Cyrela e um dos principais empresários do Brasil, como obra de cabeceira preferida. Mas o que fiz com essa repercussão? Passei a maximizá-la. Desenvolvi uma palestra sobre o livro. Lançamos um curso na StartSe com os seus ensinamentos. Realizamos um evento chamado Audaz, que reuniu mais de mil pessoas em São Paulo.[93] Portanto, quando um de seus trabalhos agradar plenamente o mercado, concentre-se nele. Suas maiores chances estão aí.

Ao encontrar algo que funciona e as pessoas gostam... Ao se deparar com uma iniciativa boa e que satisfaz a sua audiência... Vá fundo nessa direção. Coloque toda a sua energia nisso. Afinal, construir uma ação bem-sucedida é algo extremamente difícil. Não é todo dia que você consegue. Por isso, prorrogue ao máximo os seus acertos. Faça-os ter vida longa. A resposta positiva do público é a maior prova de que você está no caminho certo, impactando pessoas e transformando vidas.

2) PIVOTAR

No momento em que o mercado muda, novas tecnologias surgem ou concorrentes aparecem, talvez seja hora de pivotar. Ou seja, alterar radicalmente o curso de determinada estratégia quando ela não produz mais resultados.

EXECUÇÃO CONSISTENTE

Na verdade, todas as suas ações irão se transformar ao longo do tempo. Tudo o que você faz possui prazo de validade. Cedo ou tarde, as coisas expiram. Assim, ao estar com a "mão na massa" todos os dias, executando as suas atividades e escutando o seu público, você pode receber sinais antecipados em relação à necessidade de alterar certas iniciativas.

Imagine, por exemplo, as seguintes situações: a sua indústria se move para outra direção e reduz a demanda pelos seus produtos. O engajamento das suas postagens diminui, mesmo depois de investir mais nelas. A satisfação do seu público está em queda, e seus serviços recebem reclamações frequentes. Os seus lucros alcançam um platô e não crescem há muito tempo. A sua audiência começa a falar de um novo competidor e a demandar soluções diferentes. A sua visão de mundo evolui, e seus conteúdos não refletem mais o que você pensa. Todos esses acontecimentos – e daria para citar vários outros – podem significar que é hora de mudar. Que é hora de alterar não só as suas estratégias de monetização e amostras grátis, mas também a forma como você se prepara, para conseguir pivotá-las.

Antes da covid-19, por exemplo, a StartSe oferecia cursos em sala de aula, conferências em centros de eventos e programas internacionais. Quase tudo era presencial. Entretanto, a pandemia mudou as coisas para o digital, pelo menos naquele instante. Para sobrevivermos, tivemos que modificar a nossa estratégia drasticamente. No Capítulo 4, contei o que fizemos. Outro exemplo refere-se aos meus conteúdos. No início, abordava o assunto "startups" de maneira bem específica. Era difícil eu me aventurar em outros temas. O meu público, porém, foi mudando ao longo dos anos, e o engajamento das minhas publicações diminuiu. O que eu fiz? Estudei mais, me capacitei mais e passei a dividir com as pessoas uma visão muito maior sobre empreendedorismo, carreira e negócios. Isso aconteceu com minhas publicações nas redes sociais, com meus artigos no jornal *O Estado de São Paulo*, com meus textos... Se você ler *Incansáveis*, meu primeiro livro, observará como a escrita é diferente de *Desobedeça*.

Portanto, ao receber pistas de que as suas ações não funcionam mais, busque alternativas, avalie mudanças, vá atrás de correções que possam recoloçá-las no trilho. Pivotar vai além de ser uma atitude. É uma grandeza que exige mais capacitação, mais conhecimento e mais coragem. Uma força que pode alterar o rumo da sua vida.

3) PARAR

Definitivamente, essa é a opção mais dolorosa: suspender uma ação ou matar um projeto inteiro. É difícil abandonar o próprio navio, mesmo quando ele está afundando. Há uma porção de sentimentos envolvidos que, muitas vezes, ofuscam a decisão racional. Mas se você foi atrás de alternativas, testou vários caminhos, pivotou diversas vezes e não conquistou os resultados esperados, esse é o momento de parar.

Toda jornada incrível é preenchida com histórias de persistência. Mas as pessoas bem-sucedidas não ficam apegadas a iniciativas que não evoluem. Ainda mais se já tentaram várias vezes. Abandonar ações frustradas libera você para buscar coisas que podem dar certo. Assim, ao identificar um produto que deve ser descontinuado ou uma amostra grátis que precisa ser interrompida, faça isso sem dó. Seus instintos dirão se você deu tudo de si para evitar essa sentença. Por pior que seja a sensação da renúncia, a sua carreira depende disso para seguir em frente.

Eu me recordo do dia em que, na StartSe, suspendemos o Tomorrow Learning, um curso que levava adolescentes de 14 a 17 anos para o Vale do Silício.[94] O propósito do produto era incrível. Foi demais receber a garotada lá. Em contrapartida, ele exigia uma estrutura e um know-how que não possuíamos. Como os participantes eram todos menores de idade, tivemos que contratar monitores para acompanhá-los 24 horas por dia, organizar uma logística para transportá-los o tempo todo, ter um time para dar suporte aos pais... De fato, nos preparamos para dar toda assistência àqueles jovens, inclusive médica. Afinal, éramos responsáveis por eles. No entanto, a StartSe é uma organização para adultos, e estávamos mergulhando em um universo que não dominávamos. Tentamos vários caminhos, buscamos alternativas,

EXECUÇÃO CONSISTENTE

terceirizamos algumas frentes, mas, além de o produto não se conectar à estratégia da empresa, ele estava nos afastando do nosso *core business,* que é entregar educação. Após uma longa reunião, decidimos descontinuá-lo. Foi difícil, foi ruim, mas foi necessário.

Qual é o ponto disso tudo? Ao entrar em campo diariamente, executar as suas atividades, analisar o seu desempenho, realizar os ajustes necessários e priorizar as tarefas que lhe aproximam dos seus objetivos, você obtém muita clareza sobre quando prosseguir, pivotar ou parar. Veja isso: por muito tempo, a Grã-Bretanha foi coadjuvante nas competições de remo. Desde 1912, o time masculino não ganhava um ouro olímpico na categoria com oito remadores.[95] Depois de mais um ano ruim em 1998, eles adotaram uma estratégia simples, mas ousada. Para cada decisão que precisassem tomar ou atividade que desejassem praticar, os atletas realizariam a seguinte pergunta: "Isso fará o barco andar mais rápido?". Dali em diante, só o que respondeu sim a essa questão fez parte das suas vidas. Todo o resto foi eliminado. O grupo virou um executor nato de poucas coisas. Só das que importavam. Seus integrantes levaram essa abordagem a sério o tempo todo. Com isso, eles se afastaram das distrações e se concentraram única e exclusivamente nas ações que poderiam dar mais velocidade à embarcação. O objetivo tornou-se o processo, que só dependia deles, em vez do resultado, que era consequência. Enquanto as tarefas controláveis receberam atenção, as que estavam além do alcance foram descartadas e esquecidas.[96]

Em 1999, as coisas começaram a mudar: o time obteve o segundo lugar em quatro corridas. Em 2000, o primeiro lugar em três corridas. E no dia 24 de setembro daquele ano, nas Olimpíadas de Sidney, os britânicos conquistaram a medalha de ouro. Essa jornada épica virou um livro – cujo título em inglês é *Will it make the boat go faster?*[97] –, que mostra como a execução minuciosa e disciplinada é a chave para o sucesso.

Bem, fiz um resumo do que você leu neste capítulo para evidenciar os principais conceitos aqui abordados.

DESOBEDEÇA: A SUA CARREIRA PEDE MAIS

Como fazer a diferença e manter-se atual ao longo do tempo:

1. Planejar-se executando;
2. Estudar é só uma parte do processo. Pôr a mão na massa é a outra;
3. Ser um indivíduo profundamente "praticante" de alguma coisa;
4. Guiar a sua conduta por experiências de campo, não por "planos perfeitos" que inexistem;
5. Encontrar formas simples de identificar se você está evoluindo;
6. Fortalecer suas principais iniciativas, mas saber quando atualizá-las ou descartá-las;
7. Auditar suas horas. Concentrar-se nas atividades que importam e estão ao seu alcance.;
8. Controlar o controlável e esquecer o resto;
9. Transformar ações em hábitos;
10. Prosseguir, pivotar ou parar.

Neste capítulo, então, você leu sobre a importância da prática. Revise constantemente os três Ps anteriores: preparação, *personal branding* e produto. O ambiente em que a sua carreira está sendo construída não é estático. Ele muda. Por isso, as estratégias que você implementa também precisam mudar. Nos próximos dois capítulos, serão apresentados os Ps do pacto e da paciência. Estamos próximos do fim, mas ainda tenho experiências incríveis para compartilhar contigo.

EXECUÇÃO CONSISTENTE

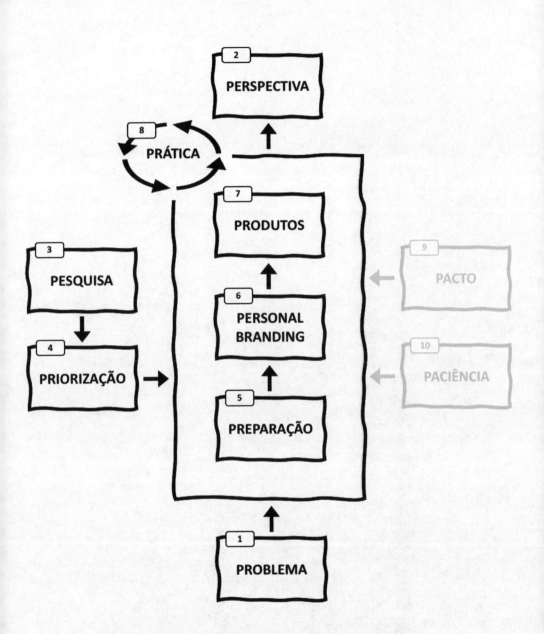

10 Ps: até aqui, você já leu oito deles.

SILVA RAFAEL FEITOSA RAFAEL FERREIRA BEZERRA RAFAEL FRANCISCO SOCCAL RAFAEL GOMES DOS SANTOS RAFAEL GONÇALVES DE ALBUQUERQUE RAFAEL GUIMARÃES LIMA RAFAEL INACIO DE SOUZA NETO RAFAEL INÁCIO DE SOUZA NETO RAFAEL KONTOYANIS TOTI RAFAEL LANCINI RAFAEL MARQUES DE ANDRADE RAFAEL MELO DO NASCIMENTO RAFAEL REIS ACHCAR ZANIN RAFAEL REIS NUNES RAFAEL RIBEIRO DE AZEVÊDO RAFAEL SALVADORI CARDINALE RAFAEL SAVOIA CATELAN RAFAEL SCHNELL RAFAEL SOUSA RAMOS RAFAEL VAZ DE SALLES GAIA RAFAEL YAMANE CARDOSO RAFAELA DE CAMPOS BENATTI GONÇALVES RAFAELA DE CAMPOS BENVENUTTI DA COSTA RAFAELA DE VARGAS SILVA RAFAELA PAZ TRINDADE RAFAELA PEREIRA DE LIMA RAFAELA PIMENTEL RAFAELA VANNUCCI RAFAELI OLEQUES PIRES RAPHAEL DANTAS RAILSON GARCEZ RAIMUNDO FERNANDES DE SOUZA RAISSA GABRIELLY FERREIRA ALMEIDA RAÍSSA GEORGIA LIMA DE ARAÚJO RAISSA SOBRAL DE OLIVEIRA RALFE ROMERO RÁNIERE VASCONCELOS DE ARRUDA CÂMARA RAONI SAYAD KOURY MIGUEL HERRERO RAPHAEL AUGUSTO GUASTAFERRO RAPHAEL BATTAGLIA RAPHAEL BOLDRINI DIAS RAPHAEL CAMARGO RAPHAEL DE SOUZA GODOI RAPHAEL PEREIRA DE SOUZA AZEVEDO RAPHAEL RIBEIRO DA SILVA RAPHAEL VIEIRA CUNHA RAPHAEL VINHOLES BICHIAROV RAPHAELA GALHARDO FERNANDES LIMA RAPHAELA SENA GONZALEZ SABOIA RAPHAELLA BRUZCH DOS SANTOS RAQUEL FERREIRA VELHO RAQUEL SANTOS DE ABREU RAQUEL SUDÁRIA DA CRUZ MARQUES E SILVA RAQUEL VISNADI NOGUEIRA RAUL ABISSAMRA FILHO RAUL CARDOSO SOUZA RAUL MARTINEZ FREIXES FILHO RAVI LIMA CRUZ RAYANA MADLUM DE PAULA DOS SANTOS RAYANA PEREIRA SOTÃO RAYARA VITÓRIA OLIVEIRA DE PINHO RAYLIS SILVA MOURA COUTINHO RAYSSA CARAVAGIO LOURENÇO RAYSSA FARIA DE MIRANDA COSTA REDSON DAGNON FRANULOVIC REGIANE GONÇALVES MENDES REGIANE GONÇALVES MENDES (WISE HANDS) REGIMARA PAULINO DE AZEVEDO REGINA WIRGUES RAMOS REGINALDO APARECIDO BARALDI REGINALDO PREVOT ROSA NONATO RÉGIS RODRIGUES DA SILVEIRA REINALDO ANDRADE REINALDO GOMES JUNIOR REINALDO JUNIOR REINALDO SANTOS DE SANTANA REINOLDO DARIO MIRANDA RENAN AKIO SHIBUKAWA RENAN AUGUSTO TRAVASSOS FALCÃO SOARES RENAN CORREIA LIMA RENAN DA SILVA DE OLIVEIRA RENAN JULES FEO PONCET RENAN MARCELINO ALVES RENAN MARTINS DE CARVALHO RENAN ROCHA GUIMARÃES RENAN ROSSI RENATA BERKOWITZ CORAIOLA RENATA BORGES FERRARI RENATA CAROLINA SANTOS CARDOSO RENATA CONCEIÇÃO SILVA ALMEIDA RENATA CRISTINA SILVA ÁVILA RENATA D'AQUINO FARIA PIAZERA RENATA DE ARAUJO BERKOWITZ CORAIOLA RENATA DOMINGUES RENATA FERNANDES TRIVILINI RENATA FIQUES DA CUNHA RENATA JULIANA AHLERT RENATA LIVRAMENTO MENDES RENATA MARTINS MOREIRA GUERRA RENATA PROENÇA RODRIGUES RENATA YAGO RENATO DE SOUSA RENATO DIEGO BIZZARRI BARBOSA RENATO EDUARDO NUNES RENATO GIL ARRUDA VIEIRA RENATO JAMES HERRMANN RENATO RIBECHI RENATTA ROSA RENILSON PEREIRA DOS SANTOS REVELYN JESKE REVERENDO BLACK RHUAM WILLIAN SANTOS RHUAN CRISTIANO MORAEA RICARDO A P GOMES RICARDO BICUDO RICARDO BRANDÃO CASTANHEIRA RICARDO CAMARGO RICARDO FENNER RICARDO GAZETTA RICARDO KLEIN RICARDO LÁZARO DE ARAÚJO MARQUES RICARDO NADAL RICARDO NIEDERBERGER CABRAL RICARDO OLIVEIRA RICARDO RODRIGUES SILVA RICARDO ROMEIRO RICARDO TONELLO WILDNER RICARDO VASSELAI RILVÂNIA ALVES DE MELO RISSIANE GOULART RITA DE CASSIA SALES COUTINHO CAPUTI RITA MEDEIROS ROBERT ANJOS ROBERT DIOGO DE OLIVEIRA ROBERT SACHSSE ROBERT SIQUEIRA ROBERT WAGNER ROBERTA ANDRADE FERREIRA ROBERTA CAETANO ROBERTA CAMPETTI BOAMAR ROBERTA COSTA SIQUEIRA ROBERTA DE MACÊDO FASANARO ROBERTA DO PRADO PIRES ROBERTA LUCIA MATOS DA COSTA E SILVA CROCCIA ROBERTA PAMELA REICHERT ROBERTO BERGMANN CAMARGO ROBERTO BRAGA DE OLIVEIRA ROBERTO BYRNE GUIMARÃES ROBERTO CAMPOS ROBERTO CESAR DE OLIVEIRA ROBERTO PROVAZI ZANETTA ROBERTO SANTANA DA SILVA ROBERTO STERSI ROBERTSON FREIRE ROBIN LEE ROBINSON DE GODOI

OLIVEIRA ROBSON GOMES DA SILVA ROBSON MOURA ROBSON ODILON DA SILVA ROCHELI TOMAZELI ROCHELLE SILVEIRA ROCKY JINKSS NICOLAU DOS SANTOS RODNEY GUARDIA RODOLFO APPENDINO RODOLFO MARCOS VENÂNCIO RODOLFO REZENDE DIAS FONSECA RODOLPHO ALVES DOS REIS RODRIGO AJALA AMÉRICO DE ASSIS RODRIGO ANDRES MAUREIRA RODRIGO APARECIDO ALMEIDA RODRIGO BRASIEL RODRIGO CHEDIEK RODRIGO CIGOTTI RODRIGO COELHO RODRIGO COSTA GONÇALVES RODRIGO DA LUZ RODRIGO DEVITTE RODRIGO DIAS DE SOUZA RODRIGO DOS SANTOS PAULA GOMES RODRIGO ELIAS BOHRER DA ROSA RODRIGO FELIPE MARCOLIN RODRIGO FERNANDES PEREIRA LIMA RODRIGO FRACARI RODRIGO FREIRE RODRIGO GALDINO DA SILVA RODRIGO GARCIA RODRIGO GEO RUSSEFF RODRIGO GUILHERME ALVES DA CUNHA RODRIGO LIRA ALBUQUERQUE DOS SANTOS RODRIGO LODI BOUVIE RODRIGO LUCIANO POLETTO RODRIGO LUIS PADILHA RODRIGO NUNES NEVES RODRIGO OJEDA SUAREZ RODRIGO OLIVEIRA DE AZEVEDO RODRIGO PIMENTEL RODRIGO RAMOS RODRIGO REIS FAVARIN RODRIGO ROSSATO RODRIGO SCHIAVINI RODRIGO SILVA REY REY RODRIGO TILLI RODRIGO VEISS RODRIGO VIEIRA DA SILVA RODRIGO ZANGALLI BRABO ROGÉRIO BARÉA GOMES ROGÉRIO MARQUES DA SILVA LIMA ROGÉRIO MASSARO SURIANI ROGÉRIO MOMBACH ROGÉRIO MORAES ROGÉRIO SERAFINI DOS SANTOS ROGERIO VEDOVATO ROGÉRIO VIEIRA ROMOALDO APARECIDO DE MATTOS RODRIGUES ROMUALDO DE CAMPOS VIEIRA ROMUALDO RODRIGO LOPES RONALDO JUNIO ARAÚJO DOS REIS RONALDO PIMENTEL DOS SANTOS RONALDO QUEIROZ RONEI PEREIRA DA SILVA ROOSEVELT GONÇALVES ROOSEVELT RIBEIRO ROSA ALVES DE OLIVEIRA ROSA HELENA GATI DALA BERNARDINA ROSA HELENA LIMA DE CASTRO ROSA INÊS RAMALHO ROSANA PAULA DE OLIVEIRA ROSANA TASCHETTO VEY ROSANE CHAGAS BONELLI ROSANE GOBATTO ROSANE MARIA GUERREIRO DE SOUZA ROSANE MARIA HUEBEL GROSSL ROSANE REGINATO ROSÂNGELA DE SOUZA DA SILVA ROSÂNGELA GONÇALVES RAMOS ROSÂNGELA KLEIN ROSÂNGELA TEIXEIRA DA SILVA ROSELI MARCILIO NEVES ROSELI SOUZA SAURIN ROSELIA GOMES DA SILVA ROSELLA BRUXEL DE QUADROS ROSEMÍLIA DA SILVEIRA NASCIMENTO ROSILENE RODRIGUES DA SILVA GASPAR DE SOUZA ROSIMAR VALLIM TONON ROZÂNEA ZANDONADI PEREIRA RUDINEI KLAHN MUNIZ JUNIOR RUDINEI PERIN FRANCESCATO RUDOLF STROHDIEK RUI CARDOSO DE ALMEIDA RUTE NAZAR RUTH MORAIS SABRINA AMALIA JAPPE SABRINA FERNANDA PEREIRA CORRÊA SABRINA JÉNIFER SOARES OLIVEIRA SABRINA JULIA DA SILVA MACIEL SABRINA ROSE HERMANN SABRINA VIANA PINHEIRO SABRYNA PORTO RODRIGUES SAMARA NATHALIA SILVA SANTOS SAMARA RODRIGUES DE MORAES MILERIO SAMARONI CUNHA MONTEIRO SÂMELA CAMELO BRITO SÂMIA MALUF SAMILE JAQUES RUIZ SAMUEL DUTRA DA SILVA SAMUEL DUTRA JUNIOR SAMUEL MOTTA SANDRA BONATTI SANDRA DE OLIVEIRA DOMINGUES SANDRA ESTELA KRUMMENAUER SANDRA LUCENA SOUTO SANDRA LUME MICHELIN SANDRA MARCIA DE FARIA SANDRA MARIA DE ANDRADE SANDRA TAVARES SANDRO AUGUSTO SILVA JUNIOR SANDRO BEIRA SANDRO CARLO GOLDONI SANDRO DE SOUZA FAGUNDES SANDRO ROBERTO DA SILVA SANDRO SCHUBACK SANDRO ZANON SANTIAGO THOMAZ SARA BEDIN AMORIM SARA DE PAULA SOUZA SARA FERNANDA AMARAL NUNES SARAH ALVAREZ SAMPAIO SARAH CREPALDE DE LIMA CARVALHO BATISTA SASKIA DE SENNA BARBOSA SAULO DOS SANTOS GOULARTE SEBASTIAN PEREIRA SEITI MORAES SAKUMOTO SELDON ROLEMBERG ALBUQUERQUE DE AGUIAR SERGIO LUIZ CASTILHO FERREIRA CHICOLTE SERGIO MUNIA JUNIOR SÉRGIO NUNES SÉRGIO PAULO RAMOS RIBEIRO SÉRGIO SOARES BALIEIRO SÉRGIO VINÍCIUS CAVALARI OTTOBONI SHAEEN INAÊ DA LUZ KUNZ SHEILA NICZAY SHEILLA RIBEIRO SHEYNE ROGERS SHIRLEY APARECIDA DA SILVA SHIRLEY SORIANO DA COSTA E SILVA BARBOSA SHUZAN KELLY SOUSA SIANDRA ARALDI MENEGOLLA SIGISNEI DA SILVA SOUZA SILAS ANDRÉ OLIVEIRA SOEIRO SILAS CAMPOS MOREIRA SILAS DE SOUZA COSTA SILMAR DA MIAO MARTIMIANO SILMARA DUTRA DA ROSA SILNEI POLETTO MACIEL SILVANA COSTA SERRA SILVANA GRASSI ZANATTA SILVANA ROMAGNOLE SILVIA CRISTINA

9
RENUNCIAR FAZ PARTE

RENUNCIAR FAZ PARTE

A PESSOA DO "SIM"

Quando comecei minha carreira, tinha uma tendência doentia de dizer sim para tudo. Aceitava reuniões, projetos paralelos e inúmeros convites. Eu era incapaz de falar não. Pensava que isso magoaria as pessoas e me tornaria menos valorizado. Depois de ser o "cara do sim" por anos, fiquei incrivelmente sobrecarregado. Sem foco algum. O custo oculto do "sim" é altíssimo. Ao dar "ok" em uma simples reunião, várias se tornam semanais. Ao aceitar um projeto paralelo, muitos exigem mais que o esperado. Enquanto o "sim" consome recursos, o "não" tem a capacidade de preservá-los.

Apesar disso, negar uma solicitação é algo extremamente difícil. Muita gente pensa que cada "não" pronunciado equivale a uma oportunidade perdida. Mas é justamente o contrário. As suas maiores chances estão no seu próprio trabalho, não no trabalho dos outros. Ao aceitar tudo, você vira uma pessoa dispersa, sem conexão com grandes objetivos. A palavra foco não significa dizer sim ao que você deve fazer. Significa dizer não a todos os convites que surgem e lhe afastam das suas prioridades. Steve Jobs pensava assim. Para ele, *focar* diz respeito à sua coragem de abandonar mil ideias para cumprir um grande feito, e não à sua vontade de fazer alguma coisa. Inovar, portanto, é saber dizer não.[98]

Isso é bastante importante em um mundo onde tudo parece ter alta urgência e ser superimportante. Várias pessoas se sentem obrigadas a responder

FOCO NÃO SIGNIFICA DIZER SIM AO QUE VOCÊ DEVE FAZER. SIGNIFICA DIZER NÃO A TODOS OS CONVITES QUE SURGEM E LHE AFASTAM DAS SUAS PRIORIDADES.

RENUNCIAR FAZ PARTE

imediatamente cada mensagem, e-mail e ligação. Têm obstinação em se mostrar ao mercado como profissionais disponíveis, de prontidão para atender qualquer tipo de demanda. No entanto, disponibilidade não vence o jogo. Para cada solicitação que você aceita, por menor que ela seja, uma parte do seu verdadeiro trabalho é deixado de lado. O famoso investidor Warren Buffett afirma: "A diferença entre os indivíduos de sucesso e os indivíduos de muito sucesso é que os de muito sucesso dizem não para quase tudo".[99]

Embora o "sim" possa ser vinculado ao trabalho em equipe, ele é uma grande ferramenta diária de distração. Falar não ajuda seus pares a reavaliarem seus pedidos, por mais que isso possa magoá-los. Na maioria das vezes, ao declinar um convite, você faz um bem não só para si, mas para os outros também. Sabe aquelas perguntas do tipo: "você tem cinco minutos?", "consegue falar rapidinho?", "pode me acompanhar nessa reunião agora?", "viu o e-mail que acabou de chegar?". Em geral, essas situações são verdadeiras ciladas que consomem o seu tempo e devoram a sua concentração. Além disso, a realidade é bem diferente do discurso. Os cinco minutos acabam demorando mais, as conversas rápidas se tornam longas, as reuniões de última hora quase sempre não precisam de você, e os e-mails que interrompem o seu dia normalmente podem ser vistos depois.

Em média, somos interrompidos a cada onze minutos.[100] Ou seja, quase seis vezes por hora. Nos Estados Unidos, cada habitante olha o seu celular 52 vezes por dia.[101] Além disso, segundo uma pesquisa da Universidade da Califórnia,[102] o nosso cérebro demora 25 minutos para voltar a se concentrar em uma tarefa após tê-la parado por algum motivo. Veja quanto tempo leva para "pegarmos no tranco" novamente.

O lendário autor Peter Drucker abordou isso em seu livro *O gestor eficaz*, de 1966.[103] Ele escreveu que Mozart tinha uma capacidade ímpar de produzir várias composições musicais ao mesmo tempo, todas obras-primas. Mas o instrumentista austríaco foi uma exceção. Outros tantos compositores de primeira linha criaram uma obra por vez. Eles não começavam a seguinte sem terminar a anterior. Muitas vezes, os profissionais assumem que são Mozarts e que conseguem fazer tudo simultaneamente

DESOBEDEÇA: A SUA CARREIRA PEDE MAIS

com extrema qualidade. Claro que há gênios por aí. Não estou desmerecendo isso. Entretanto, na prática, a maioria acaba sendo sugada pelas distrações e não fazendo nada direito.

Procure agir com sabedoria rumo aos seus objetivos. E sabedoria não significa rapidez ou agenda lotada. Significa atuar consistentemente no que está à sua frente. Quando você escuta que o trabalho inteligente supera o trabalho duro, o que vem à sua mente? Em geral, as pessoas associam "inteligência" com gestão do tempo, novas tecnologias, planejamento das coisas e por aí vai. Tudo é verdade. Mas, para mim, o principal componente do trabalho inteligente – que sustenta os demais – é a sua capacidade de fazer o que precisa ser feito sem interferências. Deixe-me explicar. Ao estabelecer momentos ininterruptos de dedicação às suas tarefas, além de mirar na execução delas, você firma um compromisso proativo com as próprias responsabilidades. É assim que se assume as rédeas de uma carreira. Muitos profissionais passam o dia fazendo de tudo e usam apenas o tempo que sobra para atuar em seus projetos. Dificilmente alguém consegue progredir assim. Primeiro, porque quase nunca sobra tempo. E segundo, porque a atenção dessa turma é tão dispersa que seus resultados mal alcançam as expectativas. Doar-se integralmente às suas atividades faz a sua concentração ir às alturas e cria as condições para a sua melhor versão aparecer por completo.

Quando você ganha a reputação de ser um indivíduo que topa tudo, a sua generosidade será reconhecida. E isso não é ruim. É até gratificante. Porém, uma montanha cada vez maior de solicitações aparecerá na sua frente. Na prática, a sua disponibilidade excessiva firma um pacto maravilhoso com o trabalho dos outros, mas terrível com o seu. A sua capacidade de declinar convites reflete que você está no controle da sua jornada. Quando comecei a minha carreira, eu era demasiadamente prestativo às pessoas. Com frequência, interrompia a minha rotina para atendê-las. Falava sim para tudo, ajudava em tudo, aceitava tudo. Tinha medo de decepcionar quem convivia comigo. Eu me sentia tão culpado de dizer não que acabava participando de outros projetos à custa dos meus. No fim do ano, muita gente até falava: "valeu pela força" ou "te devo uma". Contudo, o

RENUNCIAR FAZ PARTE

meu valor profissional era pouco reconhecido. Isso porque, enquanto dizia sim para tudo, eu negligenciava as minhas obrigações e não desenvolvia nada relevante.

Hoje, em contrapartida, me envolvo em menos tarefas. Porém, alcanço mais resultados, impacto mais gente e obtenho um reconhecimento superior. Certamente, o meu amadurecimento profissional foi um dos responsáveis por isso. E, para alcançar essa maturidade, assimilar o poder do "não" e aprender a utilizá-lo contribuiu bastante. Sabe o que me surpreendeu nessa trajetória? Na medida em que passei a recusar convites com maior frequência, observei como as pessoas tendem a lhe respeitar quando escutam um "não" de você. Essa postura evidencia o seu genuíno comprometimento com as suas prioridades. Confesso que negar o pedido de alguém corta o meu coração, pois o que mais me satisfaz na vida é ajudar os outros. Mas não tem jeito: se a sua intenção é levar os seus projetos adiante, é preciso posicioná-los acima do mar de solicitações que chegam até você.

Evite aceitar as coisas de primeira. Independentemente de atuar em seu próprio negócio ou trabalhar para alguém, adquira o hábito de refletir sobre o que lhe pedem. Faça perguntas do tipo: "Isso é mais importante do que as minhas atuais atividades?" "Eu realmente preciso participar desse compromisso?" "Faz sentido – para mim e para a empresa – parar o que estou fazendo e atender essa solicitação?". Jamais assuma tarefas só para agradar os outros. Cada "sim" lhe custa tempo e dinheiro. As consequências não vão aparecer hoje, vão aparecer amanhã. E caso surjam demandas nas quais a sua presença seja realmente imprescindível, reorganize as suas prioridades e deixe todos cientes disso. Como será necessário tirar energia dos seus projetos para colocar nos novos que surgiram, as pessoas não podem continuar lhe cobrando os mesmos resultados de antes.

Grandes conquistas exigem atenção em poucas frentes. Quando tudo é prioritário, nada tem prioridade. Quando tudo é urgente, nada tem urgência. Muitas vezes, você deve recusar não só as distrações diárias, mas também as boas oportunidades que surgem no caminho. As coisas boas são inimigas das melhores, simplesmente pela falta de tempo. O livro *The Power of*

DESOBEDEÇA: A SUA CARREIRA PEDE MAIS

No[104] destaca outro ponto importante: ao aceitar algo que a sua consciência sugere negar, há uma grande chance de você não gostar dessa experiência, magoar-se com quem lhe colocou nela e prejudicar a sua própria imagem. Como a sua motivação tende a ser pequena para contribuir de maneira significativa, pouca gente verá valor em você. E, visto que o corpo humano fala por si só, a sua postura estampará para todos o seu sentimento de "o que estou fazendo aqui?". Definitivamente, esse tipo de comportamento arranha qualquer reputação. Assim, dizer não quando é isso que deve ser dito é um sinal de respeito a você e aos outros. Orgulhe-se dos trabalhos que você faz tanto quanto dos que não faz.

Entenda o seguinte: as relações pessoais e profissionais são importantíssimas. Sou extremamente aberto e acessível aos indivíduos que me procuram. Muita gente se surpreende com a minha disponibilidade. Nos eventos, por exemplo, atendo quase sempre até o último participante. Nas redes sociais, respondo a maioria das mensagens. No dia a dia, sou superpróximo do meu público por meio das amostras grátis que entrego – como você leu no Capítulo 6. Mas como me organizo? Bem, divido o meu tempo em dois intervalos. No primeiro, concentro 100% da minha atenção nos meus principais projetos. Aqui, sou extremamente inacessível, pois são essas iniciativas que mais me aproximam das minhas conquistas. No segundo, foco em responder as redes sociais, checar os e-mails, olhar as mensagens, retornar as ligações, atender as pessoas, resolver as "bombas" que aparecem... Veja, não interrompo o meu trabalho mais importante a todo instante. Blindo as minhas atividades prioritárias para conseguir me aprofundar ao máximo nelas. Não permita que as interferências tomem conta da sua rotina. Planeje-se minimamente para ditar o ritmo das suas ações.

Hoje, quando alguém me liga, dificilmente eu atendo. Todos os alertas e notificações do meu celular são desativados. Não há mensagens que me interrompam – com exceção às da minha família. Para mim, falar com alguém que checa o seu telefone constantemente é uma das experiências mais frustrantes que existem. Apesar da digitalização de tudo, é nas conexões humanas que as coisas acontecem. Nada substitui o cara-a-cara. As pessoas

RENUNCIAR FAZ PARTE

percebem claramente quando você está "distante" de uma conversa, com outras preocupações na cabeça. Para mim, todos nós podemos estar mais presentes em nossas vidas se pararmos de aceitar os muitos compromissos que não nos levam a nada e priorizarmos os poucos que realmente importam.

A maioria das conquistas, portanto, não se baseia nos SIMs que você diz, mas nos NÃOs que você tem a coragem de falar. Antes de aceitar qualquer coisa, pondere se realmente faz sentido. Não queira ser a pessoa boazinha que só ajuda os outros. Você tem seus próprios objetivos para alcançar, seus próprios projetos para fazer. Aprender a falar não, por incrível que pareça, torna o seu "sim" muito mais poderoso.

SATISFAÇÃO PELO PROCESSO

Sou fascinado pelo processo, não pelo resultado. Sou atraído pelas minhas tarefas, não pelas recompensas. Se você amar a sua rotina mais do que qualquer coisa na vida, a sua jornada acaba se tornando as próprias conquistas. É isso que me faz acordar cedo, ainda de madrugada, para escrever este livro. É isso que me mantém até meia-noite em um evento para atender os participantes. É isso que me motiva a construir empresas, projetos e cursos. É isso que me dá combustível para ralar ininterruptamente rumo aos meus objetivos. Afinal, sem ser fanático pelas atividades do meu trabalho, eu dificilmente estabelecerei um pacto comigo mesmo para alcançar o nível de dedicação que uma carreira de sucesso exige.

Muitas pessoas morrem de amor pelo seu propósito, mas poucas são encantadas pelo trajeto que leva até ele. Vários profissionais supervalorizam o tão sonhado "momento final" e desqualificam as ações diárias que verdadeiramente dão suporte às vitórias. Para progredir, tanto no empreendedorismo quanto no ambiente corporativo, você precisa ter satisfação pelo seu hoje, pelo seu agora. Você precisa adorar cada manhã, tarde e noite do seu trabalho. Até porque, na maioria das vezes, os indivíduos mais valoriza-

A MAIORIA DAS CONQUISTAS NÃO SE BASEIA NOS SIMs QUE VOCÊ DIZ, MAS NOS NÃOs QUE VOCÊ TEM A CORAGEM DE FALAR.

RENUNCIAR FAZ PARTE

dos também são os que mais dão duro. Claro que nem todos os momentos são incríveis. Nem tudo é maravilhoso. Mas, ao acordar e sentir uma fome gigantesca de viver as suas próximas 24 horas, você obtém a energia necessária para superar os eventuais obstáculos que aparecem.

Veja... Meu dia a dia é meu esporte favorito. Sinto prazer em escrever, produzir conteúdos e compartilhar o que sei. Aprecio as oportunidades de tentar, de descobrir, de arriscar. Gosto de construir empresas, criar produtos e participar das fases iniciais de um projeto. Amo conhecer pessoas, transformar diferenças em forças e evoluir com elas. Sou atraído por lançar hipóteses, validá-las no mercado e observar o que vai dar. Esse é meu passatempo, meu cotidiano, meu jogo. Não me importo de perder o sono por causa disso. Nem de passar por apuros. Minha atenção ao exercício dessas atividades vai muito além das expectativas que eu tenho em relação aos resultados que elas podem gerar.

Por que isso é importante? Porque se eu errar, faço de novo. Testo outros caminhos e formatos. Não há problema em repetir algo que gosto de fazer quantas vezes for necessário. É isso que me realiza, que me dá prazer, que me permite experimentar o maior número de alternativas antes de abandonar um projeto. Muita gente pergunta qual é o segredo para eu estar sempre motivado, empolgado e com energia... Na verdade, minha alegria vem do que eu faço diariamente, das pequenas ações, das simples descobertas. Claro que eu explodo de felicidade ao obter grandes resultados e conquistas. Mas, antes de me motivar por esses feitos, me motivo por tudo que realizo para alcançá-los.

Vários profissionais vão atrás de números. Movem-se unicamente por cifras e lucros, indicadores e gráficos. Definir objetivos quantitativos é uma das ferramentas mais utilizadas para avaliar a evolução de algo. Elas mostram se você está perto ou longe do gol. Se é necessário pivotar as ações ou não. Afinal de contas, tudo que você consegue medir, você consegue gerenciar, como dizem por aí. No entanto, ao olhar isoladamente os resultados numéricos, as pessoas caem na tentação de usar atalhos quando o desempenho não vai bem. Para baterem uma meta, por exemplo, elas enviam

DESOBEDEÇA: A SUA CARREIRA PEDE MAIS

toneladas de e-mails com ofertas comerciais que desgastam a relação com os clientes, investem um dinheirão em anúncios que não atingem o público-alvo, lançam promoções "matadoras" que desvalorizam a sua marca e reputação. Em vez de seguir o seu trabalho de longo prazo, essa turma começa a fazer qualquer coisa para atingir os seus objetivos de curto, mesmo que as consequências sejam irreparáveis. Infelizmente, iniciativas dessa natureza não sustentam carreiras e negócios por muito tempo. Ao amar apenas os números, você facilmente desiste das suas estratégias mais consistentes. Ao amar o processo como um todo, você passa a defendê-las continuamente.

Faça da sua trajetória uma rota cênica. Ou seja, um caminho maravilhoso, repleto de paisagens deslumbrantes para você apreciar, de histórias incríveis para você aprender, de personagens marcantes para você conversar. A jornada da vida está repleta de dificuldades e conquistas. Saiba saborear cada pedaço delas. Na maioria das vezes, a melhor parte de uma viagem não é o destino final, mas todas as coisas inusitadas e deslumbrantes que acontecem ao longo do caminho.

Em 2016, por exemplo, rodei o Brasil para lançar *Incansáveis*, meu primeiro livro. Fiz 35 eventos em 45 dias.[105] Repeti a dose no lançamento de *Audaz*, o meu segundo. Dessa vez, com 50 eventos em 60 dias.[106] Viajei para capitais e interior. Peguei carro, ônibus e avião. Fiz palestras em empresas, escolas e universidades. Falei em teatros, bibliotecas e pubs. Visitei lugares fantásticos. Conversei com gente maravilhosa. Aprendi demais em cada contato, prosa e aperto de mão. Inclusive comemorei o meu aniversário de 37 anos na estrada, especificamente em Belo Horizonte, no Raja Valley, um centro de inovação do meu amigo João Paulo Zica Fialho. Lembro que, no meio da palestra, um bolo apareceu. Não sei de onde. A turma toda levantou e cantou parabéns. Foi especial. Revi amigos que não via há anos. Recebi ajuda de gente solícita e maravilhosa. Lançar um livro é um feito memorável. Mas essa energia contagiante é um dos principais fatores que me motiva a lançar mais.

Em 2017, a StartSe desenvolveu o curso digital A Nova Economia.[107] Foram 20 horas de conteúdo sobre como construir negócios. Convidamos o

RENUNCIAR FAZ PARTE

casal Luiz Méssici e Paula Moraes para irem ao Vale do Silício e filmarem as aulas comigo. Passamos trinta dias juntos e gravamos com 44 profissionais. Steven Choi, do Google, falou sobre inovação. Giovanni Zanetti, da Apple, sobre experiência do cliente. Rocir Santiago, do Pinterest, sobre cultura. Também conversamos com Rodrigo Schmidt, primeiro brasileiro contratado pelo Facebook. Sally Dominguez, inventora que desenvolve o pensamento "aventureiro" nas pessoas. Taylor Sewitt, especialista em telepresença que nos apresentou uma loja física operada 100% a distância. Fomos ainda ao estádio do San Francisco Giants, um dos grandes times de baseball do mundo, aprender com Fran Weld sobre como as tradicionais organizações podem se reinventar para crescer. Estivemos com HP, Intel e Embraer. Com empreendedores, investidores e mentores. Foram diversas empresas e talentos que participaram. Em cada gravação, era um vai e vem de câmeras, luzes, tripés... Carregávamos uma montanha de equipamentos de um lado ao outro. No fim, o curso foi sensacional. Os resultados também. Mas essa jornada intensa de produção foi a melhor parte. Se precisasse, faria tudo de novo.

Há muitos anos, escalei o vulcão Villarrica, no Chile. A vista lá de cima é surreal. Chegar à borda de uma cratera é um misto de sensações únicas. Apesar disso, gasto muito mais tempo contando os acontecimentos da subida do que as emoções do topo. Eu me lembro dos trechos íngremes onde andávamos em zigue-zague. Do momento em que a parte com neve começou. Da hora em que coloquei os grampões nas botas. Do frio que fazia, da névoa que pegamos... Idem ao Caminho de Santiago, na Espanha. Chegar à Compostela foi incrível, mas os quinze dias pedalando 824 quilômetros, cruzando o território espanhol de leste a oeste, conhecendo gente do mundo inteiro, dormindo em albergues, entrando em apuros... É essa trajetória repleta de experiências marcantes que me faz querer voltar.

Portanto, não é o destino, é a jornada que faz algo valer a pena. Quanto mais você a contempla, maior é a vontade de segui-la. Entenda isso: o sucesso das suas iniciativas está muito mais associado ao cultivo do que à colheita. Ao cuidado com a plantação do que ao momento da safra. Infelizmente, muita gente cultiva pouco e quer colher muito. Várias pessoas subestimam o

DESOBEDEÇA: A SUA CARREIRA PEDE MAIS

processo e superestimam o propósito, como mencionei antes. Claro que o propósito é importante. Não há dúvida disso. Mas, sem uma sequência de ações para alcançá-lo, ele é só uma sentença bonita, uma frase de impacto para inglês ver. Não confunda as coisas. Apegar-se à execução é a única forma de materializar a sua razão de existir.

Aproveitando, vou escrever os próximos parágrafos sobre propósito. De acordo com dois estudos norte-americanos, um com 9 mil[108] e outro com 6 mil[109] participantes, quem conseguiu articular o sentido da própria existência viveu mais do que as pessoas incapazes de fazer isso. E não importava a intenção que movia esses indivíduos. Podia ser pessoal, como "buscar a felicidade". Podia ser artística, como "quero me dedicar à pintura". Podia ser humanitária, como "transformar o planeta em um lugar melhor". O importante era eles responderem claramente à pergunta: "Qual é o significado da vida?".[110] Claro que a conexão com longevidade pode ter sido coincidência, mas, segundo o filósofo Friedrich Nietzsche, "aquela pessoa que tem um motivo para viver pode suportar praticamente tudo".[111]

O tema também foi abordado pelo psiquiatra austríaco Viktor Frankl. Para ele, o propósito está na base de qualquer estrutura racional e emocional. Inclusive, ele é essencial quando não se tem praticamente nada. O próprio Frankl testemunhou isso durante os três anos em que ficou preso nos campos de concentração. Depois de liberto, escreveu em apenas nove dias o livro *Em busca de sentido*, lançado em 1946.[112] Em um dos trechos, ele comenta que os nazistas davam comida aos prisioneiros jogando os alimentos no chão, no meio do barro e da lama. E o autor observou o seguinte: quem se atirava para comer ali mesmo acabava vivendo menos do que as pessoas que iam até lá, pegavam o alimento, procuravam uma mesa e sentavam-se para comer com dignidade, tentando encontrar um sentido maior naquilo.

Vou mencionar Peter Drucker mais uma vez neste capítulo. Há uma passagem dele em *The Practice of Management*,[113] um de seus mais importantes livros, bem interessante. Havia três pessoas cortando rochas. Ao perguntar para esses cortadores o que eles estavam fazendo, o primeiro respondeu: "Tô cortando rochas". O segundo: "Tô aqui para ganhar dinheiro, pagar as

RENUNCIAR FAZ PARTE

contas e sustentar a família". E o terceiro: "Tô aqui construindo uma catedral". Apesar de todos fazerem a mesma coisa, eles tinham perspectivas diferentes em relação ao seu trabalho. E, para Drucker, o terceiro cortador tende a apreciar mais as suas atividades e apresentar um melhor desempenho, porque ele escolheu enxergar o propósito geral das suas tarefas e o seu impacto nos fiéis que terão um lugar para rezar, na comunidade que terá uma catedral para se conectar com o seu deus e assim por diante.

Propósito, então, é importantíssimo. Neste livro, inclusive, ele está associado ao que você definiu no Capítulo 2, no "P" da perspectiva. Só que, veja: é todo o restante de *Desobedeça* que irá lhe aproximar desse seu horizonte futuro. Note quanta coisa você está lendo. Só o processo de executar, praticar e tentar é capaz de lhe proporcionar algum tipo de conquista. Afinal, se você vai alcançar o tão sonhado destino, ninguém sabe. Uma sucessão de fatores contribuirá ou não para isso. No entanto, o trabalho que você realiza diariamente é o aspecto mais controlável do desenvolvimento de uma carreira. E isso está muito mais em suas mãos do que atingir o objetivo final. Assim, busque destinos incríveis e trajetórias encantadoras até eles. Quanto mais satisfação esses caminhos lhe derem, mais você desejará percorrê-los.

9/10 Ps – PACTO

Esse é o penúltimo dos 10 Ps. O "P" do pacto. Se você deseja realizar alguma mudança em sua carreira, é preciso estabelecer um compromisso com isso. Um acordo de verdade. Sabe por quê? Porque ao longo do tempo, haverá mil motivos para desistir, diversos contratempos para enfrentar, várias "tentações" para atrapalhar... Sem um alto nível de comprometimento com o trabalho que precisa ser feito, você facilmente abandonará o barco.

Por exemplo, construir uma jornada longe do seu país é uma experiência única, mas também árdua. Ninguém prepara você para ela. Quando decidimos fazer isso, minha esposa e eu sabíamos que esse era o caminho

DESOBEDEÇA: A SUA CARREIRA PEDE MAIS

difícil. O caminho da renúncia. Nathália se afastou de Manu e Gustavo, seus irmãos de 1 e 6 anos. Passei a não ver meu pai, na época com quase 80 anos. Nós nos distanciamos de familiares, amigos e conhecidos. Em paralelo, como imigrante, os seus antecedentes desaparecem. Ninguém conhece a sua identidade, o nome das empresas onde trabalhou, os seus hábitos e costumes. É como pegar uma borracha, apagar o passado e começar de novo. Tive que reconstruir o meu histórico financeiro, a minha reputação, o meu *networking*. Precisei jogar o jogo da vida pela segunda vez.

Em 2015, na noite em que pousamos no Vale do Silício, pegamos um táxi até Emeryville, cidade a 30 quilômetros do aeroporto. Lá, alugamos um hotel por dez dias até acharmos um apartamento. Quando o táxi estava cruzando a Bay Bridge, uma das pontes da região, olhei para trás e vi os prédios de São Francisco iluminados. A cena estava linda. Naquele instante, Nathália me olhou e falou: "Faremos isso valer a pena". Eu me arrepio com isso até hoje. Chegamos, nos instalamos e nos sacrificamos juntos. E, se for preciso pegar o caminho difícil outra vez, aceitarei na hora. Com nossa filha Antonella, desfrutá-lo será ainda melhor.

Quando comecei os 10 Ps, assumi um pacto de levar isso adiante, de me entregar a essa estratégia, de colocar o máximo de energia para fazê-la acontecer. E o que isso significa? Significa que, depois de definir o **problema** e a **perspectiva**, depois de realizar a **pesquisa** e a **priorização**, passei a dedicar parte considerável do meu dia à **preparação**, à construção do meu *personal branding* e à criação de **produtos**. Fiz disso uma **prática.** Renunciei ao tempo com minha esposa. Sacrifiquei sono, fins de semana e diversão. Mergulhei nisso para valer. Além do mais, assim que meus conteúdos ganharam relevância, convites "irrecusáveis" começaram a surgir no Brasil. Ofertas fantásticas, remunerações excelentes... Bastava pegar um avião e voltar. Nada me impedia. Fazer isso, inclusive, era bem mais conveniente do que permanecer em São Francisco. No entanto, recusei as propostas, continuei no Vale e mantive o que estava fazendo. Ainda era cedo para jogar a toalha. É engraçado, mas o destino cria esses "momentos da verdade" para lhe testar, para lhe colocar à prova. A sua atitude diante deles mostrará quanto você se dispõe a lutar pelas tão sonhadas mudanças em sua vida.

RENUNCIAR FAZ PARTE

Para seguir em frente com um novo projeto, uma transição de carreira ou qualquer outra coisa, não dependa do incentivo dos outros. Eles até ajudam, entretanto, a maior motivação deve ser sua. Essa é a que importa. Afinal, será um longo processo, uma longa maratona até os resultados aparecerem. Repare nesse exemplo: as famosas corridas de rua são populares e atraem milhares de participantes. Basta se lembrar da São Silvestre. Com datas e trajetos específicos, elas têm organizadores e patrocinadores, espectadores e voluntários, infraestrutura e apoio. No entanto, há corridas de rua diferentes, disponíveis para qualquer pessoa em qualquer dia e mês do ano. Essas acontecem no anonimato. Não têm percurso fixo, tampouco linha de chegada, aplausos e medalhas no fim. Muito do que você faz para se desenvolver profissionalmente está mais associado ao segundo tipo de corrida do que ao primeiro. O estímulo precisa vir de você.

Desenvolver uma carreira bem-sucedida depende da sua ambição por ela e da sua capacidade de fazer renúncias ao longo do caminho. Não estou dizendo que é necessário se privar de tudo. Não é isso. Mas, às vezes, você enfrentará situações do tipo: dedicar-se à entrega de um projeto ou à viagem com os amigos? Estudar em seu tempo livre ou aproveitá-lo para descansar? Investir suas economias em seu próprio crescimento ou em algo supérfluo que deseja há meses? Se você está lendo *Desobedeça* para ampliar os seus conhecimentos e ganhar insights, ótimo. Tomara que esteja gostando. Mas, se o seu objetivo é realmente colocar em prática os ensinamentos deste livro, você precisará de tempo – e esse tempo virá de algum lugar. Inevitavelmente, será necessário abrir mão de certas coisas para inserir os 10 Ps em sua rotina. Grande parte da população não aceita sacrificar as suas horas vagas, os seus momentos de lazer, os seus sábados, domingos e feriados para trabalhar em favor das suas conquistas. E não há nenhum problema nisso. A vida é para ser vivida. Seus dias não podem ser uma prisão. Só não esqueça o seguinte: para atingir o que apenas 1% das pessoas atinge, você precisa fazer o que 99% delas não fazem.

Na época em que a XP tinha sede no Rio, enquanto muitos amigos iam à praia nos fins de semana, eu ia ao Centro Empresarial Mario Henrique

Simonsen trabalhar em nosso escritório. Cansei de fazer isso. Nos cursos da StartSe no Vale, que ocorrem de segunda a sexta-feira, saio às 6 horas da manhã para recepcionar os alunos no hotel e retorno às 11 da noite. São cinco dias nesse ritmo intenso. Também dou aulas a distância em inúmeros eventos no Brasil. Em alguns, pela diferença de fuso horário, preciso acordar de madrugada para participar. No Carnaval de 2018, fui ao litoral paulista. Passei o feriadão em Maresias. Naquele período, estava escrevendo o meu segundo livro. A família aproveitou o mar, eu fiquei trabalhando na pousada. No mesmo ano, vivi um sonho de garoto: viajei à Rússia para acompanhar a Copa do Mundo. Por coincidência, minha coluna no *Estadão* foi lançada enquanto eu estava lá. Durante vários dias, abdiquei desse sonho para ficar em um *coworking* produzindo os artigos. Veja, se você deseja evoluir profissionalmente, é imprescindível se comprometer com essa evolução. E, ao selar um compromisso sério e genuíno com o seu próprio desenvolvimento, você se sujeitará com muito mais naturalidade às constantes renúncias que uma carreira de sucesso exige.

Para crescer, é preciso lutar. É preciso se doar de corpo e alma pelo que você busca. No meu dia a dia, tenho quatro grandes preocupações: cliente, conteúdo, comércio e cultura. Chamo isso de microestratégia dos 4 Cs. Utilizo-a enquanto profissional e a StartSe a utiliza enquanto empresa. Fizemos até um curso sobre ela.[114] Explico a seguir.

Microestratégia dos 4 Cs.

CLIENTE

CONTEÚDO

COMÉRCIO

CULTURA

**PARA ATINGIR
O QUE APENAS 1%
DAS PESSOAS ATINGE,
VOCÊ PRECISA FAZER
O QUE 99% DELAS
NÃO FAZEM.**

1) CLIENTE

Meu primeiro pacto é com o cliente. Tudo começa com ele. É vital você estar perto do seu público para ser capaz de identificar suas necessidades. Lembre-se do que foi mostrado no Capítulo 1: apaixone-se pelos problemas, não pelas soluções. Para conhecer as dificuldades das pessoas e mapear o que elas realmente querem, é preciso não somente entendê-las, mas também identificar seus sentimentos, anseios e vontades. Para você ter ideia, a reunião semanal mais importante da StartSe, da qual todas as áreas participam, começa sempre com a pauta "satisfação do cliente". Só falamos de outros assuntos quando esse é finalizado.

2) CONTEÚDO

Uma vez que conheço o meu cliente, o segundo passo é ajudá-lo. Como? Por meio de conteúdos que possam agregar valor a ele. Você cansou de ler sobre isso em *Desobedeça*, principalmente no Capítulo 6. É aqui que invisto a maior parte do meu tempo. Passo incontáveis horas compartilhando conhecimento e construindo relações de confiança com a minha audiência. Tudo de modo gratuito, sem exigir nada em troca. E de maneira simples, sem megaproduções. Para mim, nada é mais importante do que isso. Sabe por quê? Porque a confiança está acima da qualidade. Guarde esse conceito. Aprendi nos EUA. Lá, chamam de *trust over quality*. Veja, a partir do instante em que as pessoas confiam em você, elas se tornam aptas não apenas a consumir os seus produtos, mas também a divulgar o seu trabalho e lhe conceder segundas chances. O que isso significa? Bem, ninguém é perfeito. Em algum momento, você cometerá erros. É possível que, por algum motivo, a qualidade das suas soluções despenque e a experiência das suas entregas fique ruim. Se o cliente não confiar em você, ele lhe esquecerá de primeira. Se confiar, você terá outras chances.

Além de o conteúdo ser um instrumento para fortalecer a conexão com o seu público, ele permite que clientes e potenciais clientes contribuam na

RENUNCIAR FAZ PARTE

construção dos seus projetos. Este livro, por exemplo. Em 23 de novembro de 2019, fiz uma transmissão ao vivo nas redes sociais. Alguém me perguntou sobre como eu reconstruí minha carreira depois da XP. Peguei um papel, uma caneta e desenhei os 10 Ps. Na época, apresentei-os de uma forma diferente em relação a esta que você está vendo. A audiência, então, fez sugestões. Realizei-as, mostrei-as em outra transmissão, e os participantes propuseram mais mudanças. Fiquei nesse vai e vem até eles falarem: "Mauricio, assim está ótimo". *Desobedeça* não foi produzido para você. Foi produzido com você. E fazer algo *com* as pessoas é bem mais poderoso do que fazer simplesmente *para* elas.

3) COMÉRCIO

Meu próximo pacto é com o aspecto comercial. Afinal, não vivo de doações e preciso ganhar dinheiro. Mas note o seguinte: meus produtos e serviços não estão conectados diretamente com o mercado. Há uma longa camada de conteúdo entre as minhas soluções e o público. Uma autêntica "empresa de mídia" entre o Mauricio e os clientes. Primeiro, busco obter a permissão das pessoas para lhes pedir alguma coisa. Só depois lhes peço de fato. E esse "depois" pode ocorrer em dias, meses ou anos. Não comprometo a minha reputação de longo prazo para favorecer as metas de curto. Foco o meu esforço nas etapas anteriores à venda para fazer das interações comerciais uma evolução natural do relacionamento que a minha audiência estabelece comigo, não uma situação em que eu precise convencê-la com mil argumentos, anúncios e promoções.

4) CULTURA

Por fim, tenho um pacto com essa cultura, com esse jeito de fazer as coisas. Não há rota certa ou errada, melhor ou pior. Mas uma vez que você escolhe um caminho, se comprometa com ele. A estratégia dos 10 Ps não é a única. E também não é a melhor. Mas ela funcionou para mim. E quando eu notei isso, estabe-

DESOBEDEÇA: A SUA CARREIRA PEDE MAIS

leci um compromisso com a execução desse processo para impactar não só a minha carreira, mas também a vida de várias outras pessoas. O que *Desobedeça* apresenta é uma "cultura". É um verdadeiro conjunto de conhecimentos, hábitos e crenças que pode virar um costume aos que desejarem implementá-lo.

Neste capítulo, então, tratamos sobre a importância de se estabelecer um pacto com o processo, com o dia a dia, com a sequência de atividades que lhe aproxima dos seus objetivos. Caso você queira aplicar os 10 Ps em sua carreira ou negócio, será preciso se comprometer nisso. A evolução só acontece quando as pessoas estabelecem acordos com elas mesmas. Em *Desobedeça*, por exemplo, não estou lhe contando os meus resultados. As conquistas, por si só, geram poucos ensinamentos. Estou lhe contando o que eu fiz. Os detalhes da minha jornada, o passo a passo do meu desenvolvimento, os altos e baixos da minha trajetória. Quando você valoriza a sua caminhada, o seu discurso fica bem mais poderoso. Para você não se esquecer de nada, segue um resumo do que foi mostrado aqui.

O que fazer para estabelecer um pacto com as suas conquistas:

1. Ter coragem de dizer não;
2. Eliminar as distrações do dia a dia;
3. Recusar as muitas tarefas que não levam a nada e mirar nas poucas que importam;
4. Dedicar períodos ininterruptos aos trabalhos mais importantes;
5. Ter propósito é ótimo. Ter uma sequência de ações para alcançá-lo é melhor ainda;
6. Ser uma pessoa mais satisfeita pelo processo do que pelo objetivo final.
7. Fazer da rotina a sua própria conquista;
8. Transformar a sua jornada em uma rota cênica;
9. Buscar em você o seu próprio estímulo;
10. Renunciar faz parte.

Nas páginas seguintes, você terá um encontro com o último dos 10 Ps. Sinceramente, já estou com saudade da sua companhia.

RENUNCIAR FAZ PARTE

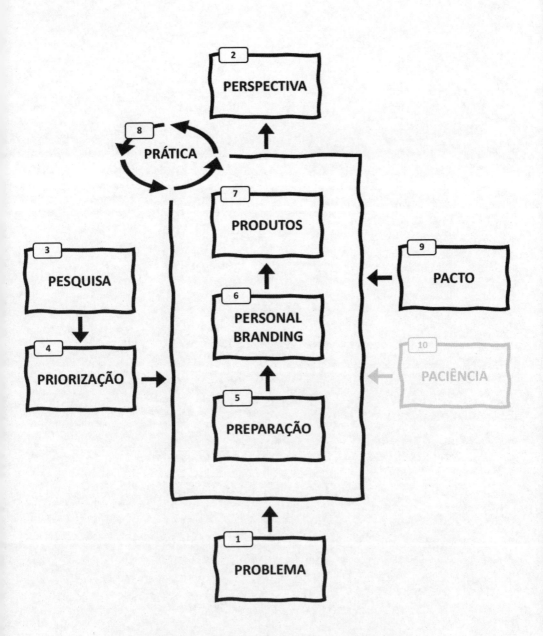

10 Ps: até aqui, você já leu nove deles.

DOS REIS LOPES SILVIA ELAINE MOREIRA SILVIA HONORATO SILVIA MARTA DE VARGAS SILVIO HENRIQUE PACHECO SILVIO MARCIO VIEIRA DA SILVA SILVIO RO- BERTO DALLA VECCHIA JUNIOR SILVIO XAVIER SIMONE BEATRIZ NUNES CERETTA SIMONE GONÇALVES PINTO SIMONE LISBÔA MONTANO SIMONE MARINHO MELO SIMONE MARLISE WEILER LÜHRS SIMONE METZ SIMONE ROMA DE ABREU LIMA SIMONE RÜPPENTHAL SINARA CLARO SINTHIA VANESSA CORDEIRO MARTINS SI- VANILDA MARIA DA SILVA SN NÀSIM SOFIA ALICIA PEREIRA SILVERA SOLÁINE SOUSA OLIVEIRA SOLANGE SILVA SOUSA SONIA MARINHO DOS SANTOS SÔNIA MARISA EUGÊNIO SONILDA MARTINA MIRANDA SOUZA MAGALHAES STEFANIA VALENTE DA SILVA STENIO BRUNO BARBOSA DA SILVA STHAELL RAMOS SUEL LISNEI ALMEIDA DE SENA SUELEN BASTOS GENERAL SUELEN TELOCKEN SUELI APARECIDA ARRIGONI SUELI CRISTINA GAMA SUENE DE OLIVEIRA FLEURY SUZA- NA PINA DOS SANTOS GOMES COSTA SUZELLE GARIBALDI SUZILI CRISTINA RO- DRIGUES CHANCHENCOW SUZYGLEY GOMES BALEEIRO BITENCLURT SWELLEN SILVA PINHEIRO SYENE MACHADO SYLVIA DE FÁTIMA TEIXEIRA DE MELO SYLVIA GONÇALVES RABELLO TACILA KAROLINE TADEU CONCEIÇÃO DA SILVA TADIANE REGINA POPP TAIANE OLIVEIRA DA SILVA TAILOR RODRIGUES FONTELA TAINÁ LARISSA LUBSCHINSKI TAÍS DA ROSA DARÓS TAIS FERNANDA DE SOUZA OLIVEI- RA TALES DOS SANTOS SILVA TALES NUNES AZAMBUJA TALIS CARVALHO HUME- NHUK TALITA CHRISTINE SALLES LASECK TALITA FERREIRA PROENÇA TALITA MOURA BEZERRA TALITHA GIRRANI RIBEIRO HAGEMANN TALVIN MACIEL BOS- SARDI TALYTA AMARAL SANTOS TÂMARA NEGREIRA PASSOS DE ANDRADE TAMA- RA PEREIRA DE SÁ TAMARA ZANGALLI BRABO TAMIRES APARECIDA DE PÁDUA DOS SANTOS TAMIRES MAZZOTTI TAMIRES SAURIN MORA TÂNIA LEIDY ZANLO- RENSI TASSELO BRELAZ DO CARMO TASSIA MACIEL REZENDE TATHIANE HELLEM FELICIA DE SOUZA RAMOS TATIANA BRAZ LUX TATIANA CAFRE TATIANA LOBO ZANELLA TATIANA LOURENÇO DE MOURA TATIANA MOSER TATIANE ZAGO ME- DEIROS TATIANY ALVES DA SILVA TATYANE SALES DE ARAÚJO BATISTA TAWAN GUIMARÃES RIBEIRO DA CRUZ TAYNÁ FERNANDA DE LIMA TAYNÁ KAREN SANTOS TAYRINE ADOVANIR MICENA BONILHA TAYSE LIMA DE ABREU TELESMARQUES LOURENÇO PEZZIN TELÚRIO ANTONIO MARTINS BION TEREZA CRISTINA MATIAS BEZERRA THAIANE COELHO DOS SANTOS THAINÁ NUNES NASCIMENTO THAI- RONY RONALDO DA CONCEIÇAO DE SIQUEIRA INNOCENCIO BATISTA AGUIAR THAIS DAL PIZOL THAÍS DE OLIVEIRA SILVA THAIS HELENA MARQUES BALBINO PETTE THAÍS MAGALHÃES MIGUEL DE OLIVEIRA THAIS TORRES DE FREITAS THAÍ- SA RAMOS THAIZ HERNANDES TARTARI THALES BARBOSA RAMOS THALITA CRIS- TINA MATIAS DE LIMA THALLES CARVALHO THALLES MENDES SOTORIVA THALY- TA BITTENCOURT ABREU MARTINS THAMÍRES MAYARA PEREIRA THAYANA RABELO MARTINS THAYNÁ OLIVEIRA FOGAÇA THAYS RODRIGUES RIBEIRO THAYS WOLLIN- GER MARTINS LUZ THEILA GABRIELA DE ALMEIDA RIBEIRO THEO D. A. MARTINS BION THEO DOMINGUES A. MARTINS BION THIAGO ALVES QUEIROZ THIAGO BOE- SING THIAGO BRASIL MACIEL THIAGO CASTOR THIAGO CURIMBABA SAMPAIO THIAGO ENCINAS GONZALEZ DA SILVA THIAGO EUGÊNIO DE SOUZA THIAGO FER- NANDES RAMOS THIAGO FERREIRA GOMES THIAGO FERREIRA SILVA THIAGO FRANCISCO SILVA LEANDRO THIAGO GEORDANO THIAGO HELUY MITOSO THIAGO HENRIQUE PINHEIRO DE SOUZA THIAGO HERNANNE DA SILVA E SOUSA THIAGO LUCENA THIAGO LUPATINI ALMADA THIAGO MEDEIROS THIAGO RIBEIRO BRAN- DÃO THIAGO SOUZA SILVA THYRSO BONILHA JUNIOR TIAGO ALMEIDA TIAGO AN- DRADE MAIA TIAGO ARGOLO NUNES TIAGO BIANCO TIAGO CAÇÃO MARTINELLI TIAGO CARVALHO CRAMER TIAGO CESPE TIAGO FERNANDES GUIMARÃES TIAGO GUSMÃO TIAGO LOPES LACERDA TIAGO MOURA DO AMARAL TIAGO RODRIGO COPETTI BERNO TIANA BRUSQUE TIELI BORGES SUBTIL TINAH LIMA TITO GUIMA- RÃES LIMA TOM RENCK TOMÁS FLORIANI TOMYO ARAZAWA TONI TRAJANO TU- LIO MIGUEZ MARCELINO DE PAULA TULLIO HENRIQUE ALVES COELHO ROCHA UANDERSON PEREIRA DOS SANTOS UBIRATAN JOSÉ DA SILVA UEVERTON FRAN- CISCO COSTA UIPIRANGI FRANKLIN DA SILVA CÂMARA UIRÁ FALSETI URANO KLO-

CK URSULA ELY SCHÜLTZE VABESSA BIONDO ROSA VAL BITTENCOURT VÁLBER
AZEVÊDO DE MIRANDA CAVALCANTI VÁLBER AZEVEDO DE MIRANDA CAVALCAN-
TI FILHO VALCIRIA PEREIRA DIAS VALDEMAR KUHNEN CHRISTEN VALDICINEIA
SOUSA PASSOS VALDINEI VALDINEY ANTUNES MARQUES VÁLDIR VERGÍLIO MA-
DEIRA VALÉRIA CHIAMENTE VALÉRIA COSTA ARAÚJO PEZZIN VALÉRIA MARIA
VIANA BARBOSA VALÉRIA PESSÔA VALTER NERI SANTANA FILHO VANDERLEI
COSTA LIMA JUNIOR VANDERLEIA VIEIRA MARINHO VANDERSON PEREIRA CHA-
VES VANESSA A. D. FLORIANO VANESSA AMARAL DOS SANTOS VANESSA AZEVE-
DO VANESSA CARLA RODOVALHO VANESSA CLÉIA TOMAZI VANESSA DA SILVA
CAMPELO VANESSA KAPPER GOMES VANESSA KOLBE VANESSA PAIXÃO VANESSA
PAMELA DA CRUZ VANESSA ROBERTA CARNIO VANESSA SILVEIRA MASCARE-
NHAS VÂNIA ALBARRACIN VÂNIA LÚCIA LIMA DE ARAÚJO VANIA MONTEIRO VÂ-
NIA PEDÓ VANTUIR LUIZ JÚNIOR VARLI FERNANDES DE SOUSA VENÍSIA MARIA
SILVA FERREIRA VERA LÚCIA CORREA BRAGA DE MATTOS VERÔNICA CARRARO
VICENTE NASCIMENTO SOUSA JÚNIOR VICTO RAFAEL FALCAO DE FREITAS VIC-
TOR ESPÍNDOLA VIEIRA DA SILVA VICTOR FERREIRA CATANAS VICTOR GABRIEL
GOMES DE SOUZA VICTOR HUGO NICZAY VICTOR HUGO SOARES PEREIRA VICTOR
LOPES PAIVA VICTOR PAIVA MARQUES VICTOR ROCHA MARTINS VICTOR SHINDY
KURODA VICTOR WAISBEK VIEIRA VICTORIA CANTON VICTÓRIA RODRIGUES MA-
CEDO VINÍCIUS ABRAÃO CARGNIN VINICIUS BATISTELA NICOLETTI VINICIUS BA-
TISTI STRINGHI VINÍCIUS CAMPAGNARO MARCOLIN VINICIUS COBOS STEFANELLI
VINICIUS D'AVILA RIBEIRO VINÍCIUS DE PÁDUA FRANÇA VINÍCIUS DOS SANTOS
VINICIUS GALLAFRIO VINICIUS GALLO BALSYS VINICIUS GUERREIRO GAIA VINI-
CIUS GUILHERME AZEVEDO CABRAL VINICIUS GUIMARÃES VINÍCIUS KRIGER VINI-
CIUS KURABAYASHI FERNANDES VINÍCIUS LAWISCH VINÍCIUS LEME VINÍCIUS MA-
RINO MARTINI VINICIUS NUNES CARDOSO DE SIQUEIRA VINICIUS PINHO
DA SILVA VINÍCIUS RODRIGUES PEREIRA VINÍCIUS ROGGIA GOMES VINÍCIUS SILVA
SILVESTRE LOURENÇO VINÍCIUS SOUZA VIEIRA VINICIUS VELLAR VIRGÍ-
NIA CAIRO SILVA CRUZ VITOR AUGUSTO MILKE VÍTOR BROGNI VITOR DE SENA
MELGAÇO VITOR FRANCISCHINI VITOR PRINCIPE VITOR RODRIGUES DE OLIVEIRA
VITOR SILVA CUNHA VITÓRIA HELLEN DE OLIVEIRA CAVALCANTE VIVIAN MUNIZ
VIANE AMARAL SEDA VIVIANE CANDIDO VIVIANE CHOW VIVIANE DE OLIVEIRA
GOMES VIANE FERRO VIVIANE LOPES VIVIANE NEGRI VIVIANE RIZÉRIO DE ALBU-
QUERQUE VIVIANE TIEGHI VIVIANNE DO CARMO BENITV WAGLEY PINHEIRO BRA-
GA WAGNER ANTELO GONÇALVES WAGNER CABRAL DA SILVA WAGNER FRANCA
FONSECA WAGNER MARQUES NOVAES WAGNER MARQUES VIEIRA WAGNER TA-
DEU PRADO COLADEL WALESKA GUIMARÃES CAMPOS WALKIRIA ALVES DE OLI-
VEIRA WALKIRIA SERRA SOUZA MENEZES WALLACE DE SOUTO SILVA WALLADAN
ESTEVES ANDRADE WANDA PANKEVICIUS BARROS WANDERLEI MARCOS FERREI-
RA WANDERLEY DONIZETI PANOSSO JUNIOR WANDERLURDES PEREIRA GONÇAL-
VES WANESSA CINTYA COSTA WANUSSY THAIANI RIGO DENES WASHINGTON MA-
RIANO DA SILVA WEBER RIOS WEBERSON LUIS RAYMUNDO WEDERSON BEZERRA
FREIRE WELLINGTON GUTERRES MARTINS WELLINGTON NUNES MORAES WELLIN-
GTON VIEIRA DOS SANTOS WENDEL FIALHO DE ABREU WÊNNIA NASCIMENTO DE
FIGUEIREDO WESLEY PEREIRA DAMASCENO WESLEY RIBEIRO WESLLEY DE MORA-
ES DIAS WESLLEY SILVA FONSECA WIGUINAKELE BANDEIRA EUFRASIO WILLIAM
ANDO WILLIAM BELINI WILLIAM BORNIA JACOB WILLIAM CARVALHO WILLIAM DE
SOUZA DA HORA WILLIAM FREITAS DE SOUZA WILLIAM MAENISHI WILLIAM TADEU
OURO PRETO WILLIAM TOSTA WILLIAM VIEGAS WILLIAM WALLISOM DA ROCHA
GOMES DOS SANTOS WILLIAN DA CONCEIÇÃO FERREIRA WILLIAN DIEGO PARIGE
WILLIAN DONISETE DE OLIVEIRA WILLIAN WENCESLAU WILOMARK OLIVEIRA WIL-
SON TOLEDO WINYE MARICHAL WYLLIAN VALTER FLORES DA CUNHA YAGO MACE-
DO DOS REIS YANNE DE OLIVEIRA RANGEL YARAMO YASMIN BELA SILVA YASMIN
PREZA YOHANNA SILVA MOTA YON LEITE FONTES JÚNIOR YOU UP EVOLUTUON
YURI CRISTINO PEREIRA ZANDRA DAIANE BARBOSA DOS SANTOS SANTANA ZBIG
NIEW KOZAK ZÉ NETO ZIPORA ALVES ZOÉ DE OLIVEIRA COSTA ZULEICA DE MELO

10
DÊ TEMPO AO TEMPO

DÊ TEMPO AO TEMPO

NÃO HÁ IDADE

Oi, gente, é um prazer conversar com vocês hoje. Como o Mauricio falou, meu nome é Livian, vim do Maranhão e sou muito grata pela oportunidade de participar deste evento, que é resultado de uma competição de startups lá da minha escola, o COC São Luís. Estou aqui para falar em nome da minha geração. Dos sonhadores da minha geração, que querem construir uma nova realidade e criar as próprias oportunidades.

Minha sede pelo empreendedorismo é enorme. Sou completamente apaixonada por tecnologia... Que ferramenta maravilhosa. Mas tenho bem claro em minha mente que ela é um meio – e não um fim –, que precisa ser usada com inteligência, sabedoria e equilíbrio para continuar sendo um instrumento à nossa disposição. Meu propósito, inclusive, é esse: ajudar as pessoas a utilizá-la. Tanto para o benefício pessoal quanto para o bem comum. Nesse sentido, construí um projeto. Foi com ele que comecei a minha jornada, cheia de inquietações, anseios e sonhos... E sem nada muito organizado em relação a isso.

Toda essa energia despertou em mim o desejo de apresentá-lo para alguém que pudesse me ajudar. E foi isso que fiz. Eu me preparei, achei um investidor, mostrei para ele e tive uma experiência extremamente frustrante. Horrível mesmo. Esperava uma reação, mas recebi outra completamente diferente. Foi um verdadeiro balde de água fria. Não era o que eu queria, mas era o que eu precisava. No fim das contas, esse "choque" foi determinante para eu transformar as minhas inquietações em uma

241

DESOBEDEÇA: A SUA CARREIRA PEDE MAIS

jornada de ações rumo à concretização do meu propósito, do meu projeto e do meu aprimoramento pessoal.

O primeiro passo foi participar do Startup Weekend São Luís,[115] um programa para empreendedores e aspirantes a empreendedores descobrirem se as suas ideias são viáveis. Lá, eu era uma adolescente cercada de pessoas que já tinham empresas. Só que aprendi a conquistar o meu espaço. Cheguei insegura, com medo de expor as minhas opiniões. Aliás, com muito medo. Mas me desafiei para superar isso. E a galera me acolheu bem: eles me treinaram, me ouviram, me deram força... Foram três dias de imersão intensa e 54 horas de atividades, nas quais tivemos que fazer, desfazer e refazer coisas. Formar times, conviver e trabalhar em equipe. No fim, apresentei o nosso projeto, e ele foi o vencedor.

Essa experiência foi essencial para eu subir o próximo degrau, que foi na Startup COC, uma iniciativa da minha escola. Lá, pude liderar e passar adiante o que eu havia absorvido aos adolescentes da minha idade. Conquistamos o primeiro lugar, e hoje estou aqui, falando com vocês, porque fui escolhida pelo meu time para viajar a São Paulo e participar deste evento. Sei que isso tudo é só o começo. Vim me apresentar a vocês como uma caminhante, como uma aprendiz. Uma aprendiz eterna, eu espero... Que tem paixão pelo seu propósito e que vai lutar para concretizar seus objetivos e contagiar essa geração.

Agradeço a oportunidade de estar aqui. E vou terminar falando para vocês a mesma frase que eu disse para aquele investidor, lá atrás, quando lhe apresentei o meu projeto. É uma frase de alguém que me inspira muito: Steve Jobs. Falei para ele: "Stay hungry, stay foolish, and keep the faith". Continue faminto, continue bobo e mantenha a fé. Acredite e busque. É assim que estou vivendo e tenho certeza de que continuarei lutando por isso. Muito obrigada.

Foi com essa fala de quatro minutos que Livian Monteiro – na época com 17 anos – fez 3 mil pessoas levantarem e lhe aplaudirem em pé durante um dos nossos eventos. Lembra o Capítulo 1 deste livro, quando você leu que em 2019 eu estive em São Luís e almocei com influenciadores digitais da região? Pois bem, nessa mesma viagem conheci a Livian enquanto ela apresentava

DÊ TEMPO AO TEMPO

o seu projeto no Black Swan, um lindo centro de inovação na capital maranhense. De imediato, me surpreendi com a sua sabedoria e determinação.

Uma semana depois, já em São Paulo, aconteceu o Silicon Valley Conference, uma das mais importantes conferências da StartSe. Como além de palestrante eu também era um dos apresentadores, subia e descia do palco o tempo todo. Mal conseguia respirar. No fim da manhã, pude me afastar para comer algo. Fui até os fundos da plenária e achei um cantinho perto da mesa de som. De repente, senti alguém cutucar as minhas costas. Ao me virar, lá estava ela... Livian, a mesma adolescente do Maranhão que havia me encantado dias antes. Depois de cumprimentá-la, perguntei: "Se eu lhe chamasse para falar cinco minutos no palco, o que você falaria?". De bate-pronto, ela respondeu: "Não sei, mas estou preparada." O resultado desse "não sei" foi o texto que seus olhos acabaram de ler.

O exemplo da Livian personifica o comportamento de uma geração que já entendeu o funcionamento do mundo atual. Não há requisito de idade. Não há necessidade de supercurrículos. E, para a maioria das carreiras, não há nem exigência de diplomas. Essa janela de recentes avanços criou oportunidades para a sua melhor versão ser construída de infinitas maneiras, por meio de diferentes caminhos, independentemente de quantos anos você tem. O mais importante recurso de hoje chama-se "disposição para fazer as coisas". Sabedoria e inteligência importam, com certeza. Entretanto, elas só geram valor para si – e para os outros – quando você se sente confortável em suar 24 horas por dia, 7 dias por semana, 365 dias por ano.

As pessoas são cada vez mais avaliadas pelo que fazem e menos pelos títulos que têm. O preço das conquistas tem nome: chama-se trabalho. Essa é a "quantia" que os profissionais devem estar dispostos a pagar. Sacrifício, compromisso extremo, devoção pela sua causa... É a obstinação diária pelos seus objetivos que de fato lhe diferencia. Nada, porém, acontece por acaso ou da noite para o dia. Muita gente quer as coisas para ontem, para agora, para o quanto antes. Naturalmente, isso motiva comportamentos de curto prazo. Não há atalhos nessa vida, não há desvios ou metodologias "matadoras". Se você comprou um curso chamado "A fórmula mágica do sucesso", então você

DESOBEDEÇA: A SUA CARREIRA PEDE MAIS

rasgou dinheiro, pois não existe fórmula mágica. O que existe é trabalho. É o esforço contínuo que provoca as mudanças. É a dedicação constante que causa as transformações. Até porque não são puramente as conquistas que lhe engrandecem, mas as ações que você realiza até alcançá-las.

Bill Gates, Mark Zuckerberg e outros indivíduos criaram corporações multimilionárias na adolescência. Ambos tinham 19 anos quando fundaram Microsoft[116] e Facebook[117], respectivamente. Claro que há oportunidades fantásticas para a juventude. Essa geração de "Livians" está entrando no mercado e chacoalhando as coisas. Mas as oportunidades existem para todas as gerações. Uma pesquisa do MIT analisou 2,7 milhões de empreendedores nos EUA que fundaram negócios de 2007 a 2014 e revelou o seguinte: enquanto a idade média de quem contratou pelo menos um funcionário foi de 42 anos, a de quem construiu as empresas que mais cresceram foi de 45. Além disso, um sujeito aos 50 anos teve quase o dobro de probabilidade de construir uma organização bem-sucedida do que alguém aos 30. E quem estava na casa dos 60 teve os maiores percentuais de êxito em suas empreitadas entre todas as faixas etárias.[118]

É por isso que a sua idade não limita as suas conquistas. Na prática, ela é só um número. Todo ser humano, em qualquer estágio da vida, pode começar algo diferente, e isso vai além de só abrir um negócio. Você pode escolher outra carreira, mudar de área, ser um funcionário mais proativo, construir autoridade, ganhar dinheiro com seus hobbies, montar projetos paralelos, começar a usar os 10 Ps deste livro... Nunca é cedo ou tarde para transformar seus desejos em ações e escrever o próximo capítulo da sua história. Afinal, o seu valor profissional não tem relação com a sua data de nascimento, mas com o seu potencial de construir e executar soluções que de fato resolvam as dificuldades das pessoas.

Por um lado, os jovens são esses nativos digitais fascinantes, intolerantes ao *status quo*, que se adaptam facilmente às inovações e lidam extraordinariamente bem com a tecnologia. Em geral, possuem menos responsabilidades que os adultos. A maioria ainda não tem filhos ou um alto padrão de vida para sustentar. Enquanto esse desimpedimento lhes dá agilidade,

NÃO EXISTE FÓRMULA MÁGICA. O QUE EXISTE É TRABALHO.

DESOBEDEÇA: A SUA CARREIRA PEDE MAIS

a sua mente fresca e sem paradigmas lhes permite enxergar o "diferente" rapidamente. Isso alimenta a sua ousadia. Desperta a sua coragem. Transforma eventuais rejeições em combustível para tentar quantas vezes for necessário. Essa vontade destemida de gerar mudanças ajuda, inclusive, a superar as limitações típicas da idade, sejam elas financeiras, sejam elas relacionadas à falta de experiência ou conexões profissionais. Lembre-se: quando você não tem nada, você tem a vantagem de não ter nada. O benefício de ter pouco a perder.

Os adultos, por sua vez, têm o dom do equilíbrio e da responsabilidade. Sabem observar o contexto das coisas. Em função das inúmeras situações já vividas e das diferentes realidades já presenciadas, possuem uma capacidade privilegiada de identificar os reais problemas que a sociedade enfrenta. Até porque já devem ter sofrido com esses contratempos diversas vezes. A maturidade transforma rugas em sabedoria, idade em experiência. Tudo bem, eles podem não ter a impulsividade da adolescência, mas gozam de um entendimento mais coerente sobre o que fazer para alcançar seus objetivos. Afinal, além da "bagagem" obtida ao longo dos anos, seus erros do passado atuam não só como vacinas para prevenir que aconteçam de novo, mas também como bússolas para apontar o melhor caminho. Porém, apesar de dominarem inúmeros conhecimentos, muitos acabam os desperdiçando por colocarem um ponto-final em suas carreiras prematuramente. O seu "livro da vida" tem muitos capítulos. Você não precisa declará-lo encerrado quando estiver apenas na metade.

Veja esse exemplo. Falei rapidamente da minha mãe no Capítulo 2. Professora estadual, passou décadas dando aulas de História e Geografia para alunos do ensino médio até se aposentar como funcionária pública do Rio Grande do Sul. Não satisfeita, prestou vestibular novamente. Cursou a faculdade de Direito. Na sequência, o mestrado. Correu atrás de emprego. Foi contratada pela Facvest, universidade localizada na cidade catarinense de Lages, a 100 quilômetros de distância de Vacaria, onde mora. Começou a ir e voltar de ônibus todos os dias para lecionar na instituição. Saía de casa após o meio-dia. Voltava após a meia-noite. Lá, foi paraninfa, patrona e

246

DÊ TEMPO AO TEMPO

nome de turma diversas vezes. Nas palavras dela: "Vivi os melhores anos da minha carreira depois dos 50". Nara, minha mãe, você inspira.

É esse tipo de história que reflete a beleza do ser humano. A sua capacidade de começar e recomeçar. Não importa se você tem 20 ou 30 anos, 40, 50 ou mais... Cada faixa etária tem características próprias, mas todas possuem oportunidades em comum. O ponto é o seguinte: enquanto alguns indivíduos estão fazendo o *check-in* em suas carreiras muito tarde, outros estão fazendo o *check-out* muito cedo. Com a recente democratização das coisas, os jovens têm cada vez mais condições de iniciar uma atividade profissional agora, neste exato instante. E com os atuais avanços da medicina, os adultos têm cada vez mais vida pela frente. Independentemente de você querer buscar o primeiro emprego, mudar de carreira ou voltar ao trabalho após um período sabático, jamais se esqueça de uma coisa: a sua idade não lhe define.

DIA NACIONAL DO FRACASSO

Sou apaixonado por futebol. Em 2018, fiquei quarenta dias na Rússia acompanhando a Copa do Mundo. Na ida, peguei um voo de São Francisco a Moscou com escala em Helsinque, na Finlândia. Passei três dias na capital finlandesa e descobri curiosidades locais bem específicas. O país possui uma das populações mais felizes do mundo.[118] Seu sistema de educação é 100% gratuito e está entre os melhores do planeta.[120] Foi lá onde nasceu a sauna, um ritual praticado semanalmente por 99% dos moradores.[121] As multas de trânsito são vinculadas ao tamanho do salário dos motoristas – quanto mais você ganha, mais você paga. Em 2002, por exemplo, um alto executivo de uma organização precisou desembolsar 116 mil euros por dirigir a 75 quilômetros por hora onde a velocidade máxima permitida era de 50 quilômetros por hora.[122]

Além disso, a região é um *hub* global de inovação e tecnologia.[123] Um dos maiores eventos de startups do mundo – chamado Slush – ocorre anualmente na Finlândia.[124] De lá, veio o Angry Birds, aquele famoso jogo

DESOBEDEÇA: A SUA CARREIRA PEDE MAIS

em que você usa um estilingue para arremessar passarinhos.[125] Bem como o Linux, um sistema operacional *open source* que pode ser usado, modificado e distribuído gratuitamente por qualquer indivíduo.[126] Sem falar da Nokia, que já foi a maior fabricante de celulares da Terra. Características à parte, deixe-me ir direto ao ponto. Andando pelas ruas de Helsinque, descobri que o país tem uma data comemorativa um tanto quanto incomum: o Dia Nacional do Fracasso.

Pois é... Anualmente, o dia 13 de outubro é destinado à celebração dos erros. Uma coisa é nós, enquanto indivíduos, compreendermos a importância de se aprender com os tropeços da vida. Outra coisa é uma nação inteira reconhecer isso. O finlandês que me contou fez a seguinte comparação: assim como as pessoas compartilham o amor no Dia dos Namorados, elas compartilham as falhas no Dia do Fracasso. Agora, reflita comigo: por que um país como a Finlândia, com todas as suas qualidades socioeconômicas, seus elevados padrões de vida e seu longo histórico de conquistas, acharia necessário dedicar um dia do seu calendário à valorização dos fracassos?

Bem, tudo começou em 2010. Na época, estudantes universitários de Helsinque argumentavam que, em função das rápidas transformações globais, a Finlândia precisaria criar milhares de novos negócios e postos de trabalho nos próximos anos. Porém, o medo de fracassar era um dos principais impedimentos para a população fazer isso. Com o objetivo de combater essa aversão ao risco da cultura local, os alunos escolheram um dia e realizaram inúmeros eventos pelo país para compartilhar que, em vez de representarem o fim dos tempos, as falhas são fundamentais não só para construir coisas diferentes, mas também para fortalecer todo o processo de aprendizagem. Nos anos seguintes, o movimento ganhou tanta força que várias personalidades finlandesas passaram a apoiá-lo. Hoje, a data se tornou um instrumento que dá luz ao tema, incentivando milhões de indivíduos a realizarem ações incomuns, saírem da zona de conforto e perderem o receio das críticas.[127]

Por que estou escrevendo isso? E por que no último capítulo? Porque você vai cometer erros. Dezenas ou centenas deles. Ao colocar em prática o

DÊ TEMPO AO TEMPO

conteúdo desta leitura, cedo ou tarde, falhas vão aparecer. E você evoluirá com elas. Mas deixe-me ser claro, ninguém gosta de perder. Derrotas não são legais. Repudio esse culto de que as frustrações são bacanas e blá-blá--blá. A verdade é que ninguém deseja isso. O revés dói. Machuca mesmo. Porém, quando ele surge e você o reconhece, a sua armadura fica mais forte. O fracasso só é tão valioso porque ele oferece uma chance única de inspecionarmos nossas lesões, corrigirmos nossos defeitos e darmos a volta por cima. Essa é sua beleza. As quedas são, sim, indesejadas. Mas quando acontecem, suas lições se tornam pílulas exclusivas de aprendizagem.

Nos EUA, há uma expressão popular chamada de *8th place trophy*. Ou seja, o troféu de oitavo lugar. Ela está relacionada – na maioria das vezes – aos pais que constantemente dizem aos filhos que eles são sensacionais em algo, quando de fato não são. É aquele tipo de situação em que o garoto é um "perna de pau", mas ouve que é um craque. Em que a menina perde o concurso de canto, mas escuta que deveria ter ganhado. Claro que o importante é competir. Esse é um dos ensinamentos da vida. Porém, a vida também ensina que aceitar as derrotas é um gatilho para você se esforçar mais, superar as próprias limitações e estar mais perto da vitória nas próximas vezes. Se uma criança cresce em um ambiente onde todos recebem troféus de oitavo lugar, ao virar adulta ela desistirá no primeiro tropeço, pois jamais terá vivido um.

Veja, hoje, há diversos caminhos para você construir projetos de sucesso. Porém, o dia a dia não é um mar de rosas. O mercado de trabalho é um páreo duríssimo, extremamente competitivo. Ninguém vai lhe promover só porque sente pena de você. Sem resultados, a sua carreira não decola. Sem receitas, o seu negócio não cresce. Na prática, oitavos lugares não existem. Longe de mim querer ser rude ou insensível. Mas essa é a verdade. Ou você se acostuma a viver em uma sociedade onde ninguém passa a mão na cabeça de ninguém ou você habitará um universo completamente paralelo à realidade atual.

Dessa forma, além de enxergar os seus próprios erros, você também precisa aceitá-los, assumir a responsabilidade por eles e chegar à desconfortável conclusão de que a sua estratégia não foi boa o suficiente. Só assim é possível reagir e transformar essas falhas em trampolins para o seu crescimento

DESOBEDEÇA: A SUA CARREIRA PEDE MAIS

pessoal e profissional. O fracasso é uma parte inevitável da construção da sua carreira. É uma espécie de plataforma que lhe permite sonhar cada vez mais alto e aperfeiçoar constantemente os seus movimentos.

Claro que há situações fatais, em que indivíduos ou organizações violam princípios básicos da conduta legal e cometem crimes. Não é disso que estou falando. Eu me refiro às derrotas do dia a dia, às estratégias malsucedidas, às soluções frustradas. Sabe aquele ditado "tudo que não mata deixa você mais forte"? Então... Esse é o ponto. Muita gente fica parada para se blindar dos problemas. Não faz nada para se proteger das falhas. Porém, o mundo privilegia as iniciativas, não a inércia. Os tombos, na verdade, fazem parte de qualquer enredo bem-sucedido. Por trás de cada conquista, há incontáveis histórias tristes, objetivos perdidos e metas não alcançadas. O fracasso é como um touro selvagem que o peão precisa domar para vencer o rodeio. Se a sua força e determinação não forem capazes de controlá-lo, ele é quem controlará você. Dessa forma, não fique em cima do muro quando o assunto é colocar as suas atitudes em modo ofensivo e se posicionar com firmeza nos momentos-chave da sua trajetória. Afinal, erros não são "erros". São nossas lições de vida sobre o que funciona e o que não funciona.

É normal cairmos e nos machucarmos. Anormal é não aprendermos com as experiências negativas que de tempos em tempos nos atingem. Por isso, é fundamental estudarmos as nossas falhas para evoluirmos. Elas são cruciais para o progresso de qualquer indivíduo. Henry Ford, fundador da Ford e criador da linha de montagem que revolucionou a indústria automobilística no início do século XX, disse o seguinte: "O único erro real é aquele com o qual não aprendemos nada".[128] Portanto, reflita sobre o que não deu certo. Analise as suas perdas. Encontre as causas-raiz. Aí podem estar as sementes das suas futuras safras.

A humanidade valoriza o êxito e as narrativas das pessoas que chegam lá. No entanto, ela quase sempre esquece que por trás de cada conquista há inúmeros relatos de tropeços e dificuldades. O sucesso é uma abreviação para um longo caminho de superações. Quem o alcança, precisou sofrer com a frustração da derrota e dos resultados desfavoráveis inúmeras vezes.

ERROS NÃO
SÃO "ERROS".
SÃO NOSSAS LIÇÕES
DE VIDA SOBRE
O QUE FUNCIONA E O
QUE NÃO FUNCIONA.

DESOBEDEÇA: A SUA CARREIRA PEDE MAIS

Algumas, inclusive, vividas em completa solidão. Afinal, o mundo se afasta das nossas falhas, mas se aproxima das nossas vitórias.

Ao longo da minha carreira, dos projetos dos quais já participei, se eu fosse contar quantos deram certo e quantos deram errado, o número de erros superaria o de acertos. Sem sombra de dúvida. Mas essas sucessivas falhas – e suas consequentes correções – serviram de suporte às minhas maiores conquistas. Neste livro, em geral, há muito mais relatos de experiências bem-sucedidas. Contudo, os acidentes de percurso que vivi dariam para rechear outra obra completamente diferente.

Na XP, por exemplo, começamos a expansão pelo Brasil com sedes próprias. Além de esse formato exigir altos investimentos em infraestrutura, ele era lento, pois precisávamos escolher os escritórios, decorar os espaços, obter os alvarás, contratar as equipes e por aí vai. Como queríamos velocidade, isso não funcionou. Mudamos e optamos pelo crescimento via afiliados. Passamos a buscar empreendedores locais para construir e gerenciar o dia a dia das operações. Em troca, dividíamos a receita com eles. Também lançamos uma TV corporativa via satélite para nos comunicarmos com esses parceiros. Importamos centenas de antenas parabólicas da China. Recebemos várias com defeito. Lembro que era necessário instalá-las em áreas com ampla visibilidade, mas inúmeros afiliados trabalhavam em locais cercados de arranha-céus. Quando chovia, o sinal caía. Assim, mesmo que a internet da época não fosse tão acessível e rápida quanto a de hoje, resolvemos parar esse projeto e migrar tudo para o *streaming*. Em 2009, outra situação difícil: fomos excluídos da oferta inicial de ações da Visanet,[128] a maior da bolsa de valores brasileira até então.[130] Milhares de clientes foram afetados. A decepção generalizada daquele momento nos rendeu ensinamentos valiosíssimos.

Na StartSe, em 2017, durante a estreia do Silicon Valley Conference, um apagão interrompeu a abertura do evento. Mais de mil pessoas que assistiam à palestra inicial ficaram no escuro. Enquanto eu ajudava a abrir as portas da plenária para entrar claridade, vi meu sócio Cristiano Kruel subir no palco e fazer polichinelo para distrair a plateia. No ano seguinte, o evento cresceu. Recebemos 3 mil participantes. Não pensamos, porém, que isso

DÊ TEMPO AO TEMPO

congestionaria o estacionamento e atrasaria a entrada do público. Muito menos que pararíamos o trânsito da Marginal Pinheiros em São Paulo. Naquela manhã, as ruas próximas ao centro de eventos do WTC – um dos mais importantes conjuntos de prédios corporativos da cidade – engarrafaram. E não temos nenhum orgulho disso. Veja, as quedas só nocauteiam quem as enxerga como perdas absolutas. Nessas e em outras situações, amadurecemos. Com cada planejamento malfeito, com cada precaução não tomada, com cada conduta equivocada... Obtivemos aprendizados riquíssimos em primeira mão. O mercado não quer gente que só acerta. Quem jamais tropeçou, provavelmente nunca fez nada diferente.

Por essas e outras razões, fracassos não são retrocessos. Pelo contrário, são episódios que lhe fortalecem. Afinal, quem cai e se machuca obtém um conhecimento insubstituível e uma resiliência incomparável para enfrentar as eventuais derrotas futuras. Portanto, se você está aqui, na reta final deste livro, refletindo sobre como implementar os 10 Ps em seu dia a dia, tenha em mente que erros acontecerão e que você aprenderá demais com eles. Só não permita, porém, que essas falhas intimidem suas ações, pois a dor da passividade deixa cicatrizes bem mais profundas que o arrependimento de não tentar.

10/10 Ps – PACIÊNCIA

De modo geral, pouco se fala em paciência. Principalmente no universo de carreiras e negócios. Afinal, tudo anda rápido, e a sensação é a de que devemos andar mais rápido ainda. No entanto, a pressa faz você tirar conclusões precipitadas, desejar ganhos da noite para o dia e desistir antes da hora. Muita gente quer alcançar o sucesso logo no primeiro mês, ter milhares de seguidores depois de dez *posts*, conquistar um cliente já na reunião inicial. Quanto mais paciente você for com seus avanços, mais cedo eles realmente virão.

As pessoas não entendem que calma e equilíbrio são imprescindíveis às vitórias. Claro que há exceções. Sortudos acertam na loteria, adolescentes

DESOBEDEÇA: A SUA CARREIRA PEDE MAIS

criam algo e ficam milionários, indivíduos lançam um *hit* e transformam as suas vidas... Sempre veremos histórias como essas, que ganham destaque justamente por serem incomuns. Mas não podemos contar com elas para desenvolver uma carreira. A sua melhor chance está no trabalho diário e de longo prazo, não nas situações pontuais e esporádicas. Por isso, é necessário dominar a arte de dar tempo ao tempo. Afinal, a vontade de obter retornos rápidos e gratificações instantâneas geralmente afasta os seres humanos das suas verdadeiras conquistas.

Não há sucesso imediato. O caminho para alcançá-lo é longo. Assim como o preparo de um bom café: é de gota em gota que o seu sabor atinge o ápice. Dediquei anos para construir a base do trabalho que hoje você enxerga. Tudo requer tempo para se manifestar. Não dá para começar algo que lhe satisfaz plenamente e que pode lhe remunerar tão bem a ponto de você ser capaz de viver só disso pelo resto da vida e me dizer, daqui um mês, que irá desistir porque os resultados ainda não vieram. Ou porque o esforço não está valendo a pena. Isso não faz sentido. As recompensas demoram para aparecer. Se você não estiver notando progresso, mude a estratégia, experimente novas abordagens. Seja mais tolerante com as suas iniciativas antes de abandoná-las por completo.

Não escrevi este livro para você dar "tiros curtos". Escrevi para compartilhar uma estratégia capaz de construir um alicerce profissional sólido a ponto de sustentar a sua carreira para sempre. Dediquei-me ao longo de anos fazendo isso, não de meses. Não é à toa que o último dos 10 Ps é o da paciência. Afinal, não importa o seu talento ou a quantidade de energia que você tem. Grandes feitos levam tempo. Vinhos demoram para maturar, jardins demoram para florescer e carreiras incríveis demoram para se desenvolver. Como diz o ditado, "quem tem pressa come cru".

Coloque-se nessa situação: digamos que você está em uma canoa no meio de um lago. Em certo momento, você olha para a água e atira uma pedra. Rapidamente, ela afunda e some. Em seguida, você atira outra no mesmo lugar. Ela também afunda e some. Talvez você passe horas atirando pedras e as vendo desaparecer. É bem provável, inclusive, que você passe

DÊ TEMPO AO TEMPO

semanas, meses e anos fazendo isso. Porém, haverá um dia em que você atirará uma pedra, e ela não afundará. Que você atirará outras e elas começarão a formar uma montanha à sua frente. Que cada pedra lançada permanecerá visível e tornará essa montanha ainda maior e mais imponente. Desenvolver uma carreira não é muito diferente disso. No início, você investe tempo e esforço, mas quase nada acontece. Lança várias coisas, mas quase ninguém vê. Porém, enquanto você "atira essas pedras" que somem na água, um alicerce oculto está sendo formado para lhe sustentar profissionalmente. E, quando as pessoas começarem a enxergar o resultado das suas ações, é sinal de que esse alicerce se tornou forte a ponto de todas as suas iniciativas seguintes poderem ser valorizadas e reconhecidas pelo público. Lembre-se: os 80% do iceberg que ficam embaixo da água sustentam os 20% que ficam em cima.[131] Reflita sobre essa proporção.

No Capítulo 1, mencionei que, ao escutar a palavra carreira, considero três aspectos: satisfação, competências e remuneração. E como isso se conecta com os 10 Ps? Primeiro, é necessário apreciar o processo. Dificilmente alguém entrega excelência ao fazer algo de que não gosta. Quanto mais satisfação os 10 Ps lhe proporcionarem, maior será a sua vontade de mergulhar de cabeça nisso. Segundo, a qualidade das suas competências é proporcional não só à qualidade das suas entregas, mas também ao seu potencial de construir autoridade e impactar as pessoas. **Pesquisa**, **priorização**, **preparação**, *personal branding*, **produtos** e **prática**... Esses 6 Ps abordam o tema. Por fim, a remuneração é uma consequência do trabalho bem-feito. E o "P" dos **produtos** trata justamente de monetizar o seu esforço. Assim, o que você leu em *Desobedeça* contempla esse tripé de fatores que influencia uma trajetória profissional.

DESOBEDEÇA: A SUA CARREIRA PEDE MAIS

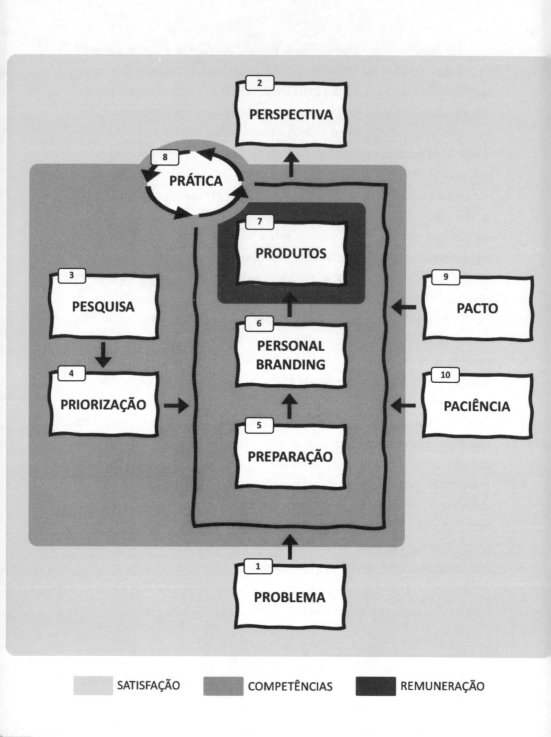

DÊ TEMPO AO TEMPO

Para finalizar, deixe-me compartilhar com você a postura que adoto em minha vida, resumida na palavra HOPE – esperança, em inglês – transformada em um acrônimo que enfatiza quatro importantes conceitos para mim.

1) H = HUMILDADE

Possivelmente, esse é um dos ingredientes mais esquecidos da sociedade contemporânea. Muitas vezes, inclusive, mal interpretado. Há quem confunda humildade com baixa autoestima, mas não é isso. Ser humilde é reconhecer genuinamente as suas forças e fraquezas. É ser um indivíduo confiante em vez de esnobe, solidário em vez de egoísta, mente aberta em vez de fechada. É exercer, na sua mais pura essência, a humanidade que forma a nossa espécie. Afinal, somos todos "pessoas", criaturas vulneráveis que vivem suas jornadas com qualidades e defeitos, virtudes e imperfeições.

A humildade é a premissa básica da evolução. Segundo Isaac Newton, criador da Teoria da Gravidade, "o que sabemos é uma gota, o que ignoramos é um oceano".[132] Se uma das maiores mentes que já existiu foi humilde o suficiente para falar isso, que tal seguirmos o mesmo? Ter mais dúvidas do que certezas, mais perguntas do que respostas... Essa é uma característica típica dos profissionais bem-sucedidos. Eles sabem que cada segundo é um aprendizado, não importa a quantidade de livros que já leram, de cursos que já fizeram ou de reconhecimentos que já ganharam. A porção ignorante em cada um de nós será sempre desproporcionalmente maior em relação à parte "educada".

2) O = OTIMISMO

Não seja mais um corredor de notícias ruins. Elas já estão por toda parte. Compartilhe coisas boas, mensagens positivas. Sem enxergar o copo meio cheio, você será incapaz de mudar qualquer coisa. Esse é o melhor momento da história para alguém viver. Você pode não concordar comigo, afinal, temos problemas, fraquezas, mazelas... Mas tudo era bem pior no passado. Coloque as coisas no seu devido contexto e seja uma pessoa grata pelo que tem na vida. Em alguns dias, você ganha. Em outros, você perde. E tudo faz parte de um grande aprendizado que nos leva a um destino melhor.

Enquanto muita gente só enxerga o caos, enxergo oportunidades na maioria das coisas que me cercam. Corte o seu negativismo pela metade. Uma hora você irá esquecê-lo. Pessimismo, reclamações, desculpas... Isso só tem uma utilidade na vida: atrasar o seu crescimento pessoal e profissional. "Ah, meus pais me desencorajam, meu chefe não me valoriza, meu trabalho é entediante." Além de esse comportamento não mudar em nada o seu destino, ele lhe aproximará de pessoas tão "reclamonas" quanto você. Elimine pensamentos dessa natureza e haja para superar os desafios, não para reverberá-los. Se você quer deixar um legado nesse mundo, aumente o otimismo e diminua as queixas. A positividade é uma das moedas mais valiosas que existem hoje.

3) P = PROTAGONISMO

Você, isoladamente, não conseguirá nada. Exércitos de um homem só não existem. As grandes conquistas começam com a formação de grandes equipes. No entanto, mais do que ter pessoas ao redor, é preciso empoderá-las. É preciso descentralizar suas decisões, compartilhar suas responsabilidades e criar protagonistas. Inverta a ordem tradicional de pensar: ofereça a sua confiança aos que lhe cercam antes de exigir que eles a conquistem. Comece uma relação de braços abertos, e não fechados.

Qualquer iniciativa exige muita gente comprometida. Este livro, por exemplo... Você não faz ideia de quantos profissionais participaram da sua construção. O autor é só a ponta do iceberg. Editores, revisores, diagramadores, designers, vendedores, gerentes de projeto... Sem o trabalho em equipe, essa leitura não chegaria em suas mãos. O coletivo sempre supera o

DÊ TEMPO AO TEMPO

individual. O "nós" sempre é mais importante do que o "eu". Não importa quanto talento você tem. As suas conquistas sempre dependerão de muita gente ao seu lado.

Três pontos em relação a isso. Primeiro: ao permitir que as pessoas acertem e errem, cria-se o ambiente para que elas passem a identificar, por conta própria, as suas respectivas forças e fraquezas. Nada nos impacta tanto quanto sentirmos na pele a consequência dos nossos atos. Segundo: ao estabelecer um ambiente onde todos podem contribuir, você não só gera autoridade ao time, como também motiva a produção de ideias. As estratégias que irão guiar os seus projetos não precisam ser criadas por você. Podem ser criadas pelos outros. Afinal, a sua forma de pensar não necessariamente é a melhor. E terceiro: ao dividir os seus desafios com quem está ao seu lado, você ganha tempo, algo raro nos dias de hoje. Ser o ponto focal de tudo sobrecarrega a sua rotina e lhe impede de enxergar além dela. Inúmeras decisões não precisam da sua opinião – e você não será menos importante por causa disso. A capacidade de delegar parte dos seus compromissos e estimular o protagonismo do ser humano produz os minutos de liberdade dos quais você precisa para investir no seu próprio desenvolvimento.

4) E = EXECUÇÃO

Não adianta ter "HOPE" sem fazer nada. Não dá para ter esperança de braços cruzados. As vitórias não caem do céu. É preciso buscá-las. Em algumas situações, será necessário comer o pão que o diabo amassou para superar as dificuldades. Em outras, você terá que abandonar um trabalho inteiro, voltar ao ponto de partida e começar de novo. Possivelmente, demorará meses para as coisas acontecerem. Talvez, anos. Não são os primeiros projetos que lancei que hoje sustentam a minha carreira, mas os que evoluíram das execuções iniciais. Thomas Edison, o inventor da lâmpada, dizia que "visão sem execução é ilusão",[133] pois só a "mão na massa" transforma intenções em projetos palpáveis.

DESOBEDEÇA: A SUA CARREIRA PEDE MAIS

Bem, espero que este livro tenha sido uma excelente companhia para você. Fiquei muito feliz de estarmos juntos nos últimos dias. Quero ter o privilégio de lhe encontrar mais vezes. E me despeço com o seguinte: ao refletir sobre a sua vida e achar que ela poderia ser melhor, lembre-se de como você é uma pessoa abençoada por estar viva. Cientistas afirmam que a sua chance de ter nascido e vivido até aqui é de uma em 400 trilhões. Isso mesmo: uma em 400 trilhões.[134] Epidemias, guerras e tudo mais foi considerado para obter esse número. Assim, ao encerrar *Desobedeça*, celebre essa oportunidade rara de existir e faça a vida valer a pena. Um beijão e um grande abraço para você.

REFERÊNCIAS

1. 5º FÓRUM LIDE de Educação e Inovação discute competências para o mercado de trabalho 4.0. **PR Newswire**, 9 out. 2018. Disponível em: http://prnewswire.com.br/releases/50-forum-lide-de-edu cacao-e-inovacao-discute-competencias-para-o-mercado-de-trabalho-4-0. Acesso em: 31 mar. 2021.

2. KATO, R. LinkedIn Top Startups 2019: as empresas jovens de destaque para trabalhar agora no Brasil. **LinkedIn**, 4 set. 2019. Disponível em: http://www.linkedin.com/pulse/linkedin-top-star tups-2019-empresas-jovens-de-destaque-rafael-kato. Acesso em: 31 mar. 2021.

3. ESTADO promove palestra sobre inovação para servidores públicos. **Agência de notícias do Paraná**, 3 abr. 2019. Disponível em: http://www.aen.pr.gov.br/modules/noticias/article.php? storyid=101702. Acesso em: 31 mar. 2021.

4. MAURICIO Benvenutti é cidadão emérito de Vacaria. **Câmara Municipal de Vacaria**, 4 out. 2016. Disponível em: http://www.camaravacaria.rs.gov.br/noticia/mauricio-benvenutti-e-cidadao -emerito-de-vacaria. Acesso em: 31 mar. 2021.

5. PERSONALIDADE do empreendedorismo brasileiro. 2017. Vídeo (3 min 24 seg). Publicado pelo canal Mauricio Benvenutti. Disponível em: http://www.youtube.com/watch?v=VK7smcTXM1A. Acesso em: 31 mar. 2021.

6. BENVENUTTI, Mauricio. **Estadão**. Disponível em: http://www.estadao.com.br/colunas/mauri cio-benvenutti. Acesso em: 7 abr. 2021.

7. COMPETITIVIDADE reinventada| Mauricio Benvenutti| TEDxNiteroi. 2018. Vídeo (16 min 40 seg). Publicado pelo canal TEDx Talks. Disponível em: http://www.youtube.com/watch?v= 4RITGstCOlw. Acesso em: 31 mar. 2021.

8. GLOBAL trust in advertising. **Nielsen**, 28 set. 2015. Disponível em: http://www.nielsen.com/ eu/en/insights/report/2015/global-trust-in-advertising-2015. Acesso em: 31 mar. 2021.

9. THE Official Guide to Employee Advocacy. **LinkedIn**. Diponível em: http://business.linkedin. com/content/dam/me/business/en-us/elevate/Resources/pdf/official-guide-to-employee-advo cacy-ebook.pdf. Acesso em: 31 mar. 2021.

10. AMERICA'S fastest shrinking city: the story of Youngstown, Ohio. **The Hampton Institute**. Disponível em: https://thehamptoninstitute.wordpress.com/2013/06/19/americas-fastest-shrinking-city-the-story-of-youngstown-ohio/. Acesso em: 27 abr. 2021.

11. YOUNGSTOWN (song). **Wikipedia**. Disponível em: http://en.wikipedia.org/wiki/Youngstown_(song). Acesso em: 31 mar. 2021.

12. THOMPSON, D. A World Without Work. **The Atlantic**, 2015. Disponível em: http://www.theatlantic.com/magazine/archive/2015/07/world-without-work/395294/. Acesso em: 31 mar. 2021.

13. CORBYN, Z. Peter Diamandis: "In the next 10 years, we'll reinvest every industry". **The Guardian**, 25 jan. 2020. Disponível em: http://www.theguardian.com/technology/2020/jan/25/peter-diamandis-future-faster-think-interview-ai-industry. Acesso em: 31 mar. 2021.

14. KRISHNAN, K. 3 vital skills for the age of disruption. **World Economic Forum**, 30 set. 2019. Disponível em: http://www.weforum.org/agenda/2019/09/3-vital-skills-for-the-age-of-disruption/. Acesso em: 31 mar. 2021.

15. JEZARD, A. The 3 key skill sets for the workers of 2030. **World Economic Forum**, 1 jun. 2018. Disponível em: http://www.weforum.org/agenda/2018/06/the-3-skill-sets-workers-need-to-develop-between-now-and-2030/. Acesso em: 31 mar. 2021.

16. FRIEDMAN, T. L. Need a Job? Invent It. **The New York Times**, 30 mar. 2013. Disponível em: http://www.nytimes.com/2013/03/31/opinion/sunday/friedman-need-a-job-invent-it.html. Acesso em: 31 mar. 2021.

17. THOMPSON, D. A World Without Work. **The Atlantic**, 2015. Disponível em: http://www.theatlantic.com/magazine/archive/2015/07/world-without-work/395294/. Acesso em: 31 mar. 2021.

18. SELIGMAN, Martin E. P. **Felicidade autêntica**: use a psicologia positiva para alcançar todo seu potencial. Rio de Janeiro: Objetiva, 2019.

19. FELL, J. How Steve Jobs Saved Apple. **Entrepreuner**, 27 out. 2011. Disponível em: http://www.entrepreneur.com/article/220604. Acesso em: 31 mar. 2021.

20. JA STARTUP. Disponível em: http://eventos.startse.com.br/ja-startup/. Acesso em: 31 mar. 2021.

21. INOVAÇÃO: aulas de empreendedorismo chegam às escolas brasileiras. **Estadão**. Disponível em: http://link.estadao.com.br/noticias/inovacao,aulas-de-empreendedorismo-chegam-as-escolas-brasileiras,70002590658. Acesso em: 7 abr. 2021.

22. INDIAROBA. **Wikipedia**. Disponível em: http://pt.wikipedia.org/wiki/Indiaroba. Acesso em: 31 mar. 2021.

23. ESTUDANTES sergipanos desenvolvem startup que utiliza mangaba como matéria-prima. **Consed**, 31 out. 2019. Disponível em: http://www.consed.org.br/central-de-conteudos/estudantes-sergipanos-desenvolvem-startup-que-utiliza-mangaba-como-materia-prima. Acesso em: 31 mar. 2021.

24. ESTUDANTES sergipanos desenvolvem cerveja de mangaba. **Jornal da Cidade**. 31 out. 2019. Disponível em: http://jornaldacidade.net/municipios/2019/10/313077/estudantes-sergipanos-desenvolvem-cerveja-de-mangaba.html. Acesso em: 31 mar. 2021.

25. REEVES, M. et. al. Sensing and Shaping the Post-COVID Era. **BCG**, 3 abr. 2020. Disponível em: http://www.bcg.com/pt-br/publications/2020/8-ways-companies-can-shape-reality-post-covid-19.aspx. Acesso em: 31 mar. 2021.

26. BORNELI, J. O Case de Retomada da StartSe. **LinkedIn**, 10 ago. 2020. Disponível em: http://www.linkedin.com/pulse/o-case-de-retomada-da-startse-junior-borneli. Acesso em: 31 mar. 2021.

REFERÊNCIAS

27. CAMPOS, E. Quero ser Schwab. **Época Negócios**, 9 nov. 2012. Disponível em: http://epoca negocios.globo.com/Informacao/Resultados/noticia/2012/11/quero-ser-schwab.html. Acesso em: 31 mar. 2021.

28. BORNELI, J. PayPal assina StartSe Prime para todos colaboradores. **StartSe**, 3 jul. 2020. Disponível em: http://www.startse.com/noticia/startups/paypal-assina-startse-prime-para-todos-co laboradores. Acesso em: 31 mar. 2021.

29. LEARNING in the digital age. **Delloite**. Disponível em: https://www2.deloitte.com/us/en/insi ghts/focus/human-capital-trends/2017/learning-in-the-digital-age.html. Acesso em: 27 abr. 2021.

30. SUBRAMANIAN, C. Alvin Toffler: What he got right – and wrong. **BBC**, 1 jul. 2016. Disponível em: http://www.bbc.com/news/world-us-canada-36675260. Acesso em: 1 abr. 2021.

31. BENZULY, S. Marketing Graduate Mauricio Benvenutti Earns Prestigious Award. **Voice Blog UC Berkley Extension**, 8 jan. 2018. Disponível em: http://voices.berkeley.edu/international/ marketing-mauricio-benvenutti. Acesso em: 1 abr. 2021.

32. MAURICIO BENVENUTTI. [Lifelong Learning]. 5 out. 2020. Instagram: mauriciobenvenutti. Disponível em: http://www.instagram.com/p/CF9iYv3FAjS. Acesso em: 1 abr. 2020.

33. THE World's Most Demand In Demand Professions. **Michael Page**. Disponível em: http:// www.michaelpage.co.uk/minisite/most-in-demand-professions/. Acesso em: 1 abr. 2021.

34. MISSÃO Vale do Silício Health StartSe. Disponível em: http://eventos.startse.com.br/missao -health. Acesso em: 1 abr. 2021.

35. FRIEDMAM, T. L. New Rules. **The New York Times**, 8 set. 2012. Disponível em: http://www. nytimes.com/2012/09/09/opinion/sunday/friedman-new-rules.html. Acesso em: 1 abr. 2021.

36. PUC RS – Laboratório de Mercado de Capitais tem 18 mil acessos em quase dois anos. **PlanetaUniversitário.com**, 4 jun. 2008. Disponível em: http://www.planetauniversitario.com/index. php?option=com_content&view=article&id=587%3Apuc-rs-laborat-de-mercado-de-capitais -tem-18-mil-acessos-em-quase-dois-anos&Itemid=72. Acesso em: 1 abr. 2021.

37. EXPERT XP. Disponível em: http://eventoexpert.xpi.com.br. Acesso em: 1 abr. 2021.

38. PEDRO Janot. Disponível em: http://www.pedrojanot.com.br. Acesso em: 1 abr. 2021.

39. RICARDO Geromel. **Forbes**, 2021. Disponível em: http://www.forbes.com/sites/ricardogero mel. Acesso em: 1 abr. 2021.

40. CAPELO, R. Futebol no Vale do Silício: como o San Francisco Deltas tem criado uma nova torcida. **Época**, 22 abr. 2016. Disponível em: http://epoca.globo.com/vida/esporte/noticia/2016/04/ futebol-no-vale-do-silicio-como-o-san-francisco-deltas-tem-criado-uma-nova-torcida.html. Acesso em: 1 abr. 2021.

41. SEJA extraordinário: sem fracasso, não há sucesso! Assista ao vídeo da série. **Canaltech**, 6 mar. 2018. Disponível em: http://canaltech.com.br/carreira/seja-extraordinario-sem-fracasso-nao-ha -sucesso-assista-ao-video-da-serie-109372. Acesso em: 1 abr. 2021.

42. ARE there previous formulations of this quote form George R. R. Martin. **StackExchange**, 2016. Disponível em: http://english.stackexchange.com/questions/315437/are-there-previous -formulations-of-this-quote-from-george-r-r-martin. Acesso em: 1 abr. 2021.

43. THE Internet Is Becoming The Town Square For The Global Village Of Tomorrow. **SimpleTek**, 30 mar. 2018. Disponível em: http://simpletek.com/blog/internet-becoming-town-square -global-village-tomorrow. Acesso em: 1 abr. 2021.

44. HENRY, Z. How Emmanuel Macron AIms to Make France a "Startup Nation". **Inc.**, 15 jun. 2017. Disponível em: http://www.inc.com/zoe-henry/emmanuel-macron-vows-to-make-france-a-startup-nation.html. Acesso em: 1 abr. 2021.

45. BATEY, M. **Brand Meaning**: Meaning, Myth and Mystique in Today's Brands. Abingdon: Routledge, 2015.

46. ZANDAN, N. Does Telling Stories Really Make You 22 Times More Memorable? **Quantified**, 2021. Disponível em: http://www.quantifiedcommunications.com/blog/storytelling-22-times-more-memorable. Acesso em: 1 abr. 2021.

47. TEIZEN, B. Com agência ou sem agência? A diferença na criação do evento. **PANROTAS corporativo**, 17 fev. 2020. Disponível em: http://m.panrotas.com.br/viagens-corporativas/eventos/2020/02/com-agencia-ou-sem-agencia-a-diferenca-na-criacao-do-evento/171215. Acesso em: 1 abr. 2021.

48. _____. Inovar em eventos é trazer tecnologia, mas também um propósito. **PANROTAS corporativo**, 11 out 2019. Disponível em: http://m.panrotas.com.br/viagens-corporativas/eventos/2019/10/inovar-em-eventos-e-trazer-tecnologia-mas-tambem-um-proposito/168381. Acesso em: 1 abr. 2021.

49. O QUE aprendi em 1h com Nizan Guanaes. **StartSe**, 1 fev. 2021. Disponível em: http://www.startse.com/noticia/startups/o-que-aprendi-em-1h-com-nizan-guanaes. Acesso em: 1 abr. 2021.

50. REDMAN, R. Trader Joe's takes top spot grocery retailer ranking. **Supermarket News**, 10 jan. 2019. Disponível em: http://www.supermarketnews.com/consumer-trends/trader-joe-s-takes-top-spot-grocery-retailer-ranking. Acesso em: 1 abr. 2021.

51. WATSON, E. Quality and price propel Trader Joe's to the top of dunnhumby's retailer preference index. **FOODnavigator-usa.com**, 16 jan. 2018. Disponível em: http://www.foodnavigator-usa.com/Article/2018/01/16/Trader-Joe-s-tops-dunnhumby-retailer-preference-index#. Acesso em: 1 abr. 2021.

52. SLANE, K. Trader Joe's won't offer online ordering, grocery delivery, or curbside pick-up. Here's why. **Boston**, 24 abr, 2020. Disponível em: http://www.boston.com/food/coronavirus/2020/04/24/trader-joes-online-ordering-delivery. Acesso em: 1 abr. 2021.

53. STRAILEY, J. Has Trader Joe's Proven It Doesn't Need Digital? **Winsight Grocery Business**, 17 set. 2020. Disponível em: http://www.winsightgrocerybusiness.com/retailers/has-trader-joes-proven-it-doesnt-need-digital. Acesso em: 1 abr. 2021.

54. CRONAN, B. IKEA, Gap, and eight more companies that pay higher tan minimum wage. **The Christian Science Monitor**, 26 jun. 2014. Disponível em: http://www.csmonitor.com/Business/2014/0626/IKEA-Gap-and-eight-more-companies-that-pay-higher-than-minimum-wage/Trader-Joe-s. Acesso em: 1 abr. 2021.

55. MCKINNON, T. Trader Joe's Strategy: 12 Keys to its Success. **Indigo 9 Digital**, 30 jun. 2020. Disponível em: http://www.indigo9digital.com/blog/traderjoesstrategy. Acesso em: 1 abr. 2021.

56. SAINT, N. "If You're Not Embarassed By The First Version Of Your Product, You've Launched Too Late". **Insider**, 13 nov. 2009. Disponível em: https://www.businessinsider.com/the-iterate-fast-and-release-often-philosophy-of-entrepreneurship-2009-11. Acesso em: 1 abr. 2021.

57. FONSECA, A. Executivo conecta investidores a startups. **Valor Econômico**, 29 abr. 2016. Disponível em: http://valor.globo.com/empresas/noticia/2016/04/29/executivo-conecta-investidores-a-startups.ghtml. Acesso em: 1 abr. 2021.

REFERÊNCIAS

58. THIESSEN, Leonard. **Pensador**. Disponível em: https://www.pensador.com/frase/Mjk4OTc/. Acesso em: 12 abr. 2021.

59. PETER Sage: The Best Way To Increase Sales – Message Of The Week. 2014. Vídeo (12 min). Publicado pelo canal Peter Sage. Disponível em: http://www.youtube.com/watch?v=3LTcdZN 3TXs. Acesso em: 1 abr. 2021.

60. GOLEMAN, D. O que é empatia? **Harvard Business Review**, 11 jul. 2018. Disponível em: http://hbrbr.com.br/o-que-e-empatia/. Acesso em: 1 abr. 2021.

61. SINEK, S. **Líderes se servem por último**: como construir equipes seguras e confiantes. Rio de Janeiro: Alta Books, 2019.

62. SAN Francisco Pride. Disponível em: http://www.sfpride.org. Acesso em: 1 abr. 2021.

63. LGBTQIA+ é a sigla de Lésbicas, Gays, Bissexuais, Travestis, Transexuais, Queers, Intersexuais, Assexuais e outras identidades ou formas de orientação sexual. NORONHA, C. Dia Mundial do Orgulho LGBTQIA+: conheça Castro, em São Francisco. **Catraca Livre**, 27 jun.2020. Disponível em: http://catracalivre.com.br/viagem-livre/dia-mundial-do-orgulho-lgbti-conheca-castro-em-san -francisco/. Acesso em: 1 abr. 2021.

64. PARADA do Dia da Libertação Gay de São Francisco. **Wikipedia**. Disponível em: http://pt.wiki-pedia.org/wiki/Parada_do_Dia_da_Libertação_Gay_de_São_Francisco. Acesso em: 1 abr. 2021.

65. BANDEIRA arco-íris. In: WIKIPEDIA. Disponível em: http://pt.wikipedia.org/wiki/Bandeira _arco-íris. Acesso em: 1 abr. 2021.

66. CORRIDA do ouro na Califórnia. **Wikipedia.** Disponível em: http://pt.wikipedia.org/wiki/ Corrida_do_ouro_na_Califórnia. Acesso em: 1 abr. 2021.

67. HAIGHT-ASHBURY. **Wikipedia**. Disponível em: http://pt.wikipedia.org/wiki/Haight -Ashbury. Acesso em: 1 abr. 2021.

68. FREE Speech Movement. **Wikipedia**. Disponível em: http://en.wikipedia.org/wiki/Free_Speech _Movement. Acesso em: 1 abr. 2021.

69. FLORIDA, R; CITYLAB. The Globar Cities Where Tech Venture Capital Is Concentrated. **The Atlantic**, 26 jan. 2016. Disponível em: http://www.theatlantic.com/technology/archive/2016 /01/global-startup-cities-venture-capital/429255/. Acesso em: 1 abr. 2021.

70. LIST of Nobel laureates by university affiliation. **Wikipedia**. Disponível em: http://en.wikipe dia.org/wiki/List_of_Nobel_laureates_by_university_affiliation. Acesso em: 1 abr. 2021.

71. AMES Research Center. **Wikipedia**. Disponível em: http://en.wikipedia.org/wiki/Ames_Rese arch_Center. Acesso em: 1 abr. 2021.

72. SAN Francisco travel reports record-breaking tourism in 2016. **San Francisco Travel**, 18 jan. 2017. Disponível em: http://www.sftravel.com/article/san-francisco-travel-reports-record-bre -aking-tourism-2016. Acesso em: 1 abr. 2021.

73. CENSUS Bureau Reports at Least 350 Languages Spoken in U.S. Homes. **United States Census Bureau**, 3 nov. 2015. Disponível em: http://www.census.gov/newsroom/press-releases/2015/ cb15-185.html. Acesso em: 1 abr. 2021.

74. 2018 Pride Parade Highlights: Community and Corporations. 2018. Vídeo (35 s). Publicado pelo canal KPIX CBS SF Bay Area. Disponível em: https://www.youtube.com/watch?- v=5u3ue0LUvQw. Acesso em: 27 abr. 2021.

DESOBEDEÇA: A SUA CARREIRA PEDE MAIS

75. LISTA de Mais Vendidos de Negócios de 03/10/2016 a 09/10/2016. **PublishNews**, 14 out. 2016. Disponível em: http://www.publishnews.com.br/ranking/semanal/8/2016/10/14/0/0. Acesso em: 1 abr. 2021.

76. LEI da oferta e da procura. **Wikipedia**. Disponível em: http://pt.wikipedia.org/wiki/Lei_da_oferta_e_da_procura. Acesso em: 1 abr. 2021.

77. PERRONE, R. 20 anos de Rica Perrone. **Rica Perrone**, 2020. Disponível em: http://www.ricaperrone.com.br/20-anos-de-rica-perrone. Acesso em: 1 abr. 2021.

78. BEFORE You Start Designing – It's Time to Get Out of the Building. **Interaction Design Foundation**, 2017. Disponível em: http://www.interaction-design.org/literature/article/before-you-start-designing-it-s-time-to-get-out-of-the-building. Acesso em: 1 abr. 2021.

79. THE Top 20 Reasons Startups Fail. **CB Insights**, 6 nov. 2019. Disponível em: http://www.cbinsights.com/research/startup-failure-reasons-top. Acesso em: 1 abr. 2021.

80. EDIÇÕES 2019 – Mauricio Benvenutti. **Revista Perfil**, 2019. Disponível em: http://perfilrevista.com.br/edicoes-2019/176-mauricio-benvenutti. Acesso em: 1 abr. 2021.

81. SHEN, J. The Science of Practice: What Happens When You Learn a New Skill. **Life Hacker**, 29 maio 2013. Disponível em: http://lifehacker.com/the-science-of-practice-what-happens-when-you-learn-a-510255025. Acesso em: 1 abr. 2021.

82. NEUROPLASTICIDADE. **Wikipedia**. Disponível em: http://pt.wikipedia.org/wiki/Neuroplasticidade. Acesso em: 1 abr. 2021.

83. JUGGLING increases brain power. **BBC**. Disponível em: http://news.bbc.co.uk/2/hi/health/8297764.stm#:~:text=Complex%20tasks%20such%20as%20juggling,cabling%20network%20of%20the%20brain. . Acesso em: 12 abr. 2021.

84. SUBSTÂNCIA branca. **Wikipedia**. Disponível em: http://pt.wikipedia.org/wiki/Substância_branca. Acesso em: 1 abr. 2021.

85. JUGGLING enhances connections in the brain. **University of Oxford**, 12 out. 2009. Disponível em: http://www.ox.ac.uk/news/2009-10-12-juggling-enhances-connections-brain. Acesso em: 1 abr. 2021.

86. GARDNER, B.; LALLY, P.; WARDLE, J. Making health habitual: the psychology of "habit-formation" and general practice. **British Journal of General Practice**, v. 62, n. 605, p. 664-666, 2012. Disponível em: https://www.ncbi.nlm.nih.gov/pmc/articles/PMC3505409/. Acesso em: 1 abr. 2021.

87. POMPEU, Frederico. Adaptabilidade: não se esqueça dessa palavra. **Exame**. Disponível em: https://exame.com/blog/frederico-pompeu/adaptabilidade-nao-se-esqueca-dessa-palavra/. Acesso em: 12 abr. 2021.

88. HURRICANE Mitch. **Wikipedia**. Disponível em: http://en.wikipedia.org/wiki/Hurricane_Mitch. Acesso em: 1 abr. 2021.

89. IYER, P. Have you heard of the Choluteca Bridge? The world is changing in ways we may have never imagined. And the Choluteca Bridge is a terrific metaphor for what can happen to us if we don't adapt to changing times. My column in @BWBusinessworld. Read on. 5 ago. 2020. Twitter: prakshiyer. Disponível em: http://twitter.com/prakashiyer/status/1290874327487803393. Acesso em: 1 abr. 2021.

90. DEPOIMENTOS Missão Vale do Silício – StartSe. 2019. Vídeo (1 min 53 seg.). Publicado pelo canal StartSe. Disponível em: http://www.youtube.com/watch?v=yD6hVMNgkdc. Acesso em: 1 abr. 2021.

REFERÊNCIAS

91. AGUILAR, A. Livros voltados ao empreendedorismo revigoram editoras. **Valor Econômico**, 30 nov. 2018. Disponível em: http://valor.globo.com/empresas/noticia/2018/11/30/livros-volta dos-ao-empreendedorismo-revigoram-editoras.ghtml. Acesso em: 1 abr. 2021.

92. MENDES, F. Elie Horn: construindo um futuro melhor. **IstoÉ Dinheiro**, 3 maio 2019. Disponível em: http://www.istoedinheiro.com.br/elie-horn-construindo-um-futuro-melhor/. Acesso em: 1 abr. 2021.

93. AUDAZ StatSe. Disponível em: http://eventos.startse.com.br/audaz/. Acesso em: 1 abr. 2021.

94. BORNELI, J. Quer que seu filho faça intercâmbio ou estude fora? A PRIMEIRA coisa que você deve fazer é... **StartSe**, 20 maio 2019. Disponível em: https://www.startse.com/noticia/ecos sistema/learning-tomorrow-0719-quer-que-seu-filho-faca-intercambio-ou-estude-fora-a-pri meira-coisa-que-voce-deve-fazer-e. Acesso em: 1 abr. 2021.

95. LIST of Olympic medalists in rowing (men). **Wikipedia**. Disonível em: http://en.wikipe dia.org/wiki/List_of_Olympic_medalists_in_rowing_(men)#Coxed_eight. Acesso em: 1 abr. 2021.

96. GUEST, R. Why disciplined execution is key to success. **Royston Guest**, 7 jun. 2018. Disponível em: http://www.roystonguest.com/blog/why-disciplined-execution-is-key-to-success/. Acesso em: 1 abr. 2021.

97. HUNT-DAVIS, B.; BEVERIDGE, H. **Will It Make the Boat Go Faster?**: Olympic-Winning Strategies for Everyday Success. Leicester: Troubador Publishing, 2011.

98. MEJIA, J. Steve Jobs: Here's what most people get wrong about focus. **CNBC Make it**, 2 out. 2018. Disponível em: http://www.cnbc.com/2018/10/02/steve-jobs-heres-what-most-people-get -wrong-about-focus.html. Acesso em: 2 abr. 2021.

99. WHY saying "no" will boost yor carreer. **BBC**, 2021. Disponível em: http://www.bbc.com/ worklife/article/20140314-just-say-no. Acesso em: 2 abr. 2021.

100. SULLIVAN, B.; THOMPSON, H. Brain, Interrupted. **The New York Times**, 3 maio 2013. Disponível em: http://www.nytimes.com/2013/05/05/opinion/sunday/a-focus-on-distraction. html. Acesso em: 2 abr. 2021.

101. CONNECTIVITY and Mobile Trends Survey. **Deloitte**, 2021. Disponível em: https://www2. deloitte.com/us/en/pages/technology-media-and-telecommunications/articles/global-mobile -consumer-survey-us-edition.html. Acesso em: 2 abr. 2021.

102. MARK, G.; GONZALES, V. M.; HARRIS, J. **No Task Left Behind? Examining the Nature of Fragmented Work**. Donald Bren School of Information and Computer Science, University of California, Irvine, 2005. Disponível em: http://www.ics.uci.edu/~gmark/CHI2005.pdf. Acesso em: 2 abr. 2021.

103. DRUCKER, P. F. **O gestor eficaz**. São Paulo: LTC, 1990.

104. ALTUCHER, J.; ALTUCHER, C. A. **The Power of No**: Because One Little Word Can Bring Health, Abundance and Happiness. Carlsbad: Hay House, 2014.

105. MAURICIO BENVENUTTI. [#mbenven 35 eventos em 45 dias!] 20 nov. 2016. Instagram: mauriciobenvenutti. Disponível em: http://www.instagram.com/p/BNCKiNkA1XO/?igshid= 1fn54mvmf7i3k. Acesso em: 2 abr. 2021.

106. MAURICIO BENVENUTTI. [#mbenven 50 eventos em 60 dias!] 4 out. 2018. Instagram: mauriciobenvenutti. Disponível em: http://www.instagram.com/p/Bohy2bwBws_/?igshid=j8n54 jzfai8n. Acesso em: 2 abr. 2021.

107. STARTSE lança curso sobre Nova Economia nesta segunda-feira. **StartSe**, 3 nov. 2017. Disponível em: http://www.startse.com/noticia/ecossistema/siliconvalley/startse-lanca-curso-sobre-nova-economia-nesta-segunda-feira. Acesso em: 2 abr. 2021.

108. STEPTOE, A.; DEATON, A.; STONE, A. A. Psychological wellbeing, health and ageing. **The Lancet**, Londres, v. 385, n. 9968, p. 640-648, 5 nov. 2014. Disponível em: http://www.ncbi.nlm.nih.gov/pmc/articles/PMC4339610/. Acesso em: 2 abr. 2021.

109. HILL, P. L.; TURIANO, N. A. Purpose in Life as a Predictor of Mortality Across Adulthood. **Sage Journals**, 8 maio 2014. Disponível em: http://journals.sagepub.com/doi/abs/10.1177/0956797614531799?journalCode=pssa&. Acesso em: 2 abr. 2021.

110. ALLAN, D. G. Asking yourself "What's the meaning of life?" may extend it. **CNN Health**, 10 dez. 2019. Disponível em: http://edition.cnn.com/2018/01/31/health/meaning-of-life-wisdom-project/index.html. Acesso em: 2 abr. 2021.

111. NIETZSCHE, Friedrich. **Pensador**. Disponível em: https://www.pensador.com/frase/NjYxO-Tk4/. Acesso em: 12 abr. 2021.

112. FRANKL, V. E. **Em busca de sentido:** Um psicólogo no campo de concentração. Petrópolis: Vozes, 2017.

113. DRUCKER, P. F. **The Practice of Management.** Nova York: Harper Business, 2 abr. 2010.

114. BARBOSA, P. H. O que eu aprendi conhecendo a StartSe de dentro! **LinkedIn**, 17 mar. 2020. Disponível em: http://www.linkedin.com/pulse/o-que-eu-aprendi-conhecendo-startse-de-dentro-paulo-henrique-barbosa/?articleId=6645838556688379904. Acesso em: 2 abr. 2021.

115. STARTUP WEEKEND SÃO LUÍS. Facebook: swsaoluis. Disponível em: http://www.facebook.com/swsaoluis. Acesso em: 2 abr. 2021.

116. BILL Gates. **Wikipedia**. Disponível em: http://pt.wikipedia.org/wiki/Bill_Gates. Acesso em: 2 abr. 2021.

117. #5 Mark Zuckerberg. **Forbes**, 2021. Disponível em: http://www.forbes.com/profile/markzuckerberg/?sh=3112b8953e06. Acesso em: 2 abr. 2021.

118. AZOULAY, P. et. al. Age and High-Growth Entrepreneurship. **MIT Mangement Sloan School**, abr. 2019. Disponível em: http://mitsloan.mit.edu/shared/ods/documents/?PublicationDocumentID=6212. Acesso em: 2 abr. 2019.

119. IT'S a Three-Peat, Finland Keeps Top Spot as Happiest Country in World. **World Happiness Report**, 20 mar. 2020. Disponível em: http://worldhappiness.report/news/its-a-three-peat-finland-keeps-top-spot-as-happiest-country-in-world/. Acesso em: 2 abr. 2021.

120. DICKINSON, K. How does Finland's top ranking education system work. **World Economic Forum**, 15 fev. 2019. Disponível em: http://www.weforum.org/agenda/2019/02/how-does-finland-s-top-ranking-education-system-work. Acesso em: 2 abr. 2021.

121. BOSWORTH, M. Why Finland loves sauna. **BBC**, 1 out 2013. Disponível em: http://www.bbc.com/news/magazine-24328773. Acesso em: 2 abr. 2021.

122. MCKENNA, J. In Finland, speeding tickets are linked to your income. **World Economic Forum**, 15 jun. 2018. Disponível em: http://www.weforum.org/agenda/2018/06/in-finland-speeding-tickets-are-linked-to-your-income. Acesso em: 2 abr. 2018.

123. FINLAND Greater Helsinki. **Startup Genome**, 2021. Disponível em: http://startupgenome.com/ecosystems/greater-helsinki. Acesso em: 2 abr. 2021.

REFERÊNCIAS

124. SLUSH. Disponível em: http://www.slush.org. Acesso em: 2 abr. 2021.

125. ANGRY Birds (jogo eletrônico). **Wikipedia**. Disponível em: http://pt.wikipedia.org/wiki/Angry _Birds_(jogo_eletrónico). Acesso em: 2 abr. 2021.

126. LINUX. **Wikipedia**. Disponível em: http://en.wikipedia.org/wiki/Linux. Acesso em: 2 abr. 2021.

127. WOOD, J. Why Finalnd Has a National Day of Failure. **Culture Trip**, 3 out. 2017. Disponível em: http://theculturetrip.com/europe/finland/articles/why-finland-has-a-national-day-of-failure/. Acesso em: 2 abr. 2021.

128. FORD, Henry. **Citações**. Disponível em: https://citacoes.in/citacoes/2061008-henry-ford-o -unico-erro-real-e-aquele-com-o-qual-nao-aprendem. Acesso em: 12 abr. 2021.

129. SCHREIBER, M. XP, Geração Futuro e Censo são excluídas do IPO da Visanet. **Extra**, 19 jun. 2009. Disponível em: http://extra.globo.com/economia/xp-geracao-futuro-senso-sao-excluidas -do-ipo-da-visanet-302897.html. Acesso em: 2 abr. 2021.

130. KASSAI, L. Visanet faz maior IPO da história. **Estadão**, 26 jun. 2009. Disponível em: http:// economia.estadao.com.br/noticias/geral,visanet-faz-maior-ipo-da-historia,393280. Acesso em: 2 abr. 2021.

131. ICEBERG. **Cola da Web**, 2000 – 2021. Disponível em: http://www.coladaweb.com/geografia/ paisagens-naturais/iceberg. Acesso em: 2 abr. 2021.

132. NEWTON, Isaac. **Pensador**. Diponível em: https://www.pensador.com/frase/MTM2NDQx/. Acesso em: 12 abr. 2021.

133. BACHARACH, S. Thomas Edison was Right: "Vision without Execution is Hallucination". **Inc.**, 16 ago. 2018. Disponível em: http://www.inc.com/samuel-bacharach/what-is-leadership-really -about.html. Acesso em: 2 abr. 2021.

134. BINAZIR, A. Are You a Miracle? Pn the Probability of Your Being Born. **Huffpost**, 16 jun. 2011. Disponível em: http://www.huffpost.com/entry/probability-being-born_b_877853. Acesso em: 2 abr. 2021.

Esta obra também será disponibilizada na versão SL Book: Sign Language Book (Livro em Língua de Sinais), sendo um marco na inclusão literária. Criado pela startup Wise Hands, é o primeiro livro traduzido no mundo e o Brasil é o país que levará esse produto inovador às pessoas com dislexia, déficit de atenção, cegas e surdas. O SL Book é a evolução do livro físico, mas sem perder a elegância das páginas. "Desobedeça" terá seu conteúdo disponibilizado em áudio e vídeo sendo que a tradução é feita por intérpretes humanos. Ele é comercializado e acessado diretamente pelo site **www.slbook.shop**, que é uma plataforma segura e funcional.

Através do QR Code você também pode ir até a página do SL Book.

Este livro foi impresso pela Assahi em
papel pólen bold 70g em agosto de 2021.